QUINZE ANS
DE VOYAGES
AUTOUR DU MONDE.

PARIS. — IMPRIMÉ CHEZ PAUL RENOUARD,
RUE GARANCIÈRE, N° 5, F.-S.-G.

QUINZE ANS
DE VOYAGES

AUTOUR DU MONDE

PAR

Le capitaine Gabriel LAFOND (de lurcy),

Membre de la Commission centrale de la Société de Géographie, etc.

TOME PREMIER.

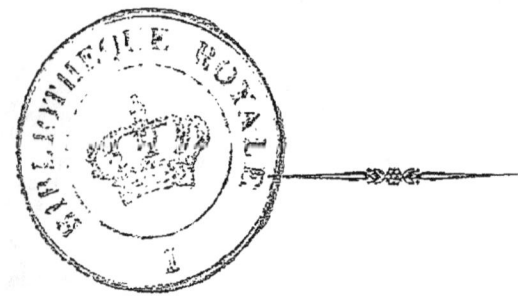

PARIS.
SOCIÉTÉ DES PUBLICATIONS COSMOPOLITES,
VICTOR DE LOPATTA, DIRECTEUR,
RUE DE PROVENCE, 14;

ET CHEZ BROCKHAUS ET AVENARIUS,
Librairie Française-Allemande et Étrangère, rue Richelieu, 60.
LEIPZIG, même Maison.
1840.

A
MONSIEUR JOMARD,

MEMBRE DE L'INSTITUT,

CONSERVATEUR DES COLLECTIONS GÉOGRAPHIQUES DE LA BIBLIOTHÈQUE ROYALE,
PRÉSIDENT DE LA COMMISSION CENTRALE DE LA SOCIÉTÉ DE GÉOGRAPHIE,
ANCIEN INGÉNIEUR DE L'ARMÉE D'ORIENT, ETC., ETC.

Monsieur,

C'est à vous que je dédie cet ouvrage ; à vous, la providence des voyageurs, qui, en les éclairant de vos lumières, les protégez de votre influence et aplanissez, avec une inaltérable bonté, les difficultés qui précèdent et accompagnent leurs courses laborieuses.

J'ose espérer que vous accueillerez avec indulgence l'hommage de ce livre, car le sentiment qui vous l'offre doit au moins lui donner quelque prix.

Daignez, Monsieur, agréer l'expression de ma reconnaissance et celle de ma profonde vénération.

GABRIEL LAFOND (DE LURCY).

INTRODUCTION.

Les relations des hommes entre eux, de ville en ville, de contrée en contrée, sont une condition providentielle de l'existence des sociétés; c'est la cause la plus active du développement et des progrès de l'intelligence ainsi que des facultés morales; car sans ces relations, le genre humain resterait dans l'abrutissement.

Que ces rapports soient créés par la nécessité de satisfaire des besoins réciproques, ou qu'ils soient le résultat des migrations, des envahissemens, des conquêtes : ces moyens, pacifiques ou violens, concourent également au même but, celui de mettre les hommes en contact, de les contraindre à se voir, à se connaître et à éteindre ou amortir ainsi leurs haines, leurs préjugés, leurs antipathies.

Les grands explorateurs ont donc rempli une haute et noble mission; promoteurs des connaissances humaines, ils ont reculé les bornes du monde et ouvert de nouvelles routes au commerce. La renommée de Christophe Colomb resplendit d'un éclat aussi vif que celle des plus grands génies; et la gloire des Cook et des Bougainville est plus pure que celle de ces conquérans qui éblouissent le monde de l'éclat de leurs trophées.

INTRODUCTION. 9

L'homme n'est point né pour l'isolement; il n'en est aucun qui ne veuille connaître le pays qu'il habite, et par extension ceux qui l'avoisinent; le villageois veut connaître la ville; le provincial veut voir Paris; et le Parisien, au retour d'une excursion au Hâvre, est bien aise d'avoir la réputation de touriste.

La relation d'un voyage peut être considérée comme un roman dont le lecteur lui-même est le héros. Il s'embarque avec le voyageur, il voit par ses yeux, il partage toutes ses sensations, ses privations, ses plaisirs, ses dangers. Quel est celui de nous qui reste froid et insensible au récit des périls qui entourent les navigateurs, et qui ne retrouve pas de nouvelles émotions dans le tableau qu'ils nous retracent des mœurs étranges de ces peuples, aussi éloignés de nous par l'espace que par la civilisation?

Les catastrophes ont surtout un puissant attrait pour une classe nombreuse de lecteurs; les naufrages, les merveilleuses aventures de voyageurs délaissés dans des îles désertes ou sur des plages inconnues, ont toujours une source féconde de vives impressions ; et l'on est fort indulgent pour la fidélité, si le narrateur possède l'heureux don de plaire et d'attacher :

> Le monde est vieux, dit-on ; je le crois ; cependant
> Il le faut amuser encore comme un enfant.

Et les hommes sont des enfans plus ou moins grands, qui écoutent toujours avec une avide curiosité tous les contes, depuis les *Mille et une nuits* jusqu'à *Peau d'âne*.

« Nous avons, dit Paul-Louis Courrier, des voyages
« dont les auteurs sont soupçonnés de n'être jamais
« sortis de leur cabinet, ou, dans un autre genre,

> « Combien de gens font-ils des récits de batailles
> « Dont ils s'étaient tenus bien loin. »

Il est en effet des Sosies qui font aussi commodément leur siège de Thèbes que l'abbé de Vertot faisait celui de Malte ; et depuis l'ignorante antiquité jusqu'à une époque qui n'est pas trop éloignée, il ne serait pas impossible de trouver des voyageurs dont les relations ne sont parfois que de véritables pièges tendus à la naïve et confiante crédulité de leurs lecteurs. De pareilles licences ne sont plus permises à l'époque où nous vivons.

La vérité est donc la première condition d'une relation de voyages; mais encore cette vérité n'est pas chose si facile à découvrir, et il faut souvent l'aller chercher au fond du puits où la mythologie l'a cachée. Pour ressentir les mêmes impressions et porter le même jugement des objets extérieurs, il faudrait que tous les voyageurs fussent doués de la même organisation physique et morale. Or, cela étant impossible, chacun d'eux voit à travers son prisme, chacun raconte d'après les sensations qu'il a éprouvées, sans s'inquiéter le moins du monde des insomnies que des récits souvent disparates préparent aux géographes chargés de la tâche laborieuse de les faire concorder.

La connaissance des pays éloignés du centre de la civilisation exige plus qu'aucune autre branche de la géographie descriptive un concours de recherches et d'observations, qu'on ne saurait trop multiplier; il faut aussi une légère teinte de philosophie; car, sans elle, le voyageur ne serait qu'un conteur; c'est el qui nous présente la physionomie des peuples et ajoute sans cesse de nouveaux chapitres au grand livre de la raison et de la folie humaine. Toutes ces qualités si difficiles à réunir seraient encore inutiles aux intérêts de la vérité, si le narrateur ne possédait pas assez de modestie pour circonscrire la sphère de ses jugemens dans la limite de ses connaissances personnelles; mais par-dessus tout il doit s'appliquer à amuser et à instruire.

Si je n'ai pas la prétention de réunir dans cet ouvrage tous les genres de mérite dont je viens de parler, il m'est du moins permis d'espérer qu'il ne sera pas entièrement inutile au progrès des sciences géographiques. J'ai cherché à y répandre de l'intérêt par la fidélité et la variété de mes récits, en retraçant les faits dont j'ai été le témoin oculaire ou ceux qui m'ont été transmis par des témoins dignes de foi; en entrant dans des détails de mœurs, de coutumes singulières des peuples que j'ai visités; en décrivant leurs fêtes, leurs jeux, leurs cérémonies, leurs amusemens, leurs arts, leurs occupations journalières; en présentant des détails plus graves et plus importans sur les intérêts politiques et commerciaux ; enfin, je me suis essayé à reproduire les scènes de la nature qui m'ont le plus frappé par leur grandeur imposante ou par leur beauté poétique.

Quel que soit le résultat de mes efforts, les paroles encourageantes de Malte-Brun me rassurent : « Le « voyageur le plus superficiel, dit-il, peut quelque-« fois apercevoir ce qui a échappé à de plus habiles ; « et la relation la plus mal rédigée peut contenir des « parcelles d'or ». Je n'ai pas l'espoir de pouvoir offrir des parcelles d'or ; mais je promets la vérité, des faits utiles et parfois intéressans.

Le titre de cet ouvrage annonce assez qu'il est le fruit d'une longue expérience ; pendant *quinze années consécutives*, j'ai parcouru les parties les plus remarquables des Philippines, de la Chine, du Mexique, du Pérou, du Chili, les îles Mariannes, les Moluques, les îles Sandwich, celles des Amis, divers autres groupes de l'océan Pacifique, les îles de la Sonde et quelques parties de l'Inde. Ces contrées, où j'ai fait des séjours plus ou moins longs, ont sans doute été décrites dans une foule de relations séparées. Il existe aussi plusieurs *Voyages autour du monde*, dont les auteurs, prenant pour ainsi dire le lecteur par la main, le conduisent de contrée en contrée dans toutes les parties du globe. Ces descriptions, puisées aux meilleurs sources, embellies par le talent de l'écrivain, forment sans doute une lecture attachante autant qu'instructive, et elles se recommandent surtout par les noms honorables qui décorent leurs frontispices; mais pour qui sait que le voyageur est un être d'imagination, il y en a là assez pour affaiblir l'intérêt, qui dans ces ouvrages s'attache à la réalité. Quant à moi, ce n'est pas un roman que j'écris; c'est un compte-rendu exact de tout ce que j'ai vu, de tout ce que j'ai éprouvé; et la fidélité de mes récits peut au besoin être attestée par cette multitude d'amis, compagnons de voyages, compatriotes ou simples connaissances, dont les noms se reproduisent à chaque page de cette relation; ils m'ont connu aux rivages lointains et ont pour ainsi dire été témoins de tous les incidens dont ma carrière a été parsemée.

Les colonies espagnoles de l'Amérique du Sud

tiendront une place remarquable dans cet ouvrage. Ayant long-temps résidé en Amérique, et surtout au Pérou et au Chili, j'ai assisté à l'avènement de quelques-unes de ces républiques, dont la naissance fut accompagnée de crises si douloureuses et dont les angoisses ne sont pas encore à leur terme. Parti de France au sortir de l'adolescence, en qualité de marin, j'arrivai à Lima au moment où le général San-Martin venait d'y faire son entrée victorieuse; je pris part à quelques-unes des opérations de cette guerre; à vingt ans je commandais un bâtiment de la république de Guayaquil, et à vingt-et-un ans une corvette de transport de la république du Pérou. Devenu depuis subrécargue, négociant, armateur, ces diverses positions me mirent en rapport avec les principaux personnages qui occupèrent la scène politique dans cette grande crise : elle était alors arrivée à son plus haut degré d'activité. Je ferai connaître ces âmes ardentes, qu'un seul sentiment, celui de l'indépendance et de la liberté, semblait alors animer; je montrerai les efforts de l'Espagne, luttant contre une ruine imminente, dont chaque jour la rapprochait, et voyant chaque jour, malgré le courage de quelques cœurs dévoués, sa puissance coloniale s'éteindre dans une longue et terrible agonie.

J'ai vécu dans l'intimité de la plupart des Français qui, sortis des rangs de nos armées, vinrent en Amérique prêter l'appui de leur expérience militaire et de leur bouillante énergie à la cause de l'indépendance; j'ai été témoin des fortunes diverses de ces intrépides aventuriers, et cette partie de ma relation ne sera pas, je me plais à le croire, celle qui inspirera le moins d'intérêt. C'étaient, pour la plupart, des proscrits ou des hommes jetés sur ces rivages par les tempêtes politiques; ils n'avaient plus de patrie, ils venaient au prix de leur sang leur en demander une, et c'est ce qui, aux yeux des Américains, les relevait et les distinguait des autres aventuriers.

Quoique je n'aie point connu personnellement tous les généraux des armées espagnoles, j'aurai souvent occasion de parler d'eux. La plupart, après avoir servi avec plus ou moins de distinction en Amérique, ont dans leur malheureuse patrie joué des rôles, qui leur ont acquis une célébrité européenne; je dirai celle qu'ils ont laissée en Amérique.

Parmi les possessions espagnoles, les Philippines offrent le phénomène remarquable d'une colonie, qui, bien que la plus éloignée de la mère-patrie, a su maintenir sa tranquillité et sa fidélité au milieu des convulsions qui ont agité le nouveau monde. Ce riche joyau, qui brille encore sur la couronne d'Espagne, en lui rappelant tristement sa splendeur passée, est peut-être destiné, avec Cuba, à réparer un jour les pertes cruelles de cette malheureuse nation, si les besoins incessans d'argent de la métropole ne forcent pas les seules colonies qui lui restent à s'en séparer, pour se soustraire à d'exorbitans impôts qu'elles ne peuvent plus supporter (1). Sol fertile, riches productions, admirable position pour devenir l'entrepôt du commerce de l'Europe, de l'Inde, de la Chine et de l'Amérique, population nombreuse, soumise,

---

(1) Le revenu du Mexique, la plus riche et la plus florissante des colonies espagnoles d'Amérique, était de 100 millions de francs; celui de Cuba est maintenant de plus de 50 millions, et il pourra être considérablement augmenté lorsque l'agriculture de cette île aura reçu tous ses développemens. Cuba, après avoir pourvu à toutes ses dépenses, envoie annuellement à la mère-patrie, un excédant de 15 à 20 millions. Les Philippines n'ont qu'un revenu de 6 millions; mais si l'on donnait une bonne impulsion aux ressources territoriales, métallurgiques et commerciales de ces îles, elles deviendraient une source d'inépuisables richesses.

intelligente, les Philippines réunissent toutes les conditions nécessaires pour s'élever au plus haut degré de prospérité, lorsque le système d'administration de cette belle colonie reposera sur des principes propres à favoriser le développement de ses ressources et que l'exécution de ce système sera confié à des mains habiles. Il faut surtout que l'Espagne, profitant de la dure expérience qu'elle a subie en Amérique, efface toute distinction entre les Européens et les créoles, qu'elle cesse de réserver aux premiers la possession presque exclusive des emplois coloniaux et qu'elle consacre la liberté commerciale.

J'ai résidé long-temps et à divers intervalles dans cette colonie si belle et si peu connue, et j'ai, par conséquent, été à portée de recueillir une foule de détails sur ses prodigieuses ressources. L'ethnographie des races aborigènes a fixé particulièrement mon attention ; une excursion chez les petits nègres d'Illocos, des entrevues avec ceux qui vivent dans quelques autres îles de ce grand Archipel, m'ont fourni des faits curieux et pleins d'intérêt, que j'ai soumis à la Société de géographie ; on les retrouvera dans cet ouvrage. J'ai habité au milieu de cette singulière race de nègres lilliputiens, sorte de Lapons de la zône torride, formant dans l'espèce humaine une variété qui a déjà fixé, avec raison, l'attention des savans. C'est en effet une chose remarquable, que la nature, dans la distribution de ses créations, se soit pour ainsi dire astreinte à assigner aux hommes comme aux plantes, non-seulement leurs zônes végétales, mais encore certaines localités qu'elles ne peuvent franchir; ainsi une race de pygmées nègres vit et se multiplie au milieu des montagnes de Luçon et autres îles du grand archipel malaisien, tandis qu'une autre race de pygmées blancs ou bazanés habite sous les glaces du pôle boréal.

J'ai visité les îles Hawaï ou Sandwich, ainsi que plusieurs autres groupes de la Polynésie : leur état actuel ouvre le champ à de tristes pensées, lorsque l'on se rappelle les relations des premiers navigateurs, les douces émotions qu'ils excitèrent, en nous retraçant le tableau de l'existence de ces heureux enfans de la nature, et que l'on compare la vie que nous avons voulu leur faire avec celle qu'ils ont perdue.

J'examinerai le phénomène effrayant de la destruction de cette population, et de sa dégradation physique et morale par le contact de nos vices, de nos maladies, de nos passions, compagnes trop fidèles de notre civilisation; je dirai si le christianisme, introduit par la secte la plus rigide, la plus ascétique du protestantisme, n'est pas plus propre à faire une race d'hypocrites que de vrais chrétiens; et si la morale prêchée par les méthodistes anglais et américains n'est pas en complète opposition avec les mœurs faciles de ces peuples et avec un climat dont les ardeurs embrasent leurs sens; enfin, je m'occuperai de l'avenir de ces îles, en les considérant sous les rapports de leur importance maritime et commerciale.

L'Australie, cette terre qui semble avoir été arrachée du fond des mers et bouleversée par quelque récente catastrophe, offrira un sujet d'observations non moins attachantes. Là toutes les espèces d'animaux indigènes apparaissent sous des formes bizarres; tous les genres sont mêlés et confondus par un caprice étrange, contraire aux lois régulières de la nature; les végétaux y revêtent d'autres formes; le sol lui-même, dans sa constitution géologique, annonce une moderne formation ; et les misérables habitans de cette contrée, placés au dernier degré de l'espèce humaine, confirment la conjecture sur la récente existence de ce continent. Cependant de beaux ports, un sol fertile, un territoire vierge aussi vaste que l'Europe, à peupler, à féconder, favorisent un plan de colonisation le plus grandiose. C'est aussi là que l'Angleterre a jeté les bases d'un établissement colonial immense, sur lequel les regards se fixent avec curiosité ; elle y a transporté déjà avec ses *convicts* les arts, la civilisation de l'Europe, et elle se prépare en silence à y recueillir les débris du naufrage de sa puissance dans l'Inde, dont la chute, plus ou moins prochaine, n'en est pas moins inévitable.

Les deux grandes îles de la Nouvelle-Zélande, où notre compatriote, le baron Thierry, est parvenu à force de persévérance à créer un établissement agricole, et où il s'est rendu acquéreur d'une vaste étendue de territoire, offriraient à la France, si elle daignait jeter les yeux sur ces contrées, des moyens de colonisation, pour contrebalancer dans l'avenir la puissance anglaise dans ces mers.

Canton et Macao nous donneront l'occasion de parler, entre autres choses, de l'immense et lucratif commerce de l'opium, que les Anglais du Bengale et de quelques autres contrées de l'Inde faisaient et feront encore en contrebande avec la Chine, malgré le gouvernement chinois. Java, les îles de la Sonde et les Moluques fixeront mon attention sur la puissance hollandaise dans l'Inde et sur sa propension à s'étendre dans tout l'archipel Indien; je montrerai dans Sincapour, ville appelée à de hautes destinées commerciales, une création politique autant que maritime de l'Angleterre, qui a placé cette ville et cet entrepôt en face des établissemens hollandais, comme une menace et une concurrence. Je rendrai compte d'une curieuse excursion au Choco, contrée de la Colombie à-peu-près inconnue; de mon long séjour à Guaham et aux îles Mariannes; de mes relâches au cap de Bonne-Espérance, au cap Vert et sur quelques autres points d'une moindre importance; mais partout, en m'occupant d'intérêts sérieux et positifs, je chercherai à pénétrer dans le secret des usages de la vie intime, comme dans ceux des affaires spéculatives, afin de pouvoir ainsi recueillir ou glaner après mes devanciers quelques détails, qui, à défaut d'autre mérite, auront du moins celui de la nouveauté.

En m'attachant à retracer la vie intellectuelle, les mœurs domestiques, les intérêts commerciaux des peuples, avec un zèle qui peut-être a trahi mes efforts, j'avoue que j'ai cru devoir cette compensation à mes lecteurs, pour le peu d'attraits que cette relation pourrait leur offrir sous le rapport des recherches scientifiques, et c'est à ce propos que je dois surtout regretter que la nature de mes études ait mis des bornes à ma bonne volonté.

Cependant j'ai attentivement recueilli des documens, qui pourront peut-être jeter quelque lumière sur divers points importans de navigation; dans mes courses sur les côtes ou à travers l'Océan, j'ai eu constamment soin d'observer la direction des vents et des courans, de relever diverses positions maritimes, en un mot, de réunir une masse de faits et d'observations, qui seront, je l'espère, utiles aux marins. Ma relation pourra peut-être, à cet égard, servir comme d'appendice à un ouvrage qui nous manque, qui, avec le beau travail de James Horsburg (*India directory*), lequel ne comprend, ainsi que son titre l'indique, que les ports et les mers des Indes, pourra compléter la bibliothèque indispensable aux marins pour les grandes navigations.

L'océan Pacifique deviendra avant long-temps le théâtre des plus vastes opérations commerciales; l'immense côte occidentale de l'Amérique, l'Australie, la Chine, les Philippines et les îles intermédiaires attireront les pavillons de toutes les nations. La plupart de ces contrées sont à-peu-près vierges pour la spéculation, ou du moins leur commerce est le moins connu de tous; car ceux qui s'y livrent, redoutant la concurrence, ont soin de couvrir leurs opérations d'un voile mystérieux.

Dévasté par la guerre civile et par les partis qui se disputaient le pouvoir, le sol des anciennes colonies espagnoles et portugaises d'Amérique tremble encore des secousses qu'il a éprouvées pendant vingt-cinq ans ; elles ont vu d'année en année leurs ressources s'épuiser, au point de ne pouvoir fournir des cargaisons de retour aux navires étrangers, chargés du soin de les approvisionner. Mais ce triste état de choses ne saurait durer éternellement ; toujours l'ordre commence par l'anarchie. Les peuples comme les gouvernemens comprendront bientôt que le travail productif peut seul les conduire au repos et au bonheur. Alors ces contrées changeront de face ; leur sol sera cultivé, leurs mines seront exploitées ; et, avec ces abondantes sources de richesses, il est difficile d'assigner des bornes à la prospérité où elles peuvent atteindre. Cette réaction morale et industrielle ne saurait être éloignée ; le commerce doit s'y préparer et former à l'avance des rapports, qui tourneront au profit de ceux qui auront su les premiers en prévoir les avantages. La France a plus qu'aucun autre pays des chances favorables pour entrer dans cette voie. A l'aide des produits supérieurs de son agriculture et des produits recherchés de son industrie, elle peut combattre avec succès la concurrence des nations rivales et prendre dans ces contrées le rang auquel l'appelle la haute intelligence de ses habitans; mais il faut que notre législation restrictive cesse d'arrêter les progrès du commerce maritime. Comment pouvoir lutter avec les marines étrangères? comment notre commerce maritime pourrait-il prospérer, si nous ne pouvons pas utiliser nos bâtimens par des cargaisons de retour, puisque les divers produits de l'Amérique et de l'Inde sont frappés de droits prohibitifs à leur entrée en France?

Je fournirai dans cet ouvrage, sur la situation commerciale de ces contrées et en général sur toutes celles que j'ai parcourues, des renseignemens qui, je l'espère, fixeront l'attention du commerce; je dirai ce qu'il faut y porter, les difficultés des chargemens de retour et les moyens de les compléter avec avantage; j'établirai pour chaque port et chaque comptoir des calculs, qui démontreront ce que l'on peut craindre ou espérer dans des échanges, dont les bases sont demeurées jusqu'ici beaucoup trop incertaines.

LISTE

DES

PRINCIPAUX PERSONNAGES

dont les noms figurent dans cette relation.

———

Parmi les défenseurs de la cause de l'indépendance que j'ai connus plus ou moins directement, je citerai d'abord :

Pour la Colombie et la république de l'Équateur :

Le général BOLIVAR, libérateur.
Le général SUCRÉ, celui des lieutenans de Bolivar qui acquit le plus de célébrité et qui rendit le plus de services à sa cause.
Les généraux MORALÈS, LARA, et PAZ DEL CASTILLO.
Les colonels O'LEARI, Irlandais; DESMARQUETS, Français; Don Diego IBARRA, Thomas MOSQUERA, aides-de-camp de BOLIVAR.
Le général FLORÈS, président de la république de l'Équateur.
Joachim MOSQUERA, frère de l'aide-de-camp de Bolivar, vice-président de la république de Colombie et ambassadeur.

Pour le Pérou :

Le général SAN-MARTIN, protecteur de la république péruvienne, actuellement à Paris, qui pour toute fortune a rapporté du Pérou l'étendart avec lequel Pizarre en fit la conquête.

Lord COCHRANE, amiral de la flotte chilienne.

Don Manuel BLANCO, amiral de la flotte péruvienne.

Le général LAS HERAS, chef de l'état-major général.

Le général SANTA-CRUZ, devenu plus tard président et protecteur de la confédération péru-bolivienne.

Le général MILLER, Anglais.

Le général PIO TRISTAN, d'Arequipa, homme d'un grand mérite.

Le marquis DE TORRE-TAGLE, RIVA AGUERRO, LA FUENTE et GAMARRA, successivement présidens de la république.

Thomas GUIDO, ministre de la guerre, ambassadeur de Buénos-Ayres à Rio-Janeiro.

MONTEAGUDO, ministre de l'intérieur et de la police.

Les généraux buénos-ayriens NECOCHEA; ALVARADO; ARENALÈS; LAVALLE, actuellement à la tête du parti opposé à Rosas à Buénos-Ayres.

Au Chili :

Le général O'HIGGINS, directeur suprême et l'un des fondateurs de la république.

Le général FREIRE, son compétiteur, devenu à son tour président, depuis exilé, et retiré actuellement à O'Taïti.

Les frères CARREA, chefs du parti démocratique.

Les généraux ALDUNATE, PRIETO, BORGOÑO et PINTO.

L'amiral BLANCO, le même qui a commandé au Pérou.

Les ministres d'état LASTRA, EGAÑA, CRUZ, BENAVENTE, RODRIGUÈS, PORTALÈS.

OFFICIERS FRANÇAIS.

Au Chili :

Le colonel VIEL, militaire du plus grand mérite, ancien officier des chasseurs à cheval de la garde impériale.
Le colonel D'ALBE, commandant le génie.
Le colonel BEAUCHEF.
Le colonel RONDISSONI, Italien sortant des rangs de l'armée française.

Au Pérou :

L'amiral BOUCHARD.
SOYER, commissaire de marine et ministre de la guerre et de la marine.
Le général BRANTZEN, tué à la bataille d'Itutzango.
Le colonel RAULET, mort en combattant l'armée de Bolivar.
Le major SOULANGE, disparu avec le corsaire Valdès, par lequel il avait été pris.
GIROUX, lieutenant-colonel d'artillerie.
PRUNIER, capitaine de vaisseau.

En Colombie :

Le colonel KLINGER.
SALAZA, colonel commandant la place de Quito.

ARMÉE ROYALE ESPAGNOLE.

Les vice-rois du Pérou PEZZUELA, LACERNA et OLAÑETA.

Le général CANTÉRAC, Français, commandant les troupes royales au Pérou, où il perdit la célèbre bataille d'Ayacucho qui fixa les destinées de l'Amérique espagnole; depuis capitaine-général de Castille et massacré à Madrid.

Le général GOYENECHE, Péruvien, né à Arequipa, qui servit la cause royale avec un talent et un courage dignes d'un meilleur sort. Ce général est retiré en France.

Le général VALDÈS, renommé par son activité, sa bravoure, son intelligence de la guerre de partisans et le rôle qu'il a joué dans la révolution espagnole; aujourd'hui capitaine-général de la Catalogne.

Le général CARATALA, bel et brave général de cavalerie.

Le général MAROTO, qui commandait une brigade sous Osorio au Chili et continua de servir au Pérou; c'est le même qui vient d'acquérir une autre renommée par son traité avec Espartero.

ESPARTERO, généralissime actuel des armées espagnoles, qui servait alors dans l'armée royale du Pérou comme lieutenant-colonel.

OFFICIERS DE LA MARINE ROYALE.

Le vice-amiral baron ROUSSIN, ex-ambassadeur à Constantinople.

Le vice-amiral baron DU CAMPE DE ROSAMEL, ex-ministre de la marine.

Le contre-amiral baron DE MACKAU.

Le contre-amiral baron LASUSSE, en mission dans le Levant.

Le contre-amiral comte de MOGES, gouverneur des Antilles.

Le contre-amiral baron DE BOUGAINVILLE, à son passage dans son voyage autour du monde sur *la Thétis*.

M. FLEURIAU, commandant *la Pomone*, actuellement directeur du personnel au ministère de la marine.

MM. CASY, CHAUCHEPRAT, aides-de-camp de l'amiral Rosamel; l'un capitaine de vaisseau et l'autre secrétaire-général du ministère.

BAZOCHE, commandant *la Marie-Thérèse* sous l'amiral Rosamel.

DUCAMPER, commandant *l'Espérance*, sous les ordres du baron de Bougainville.

DUMONT-D'URVILLE, exécutant en ce moment un voyage de circumnavigation.

DE LAPLACE, *idem*.

LE GOARAND DE TROMELIN, commandant *la Bayonnaise*.

COSMAO DUMANOIR, commandant *l'Aigrette*.

BILLIARD, commandant *la Diligente*.

Baron DE ROSSI, commandant *le Lancier*.

Et autres officiers qui ont avancé en grade et commandent maintenant dans les diverses stations.

CAPITAINES DE LA MARINE MARCHANDE FRANÇAISE.

MM. AMANIEUX, qui a fait le tour du monde avec une goëlette.

CHEMISARD, qui a également fait le tour du monde.

DUHAUTCILLY, qui a écrit son voyage sur *le Héros*.

DE ROQUEFEUILLE, voyage du *Bordelais*.

DARLUC, qui en 1815 aspirant de marine, partit second sur une frêle goëlette, *la Canonnière*, pour aller annoncer à Bourbon le retour de l'empereur et qui, livré aux Anglais par le gouvernement de cette île, s'échappa à la nage au Port-Louis ; GOSSE ; ROUX ; DUGUEIN ; le commandant GAULTIER ; GUILHEM ; BOULANGER ; GEOFFROY ; REYNAUD.

MM. DESCOMBES, l'un des aspirans de marine, qui, à l'Ile-de-France, vinrent offrir leurs services au commandant Duperré, pour concourir à la défense de sa division embossée dans le grand port (1810), etc., etc.

DILLON, capitaine anglais, qui découvrit à Vanicoro les restes du navire de Lapeyrouse.

A Sandwich :

Le roi KIAOU-KIE-OURI.
KOU-HOU-HOU-MANOU, veuve du roi TAMEA-MEA.
MM. RIVES, Français, secrétaire du roi et médecin.
MANINI, ou plutôt Don FRANCISCO DE PAOLA MARIN, chef sandwichois, qui a créé l'agriculture et planté la vigne (Espagnol).
CHARTER, consul anglais.
JOHNS, consul américain.
MOERENHOULT, consul français à O'Taïti, auteur d'un ouvrage très remarquable sur l'archipel de la Société.
Les missionnaires français.

Aux Philippines :

Le capitaine-général, général RICAFORT.
L'intendant-général ENRIQUÈS.

Le général de marine ENRILÈS, gouverneur-général.
GARCIA CAMBA, gouverneur-général.
Le colonel GARRIDO.
HOUDAN DE VIRLY, Français, remarquable par sa détention et sa fuite de Mindanao.
PROUST DE LA GIRONNIÈRE, cultivateur français, créateur du bel établissement agricole de Jala-Jala.
Le baron DE VIDOA, voyageur italien.
DOMINI DE RIENZI, voyageur français, auteur de la *Polynésie* de Didot.
GODEFROY, Français, naturaliste du gouvernement et médecin.
Les frères BOREL, qui ont rempli plusieurs importantes missions en Cochinchine.

En Chine :

MM. GERNAER, consul de France à Macao.
l'abbé AMYOT, lazariste français, qui a habité trente ans à Pékin.
l'abbé BAROUDEL, supérieur des missions étrangères en Chine, actuellement à Paris.
l'abbé LEGREGEOIS, successeur du précédent.
DENT, Anglais, qui a figuré en tête des débats pour l'opium.
LYNDSAY, de la Compagnie anglaise, qui a écrit sur la Chine.

Aux Moluques :

M. le capitaine DESPEROUX.
Le gouverneur NEYZ.

Aux Célèbes :

MM. MEYER, gouverneur-général à Macassar.
WOSMAR, résident; et son frère, officier de marine.

Guaham et Mariannes :

Le général PAREÑO, qui a fait exécuter de grands travaux dans ces îles.
Don José MEDIANILLA, gouverneur.
Don Francisco Ramon DE VILLALOBOS, gouverneur.
ROBERTSON, officier subalterne de la marine anglaise, devenu capitaine de vaisseau au Pérou, enlève un navire chargé d'argent dans le port de Callao et vient se réfugier avec sa capture aux îles Mariannes, où il se noie plutôt que de découvrir l'endroit où il a caché ce trésor.
Notes sur l'amiral ANSON.

Enfin, les négocians français qui ont le plus fait pour notre commerce dans l'Amérique espagnole : MM. D. VILLENEUVE, A. ROUX, DUBERN, LE BRIS, GAUTREAU, DALIDOU, LARRABURE, les frères LOROIS ; et dans les Indes : Les frères VIDIE, les médecins GODEFROY et GENU, le grand cultivateur des Philippines Paul PROUST DE LA GIRONNIÈRE, et les frères BOVET, de Neufchâtel, qui ont créé en Chine un grand débouché à l'horlogerie suisse.

AVANT-PROPOS.

Avant de commencer la relation de mes voyages, je crois devoir faire connaître les motifs qui, dès ma première jeunesse, me déterminèrent à quitter parens et patrie pour me consacrer à la carrière pénible de la marine et des voyages, que j'ai suivie avec persévérance pendant les quinze plus belles années de ma vie : je dois aussi dire quelques mots de ma famille et de mon père mort honorablement en servant son pays. Si j'entre dans ces détails, j'ose espérer que le lecteur m'excusera ; il comprendra les sentimens de piété filiale qui m'inspirent; c'est une sorte d'hommage que je crois rendre à la mémoire d'un père que je perdis trop jeune pour qu'il pût me guider dans la vie, mais dont les soins et la tendresse seront toujours profondément gravés dans mon cœur.

Né en 1774, mon père, après avoir fait de bonnes études à Moulins et à Nevers, était employé aux finances dans cette dernière ville, lorsque la révolution éclata. Doué d'une âme ardente et enthousiaste, il partagea l'élan général que fit naître ce grand évènement. En 1792, la patrie appela ses enfans à la défense des frontières; les jeunes gens de Nevers choisirent pour les commander mon père, âgé de dix-huit ans seulement. A son arrivée à l'armée, le général en chef le confirma dans le grade de capitaine, avec lequel il fit les campagnes de 92 et 93, à l'armée du Nord.

L'année suivante, nommé chef de bataillon au choix, il servit à l'armée de l'Ouest sous les ordres du général Hoche. A l'affaire du 3 brumaire an II, il chargea avec tant d'intrépidité à la tête de son bataillon, qu'après avoir eu deux chevaux tués sous lui, il décida du sort de cette journée. Sous les remparts d'Angers, aux sanglantes batailles du Mans et de Savenay, il ne montra pas moins de valeur ; et le général en chef le félicita sur sa brillante conduite, en présence de toute l'armée.

Mortagne était un point stratégique de la plus haute importance. Placé au centre du foyer de l'insurrection vendéenne, cette ville était comme bloquée par des ennemis nombreux et entreprenans ; la garnison, composée de 3,000 hommes, ne se procurait des vivres qu'à la pointe de la baïonnette ; plusieurs convois avaient été interceptés, et le découragement commençait à s'emparer des troupes. L'arrivée du jeune chef de bataillon ranima leur ardeur. Son premier soin fut de faire évacuer tous les malades sur Nantes où il les accompagna, et d'où il ramena un convoi de vivres : attaqué à son retour, il culbuta l'ennemi et fit entrer son convoi intact dans la place. Plus tard il surprit et brûla un camp des insurgés, et sauva plus de 400 prisonniers d'une mort imminente. Nommé commandant de place à Paimbœuf, il y épousa ma mère, fille de Guy de Mayet, officier de la marine royale, l'un des premiers capitaines de son temps, patenté par le prince L. J. M. de Bourbon, duc de Penthièvre, grand-amiral de France, avec pouvoir d'armer en guerre tous les navires qu'il voudrait commander, afin de faire la guerre aux ennemis de l'Etat.

En 1799 le général Leclerc organisait à Lyon une division qui devait aller renforcer l'armée d'Italie; sur la recommandation du général Bernadotte, alors ministre de la guerre, il donna à mon père le commandement d'un corps composé de troupes d'élite, avec lequel il fit la campagne d'Italie. Placé depuis comme adjudant-commandant à l'état-major général de Rome, il ne tarda pas à être distingué par le général Desaix, qui voulut l'emmener avec lui en Egypte; mais à son arrivée à Civita-Vecchia, mon père trouva la flotte partie : le général Gouvion-Saint-Cyr le fit venir près de lui à Milan, où il l'employa à son état-major; plus tard le général Joubert le nomma gouverneur de Pavie; et Murat ayant témoigné le désir de l'attacher à sa personne, il remplit près de lui les fonctions d'aide-de-camp pendant toute la durée de la campagne. A la retraite de Scherer, il eut un bras cassé,

AVANT-PROPOS. 39

ce qui l'obligea à rentrer en France. Le premier consul, si bon juge du mérite, avait depuis long-temps distingué le chef de brigade Lafond, qui était alors en garnison à Paris. A la grande revue du Champ-de-Mars, en 1800, Bonaparte fit arrêter la demi-brigade commandée par mon père, et en présence des troupes il lui adressa ces éloges qui excitaient l'émulation, exaltaient le courage et entretenaient l'esprit militaire.

Quelques mois après, lorsque Murat fut envoyé en Italie pour installer la reine d'Etrurie sur son trône, il emmena mon père, qu'il affectionnait, en qualité de commissaire du gouvernement. A cette époque l'on venait de créer le corps des inspecteurs aux revues; mon père ayant témoigné le désir d'en faire partie, Murat le fit nommer sous-inspecteur de première classe et voulut le placer dans sa division; mais souffrant toujours de ses blessures, il préféra se retirer près de ma mère, à Nantes, où il resta jusqu'à à la campagne de 1806, en Pologne, où il fut nommé inspecteur dans une des divisions du prince de Berg.

Ce fut le terme d'une carrière qui, quelque peu

longue qu'elle ait été, fut si bien remplie. Les fatigues de la campagne firent rouvrir ses anciennes blessures, et il mourut à Posen à l'âge de trente-deux ans, laissant une jeune veuve, avec trois enfans, une fille et deux garçons. Mon père avait reçu la décoration de la Légion-d'Honneur à la grande distribution du camp de Boulogne, en échange d'un sabre d'honneur qu'il avait précédemment obtenu.

J'étais l'aîné des deux garçons; le plus jeune avait été tenu sur les fonds baptismaux par le grand-amiral de France, Joachim Murat, dont il porta le nom.

En 1811, j'avais été placé au lycée de Nantes : deux ans après j'étais désigné par Murat pour faire partie de sa maison à Naples et être admis au nombre de ses pages; les évènemens en ordonnèrent autrement. Je restai donc au lycée jusqu'en 1816, époque où nous fûmes licenciés en même temps que l'armée. L'esprit des élèves était, disait-on, trop mauvais.

La carrière parcourue si honorablement par mon père, avait dès mon enfance frappé vivement mon imagination. Je me figurais que je pourrais un jour marcher sur ses traces et acquérir aussi de la gloire en servant mon pays; mais la restauration vint dissiper tous les projets dont je me berçais. La paix, qui ne semblait plus devoir être troublée, m'interdisait tout espoir de me distinguer dans la carrière militaire, et il me fallut renoncer à l'avenir que j'avais si souvent rêvé. Cependant, jeune, ardent, dévoré du désir de me créer une existence, et surtout d'acquérir de la célébrité, j'étais sans cesse poursuivi par ces idées ambitieuses qui troublaient et enflammaient ma jeune imagination. Hélas! ces impressions sont un tribut que toutes les âmes ardentes et élevées doivent payer à leur entrée dans le monde; et lorsque la froide et triste réalité vient dissiper toutes nos illusions, nous trouvons que ces fugitives rêveries sont peut-être les heures les plus douces de notre existence.

La lecture des voyages offrit un nouvel aliment à mon imagination. Chaque fois que je parcourais les relations des Bougainville, des Cook, des Wallis, etc., j'étais saisi d'admiration, et je comprenais que les palmes de ces grands navigateurs valaient bien celles des conquérans. Je me décidai à me faire marin, désirant suivre la carrière honorable de mon grand-père, Guy de Mayet, puisque je ne pouvais plus avec succès embrasser celle de mon père. J'avais beaucoup plus de maturité et de raison qu'on en a d'ordinaire à mon âge; je me consultai avec moi-même, et, après un sévère examen, ma vocation fut décidée. Ce n'était ni le désir de satisfaire une frivole curiosité, ni l'entraînement du jeune âge, ni une exaltation éphémère qui déterminèrent mon penchant; mais une pensée ferme et énergique qui me soutenait dans l'espoir de me faire un nom honorable, en cherchant à glaner après les grands explorateurs.

L'embarras pour moi était d'obtenir le consentement de ma mère, qui pouvait fort bien ne pas être persuadée que j'étais destiné à devenir un continuateur de Cook et des autres célèbres navigateurs. Néanmoins, après bien des larmes, elle consentit à mon départ. Un beau navire, *le Fils de France*, allait partir pour la Chine. Un de mes camarades, Adolphe Hummel, parent de l'armateur, m'y fit

AVANT-PROPOS. 43

obtenir de l'emploi; je m'y embarquai au mois de juin 1818 en qualité d'apprenti marin. C'est de ce jour que datent mes voyages qui ont duré quinze ans, et dont la note suivante donnera une idée :

1818.	*Fils de France.*	De Nantes à Manille, Chine et retour.	Pilotin.
1819.	Idem.	Pilotin, et sur le brick *la Maria* de Manille.	2ᵉ Capitaine.
1820.	*Santa-Rita.*	De Manille à la Nouvelle-Espagne.	Lieutenant.
1820.	*Mentor.*	De San-Blas à Guayaquil.	*Idem.*
1821.	*Venturoso.*	Expédition du Choco.	Lieut. en pied.
1822.	*Santa-Rita.*	De Guayaquil.	Commandant.
1822.	*Estrella.*	Du Pérou.	*Idem.*
1822.	*Aurora.*	Pérou et Chili.	*Idem.*
1825.	Le *Gal Bolivar.*	Pérou.	Subrécargue.
1826.	*L'Infatigable.* (1)	Lima, Payta, Guayaquil, Chili.	Subr. armateur.
1827.	*Le Gal Pinto.*	Voyage au Pérou.	Capit. armateur.
1828.	*Alzire.*	Sandwich et Manille.	Passager.
1828.	*Maria et America.*	Deux voyages en Chine.	*Idem.*
1829.	*Soledad et Carmen.*	Singapour, Macassar, Moluques, Soulou, Manille.	Commandant ces deux goëlettes et armateur.
1830.	*Candide.*	Nouvelle-Hollande, îles des Amis, naufrage à Tongatabou.	Capitaine et armateur.
1831.	*Lloyds.*	De Tongataboo aux Mariannes.	Passager.
1831.	*Royaliste.*	De Guaham à Manille.	*Idem.*
1832.	*Laure.*	De Manille à Bourbon.	*Idem.*
1833.	*Nayade.*	De Bourbon à Nantes.	Officier.

(1) Ce navire, dont on avait changé le nom, était l'ancien *Calder* qui, sous les ordres du capitaine Dillon, découvrit sur les côtes de l'île de Vanicoro, les premiers débris du naufrage de Lapeyrouse.

J'étais fort jeune, ainsi que je l'ai déjà dit, lorsque j'entrepris ma première expédition. Doué d'un esprit naturellement observateur, d'une mémoire excellente, j'ai parfaitement conservé le souvenir des moindres circonstances de mes voyages, et j'ai d'ailleurs toujours eu soin de tenir un journal de tout ce qui me paraissait digne d'attention; je fais cette remarque, afin que les détails dans lesquels je vais entrer dès mon premier voyage, ne paraissent pas trop au-dessus de la portée d'un très jeune homme, puisque c'est en 1839 que j'écris cette relation.

CHAPITRE PREMIER.

—

LE FILS DE FRANCE. — EMBARQUEMENT. — ÉTAT-MAJOR DU NAVIRE. — VUE DES CANARIES ET DE MADÈRE. — ILES DU CAP-VERT, — SAN-YAGO. — PORT ET VILLE DE LA PRAYA. — NÈGRES. — REVUE DE LA GARNISON. — COMMERCE. — CLIMAT. — ASPECTS.

Le *Fils de France*, sur lequel j'allais m'embarquer, était un navire de 850 tonneaux, monté par soixante hommes d'équipage, et dont tous les officiers avaient servi dans la marine royale; c'était la plus belle expédition qui eût été faite depuis la paix.

Pendant vingt ans de guerres et de blocus maritime, la France n'avait peut-être pas vu un seul armement sortir de ses ports pour les mers des Indes et de la Chine; les traditions de cette navigation s'étaient perdues, peu de capitaines en possédaient la connaissance pratique, les armateurs n'avaient que la théorie de ce commerce, et l'on peut dire que ceux d'entre eux qui à cette époque firent flotter notre pavillon dans ces régions lointaines, acquirent des droits à la reconnaissance publique.

M. Duboisviolet, en déterminant l'expédition de ce navire pour les mers de la Chine, fut le premier à donner une impulsion au commerce de Nantes ; animé du désir d'augmenter ses relations, il avait obtenu du gouvernement de la restauration l'autorisation de charger, dans l'Inde, des cotons sur deux gabarres de l'état pour les importer en France, et le succès de cette opération lui avait inspiré l'idée d'une expédition en Chine. Ses plans furent goûtés par MM. Thomas Dobrée et Cie, négocians des plus recommandables de Nantes, qui devinrent les armateurs du *Fils de France*, sur lequel s'embarqua M. Duboisviolet en personne, en qualité de subrécargue. Excellent négociant, entendant supérieurement les affaires, il réunissait à ces qualités essentielles beaucoup d'esprit, un caractère gai, bon, affable, qui le faisait aimer et rechercher ; il était en outre très bel homme et représentait avec beaucoup de dignité. C'était, en un mot, le type du négociant distingué.

Le 4 juin 1818 nous levâmes l'ancre, et bientôt nous perdîmes de vue les côtes de France ; le temps était superbe, la mer doucement ondulée, une brise légère enflait nos voiles et le sillage rapide qu'elle imprimait au navire, donnait à tous nos officiers l'assurance de la supériorité de sa marche ; certitude qui n'est pas un médiocre encouragement pour les marins, dont le premier soin est de chercher de suite à bien connaître les qualités de leur bâtiment.

Légèrement indisposé de ce mouvement, auquel je n'étais pas habitué, triste de l'absence d'une mère et d'une famille adorées, mais ferme dans ma résolution, mon âme se partageait entre mes regrets et mes espérances ; c'était mon premier pas dans la carrière que j'avais tant ambitionnée, et mon imagination cherchait avec anxiété à pénétrer l'avenir qui se déroulait devant moi comme un horizon sans bornes ; le *Pêcheur* de Léopold Robert, regardant le ciel, a toute l'expression des mouvemens qui m'agitaient ; et mes regards, en s'étendant sur le vaste Océan, y trouvaient l'emblême de la vie nouvelle que j'allais commencer. Plus de famille, plus d'appui ; je sentis dès ce moment que j'allais tout devoir à moi-même, à la constance de mes efforts, et qu'aucune peine, aucun obstacle ne devait me rebuter. La perspective attrayante du succès soutenait mon énergie juvénile, et malgré les fatigues ou plutôt les ennuis d'un apprentissage, je comprenais que j'avais assez de force de caractère pour soutenir les épreuves du rude métier de marin.

Il est vrai que dans mes débuts tout concourait à rendre ma tâche moins pénible. Une jolie brise nous faisait parcourir chaque jour d'immenses espaces, presque sans changer d'amures, c'est-à-dire sans peine, sans travail. Embarqué sur un des plus grands navires marchands de France, presque sans cargaison, avec une batterie et un entrepont entièrement dégagés, j'avais, ainsi que les autres pilotins, toutes les commodités possibles ; et notre nombreux équipage nous épargnait la plus grande partie des fatigues du métier. Mes camarades étaient d'ailleurs des jeunes gens bien élevés ; l'un d'eux avait été mon condisciple au lycée, un autre était fils d'émigré, et tous appartenaient à des familles très honorables. M. Duboisviolet avait pour nous tant d'égards, tant de bontés, que le capitaine et les officiers, à son exemple, nous traitaient avec une bienveillance toute paternelle.

M. Collinet, notre capitaine, avait le grade de lieutenant de vaisseau dans la marine royale ; la restauration l'ayant mis à la demi-solde, il prit du service dans la marine marchande. Grand, bien fait, d'une figure ouverte et franche, ses excellentes qualités le faisaient aimer de tout le monde.

Il n'en était pas tout-à-fait de même du second capitaine, M. le vicomte Arthur de Saint-Blain, qui précédemment avait servi comme lieutenant à bord de l'un des bâtimens de l'état chargé de transporter en France les cotons achetés dans l'Inde par M. Duboisviolet. M. de Saint-Blain, fils d'émigré, avait accompagné son père en Russie, d'où il était venu prendre du service dans la marine anglaise; et pendant toute la durée de la guerre il avait combattu contre nous. Grand admirateur des Anglais, exaltant sans cesse leur supériorité maritime, il aurait été désolé de manquer une occasion de manifester son admiration exclusive pour nos rivaux; et il ne s'exécutait pas une manœuvre à bord qu'elle ne lui fournît quelque sujet d'humiliantes comparaisons. On juge de l'effet que cette conduite inconsidérée devait produire sur nos braves officiers et sur tout l'équipage, qui s'indignait de voir un Français chercher sans cesse à ravaler ses compatriotes: aussi M. de Saint-Blain était-il cordialement détesté. En outre il avait rapporté d'Angleterre toute la rudesse qui caractérise les marins de cette nation; et si l'on ajoute à ces traits un caractère difficile, inquiet et inégal, on aura une idée des qualités qui le distinguaient. Cependant c'était un homme d'esprit, il ne lui manquait que du jugement. Les autres officiers, MM. Delaroche, Brislaine, Dupuis et Genu, le docteur du bord, étaient tous d'une extrême douceur; ils formaient entre eux un petit cercle dans lequel on s'égayait parfois de l'anglomanie du second capitaine.

En peu de jours nous aperçumes successivement Madère et les îles Canaries. Avec quel plaisir on entend le matelot, placé au haut des mâts, crier *terre!* Comme chacun accourt avec empressement sur le pont, pour jouir de cette vue! Comme le cœur bat d'émotion! Et pourtant on n'aperçoit d'abord qu'une espèce de nuage, une ligne noire sur l'horizon, dont les regards ne peuvent se détacher. Mais bientôt sa forme devient plus distincte, et cette terre se dessine enfin à vos yeux enchantés, avec ses montagnes, ses vallées, ses collines et toutes les sinuosités du terrain, dont les teintes diverses se réflètent sous le brillant soleil des Tropiques. N'ayant fait qu'apercevoir ces îles, je n'en parlerai pas, car je ne veux entretenir mes lecteurs que de ce que j'ai vu, de ce que j'ai ressenti, et des notions que j'ai pu recueillir sur les pays voisins de ceux que j'ai visités.

A mesure que nous avancions vers l'équateur, la magnificence du tableau qui se déroulait à nos yeux venait rompre la monotonie de la vie du bord, en nous offrant des ressources contre l'ennui. Tout s'animait autour de nous; les solitudes atlantiques se peuplaient; tout était grand, varié, séduisant; et ma curiosité ne se lassait jamais. Des myriades de poissons semblaient sortir du fond des abîmes de l'Océan, comme pour nous escorter ou pour nous distraire par leurs évolutions capricieuses et légères, tandis qu'une multitude d'oiseaux, planant dans les airs, prêts à fondre sur leur proie, offraient par la nouveauté de leurs formes et de leurs mouvemens une étude remplie de charmes et d'intérêt. Enfin, la phosphorescence de la mer, étincelante de lumière pendant la nuit, offrait à nos regards le spectacle le plus grandiose.

Ayant depuis bien des fois coupé l'équateur, je reviendrai sur ces belles scènes de la nature, et je m'efforcerai de retracer l'impression qu'elles firent sur moi.

Nous aperçûmes les îles du Cap-Vert, et bientôt nous nous dirigeâmes vers San-Yago, la plus considérable de cet archipel; nous vînmes mouiller au port de la Praya, et dès qu'on eût jeté l'ancre, on mit les embarcations à la mer. Le subrécargue ainsi que plusieurs officiers descendirent à terre ; un des canots fut envoyé aux provisions, la chaloupe pour faire de l'eau, et un autre canot fut chargé de donner quelques coups de seine sur la plage. J'étais dans cette dernière embarcation. Dès que nous atterrîmes, plusieurs nègres qui étaient sur le rivage vinrent nous offrir leurs services pour nous aider à tirer la seine. N oacceptâmes leur aide. J'en avais un près de moi, plongé dans l'eau jusqu'au cou; tout-à-coup il se mit à jeter des cris lamentables et appela au secours; il était prêt à disparaître sous les flots, lorsque je le saisis par les cheveux, me cramponnant à la seine et criant aux matelots de la maintenir; le pauvre nègre était presque évanoui; en le retirant de l'eau, nous vîmes qu'il venait d'avoir la moitié du pied gauche emporté par un requin; heureusement le docteur était avec nous; il fit transporter ce malheureux sur la plage, et de là à la ville, où il mit un premier appareil à sa b lessure.

La mer, dans ces parages, fourmille de poissons;

nous en prîmes une immense quantité; il y en eut assez pour servir abondamment aux repas de notre équipage de soixante hommes pendant deux jours. La chaleur du climat ne permettant pas de le conserver long-temps, plusieurs matelots furent occupés à saler et à faire sécher le surplus.

Quelques hommes avaient porté à bord le produit de la pêche du canot; je restai à terre avec le reste de son équipage. En longeant la plage, nous nous dirigeâmes vers un morne qui s'élevait devant nous, et au sommet duquel se trouve le village de la Praya, décoré du nom de ville. Tandis que nous montions cette colline, dont le sol est formé d'une terre poudreuse et rougeâtre, le soleil dardait perpendiculairement ses rayons sur nos têtes; la chaleur était accablante. Nous avions pour compagnons de notre pénible ascension des troupes de nègres, de négresses, d'ânes; tous chargés de sacs de sel, de fruits, de légumes ou de bois, qui arrivaient au débarcadère, partie de l'intérieur, partie des îles voisines.

Arrivés à la Praya, nous y trouvâmes une grande partie de la garnison rangée en bataille. A notre débarquement nous avions déjà eu un échantillon tout-à-fait pittoresque des troupes de cette colonie portugaise; nous avions aperçu sur la plage, sous une espèce de hangar, figurant probablement un corps-de-garde, deux ou trois nègres en faction, portant fusil et giberne, mais entièrement nus, à l'exception d'un morceau d'étoffe large comme la main qui leur entourait les reins. Cette tenue militaire, tout-à-fait nouvelle pour nous, ne nous surprit pas médiocrement ; celle des troupes que nous vîmes sous les armes dans la ville était tout-à-fait à l'avenant ; cette milice se composait de nègres ou de mulâtres généralement dépourvus du vêtement nécessaire chez nous, mais qui aux îles du Cap-Vert ne paraît pas indispensable. En revanche la plupart d'entre eux avaient des schakos anglais, et quelques-uns couvraient leurs noires épaules d'une veste rouge, sans cependant se croire obligés d'y ajouter une culotte. C'était une grande revue, une sorte de solennité militaire, qui nous parut fort grotesque. Cette troupe, qui avait cependant musique en tête, vint gravement défiler sous les ordres du *senhor mayor da praça*, en présence de monseigneur le gouverneur.

Une marchande négresse, chargée des approvisionnemens des navires, demeurait sur la place où nous venions de voir cette brillante parade ; nous fûmes lui faire notre visite. Elle était entourée de deux jolies négresses, ses filles, et de beaux fruits du pays ; elle nous offrit de ces derniers ; bientôt une foule de nègres ou de mulâtres se pressèrent autour de nous, en nous demandant avec instance d'échanger quelques-uns de nos vêtemens contre des fruits, des singes, des perroquets ou même de l'argent. J'avoue que d'après ce que je venais de voir à la revue, cet empressement me parut assez naturel.

La Praya est le principal port de l'île de San-Yago, dont la capitale, qui porte le même nom que l'île, est tout-à-fait dans l'intérieur.

Ces îles offrent peu de ressources au commerce. L'objet principal des transactions était alors la traite des noirs, que les habitans faisaient sur la côte d'Afrique avec des petites goëlettes : ils vendaient leurs nègres aux navires portugais qui touchaient à la Praya en allant au Brésil; dans l'intervalle de ces voyages, ces petits bâtimens s'occupaient du transport du sel qu'ils allaient chercher aux îles de *Sal* et de *Maya*, pour les entreposer à la Praya. Ce sel est brillant, d'une éclatante blancheur, et ressemble à s'y méprendre au plus beau sucre candi, ainsi que j'en fis l'expérience. Un jour que la chaloupe d'une goëlette débarquait des sacs d'une substance d'une blancheur éblouissante, quelques parcelles s'en échappèrent et tombèrent sous mes pas; je me hâtai de les ramasser, charmé de ma bonne fortune et bien persuadé que c'était du sucre candi que je connaissais parfaitement. Voulant m'en assurer, je fus aussitôt amèrement détrompé. L'idée me vint de faire partager ma disgrâce, et je distribuai généreusement plusieurs morceaux de ce prétendu sucre à un groupe de mes camarades et à quelques officiers, en ayant soin toutefois de gagner promptement le large pour me soustraire à leur reconnaissance; je ris beaucoup en voyant les laides grimaces qu'ils firent après avoir goûté de mon cadeau. Je ne sais si de graves lecteurs me pardonneront ces détails, mais je les prie de se rappeler que j'avais alors dix-huit ans, et j'ai pensé qu'en racontant cette innocente espièglerie je donnais à-la-fois une preuve convaincante de la qualité du sel de la Praya et de l'indulgente bonté de mes supérieurs.

Ainsi que je viens de le dire, les bâtimens portugais destinés pour le Brésil viennent de temps à autre prendre au port de la Praya (*Puerto-Praya*) des esclaves et des cargaisons de sel, en échange de quelques étoffes, de grosse quincaillerie, de faïences, porcelaines et verroteries. Les navires des autres nations, qui se rendent dans l'Inde ou en Amérique, y relâchent aussi parfois pour y faire de l'eau ou pour se procurer des vivres frais. Les fruits sont excellens, mais on ne peut pas en dire autant de l'eau et du bœuf, qui sont d'une fort mauvaise qualité. Puerto-Praya était jadis un entrepôt assez considérable pour la traite. Les goëlettes de la Praya se livraient également au commerce de la gomme, de la poudre d'or et de l'ivoire, sur la côte d'Afrique.

La ville de Praya, bâtie sur le sommet d'un morne à quelque distance et en face du mouillage, est fort peu considérable. On n'y parvient que par des chemins difficiles et escarpés. La place publique, nommée la *place d'armes*, est bordée d'un côté par une église de mesquine apparence, de l'autre par la maison du gouverneur et celles des principaux fonctionnaires et employés; le troisième côté est occupé par les boutiques des marchands du pays; et le quatrième domine la rade et la mer. Une rue unique, bordée des cases des habitans (car ces misérables huttes ne méritent pas le nom de maisons), se dirige vers la campagne.

Un peu au-dessous de la ville, à gauche, en faisant face à la rade, est un fort au-dessous duquel se trouve l'aiguade, peu abondante et donnant une eau de fort médiocre qualité et fort chère, car elle coûte au moins une piastre par barrique pour la faire porter à bord; vers la droite, du côté opposé, on voit un autre fort qui commande aussi la rade et dont les feux se croisent avec le premier : entre ce dernier fort et la ville s'étend une vallée, image de la stérilité, où croissent pourtant quelques tristes palmiers, quelques lataniers rabougris ou de maigres broussailles.

La baie de Puerto-Praya se trouve dans le S. O. de l'île. Il faut bien faire attention de ne pas confondre la fausse baie avec la véritable, qui est belle et d'une profondeur régulière. Le mouillage le plus convenable est lorsque l'on relève le fort au N. O. 5° O. du compas, à environ un mille, la partie Est de l'île des Cailles, à l'O. 1/4 S. O. ou à l'O. 1/4 S. O. 5° S., à un mille et quart, on est alors par 7 à 8 brasses; mais il vaut mieux se tenir plus près du côté N. E. de la baie, pour appareiller par de petites brises et pour éviter d'être porté par les courans sur la pointe des roches sous le vent, avant que le navire n'ait pris son air.

Les vents sont habituellement de la partie du N. E., et le temps est souvent brumeux et à grains; mais il pleut rarement. (*Voir* Horsburgh, t. I, p. 15, 3ᵉ édition de Londres.)

San-Yago, capitale de l'île et siège du gouvernement, est, dit-on, une ville assez grande avec quelques édifices d'un assez bon style; les vallées qui l'entourent sont très productives lorsqu'il pleut; malheureusement la sécheresse est le fléau du pays; les années où il ne tombe pas une seule goutte d'eau ne sont que trop fréquentes : alors toutes les plantes sont calcinées par l'ardeur du soleil, et non-seulement les récoltes de toute espèce viennent à manquer, mais les autres productions aussi s'en ressentent; la désolation, la misère sont alors à leur comble; et une effrayante mortalité, triste compagne de ces horribles calamités, vient décimer la population.

Ce pays possède cependant une grande quantité de bestiaux, tels que des bœufs, à la vérité d'une chétive espèce, des chevaux, des mulets, des ânes et d'innombrables troupeaux de chèvres. On y cultive avec succès le maïs et le riz; ce dernier surtout donne d'abondantes récoltes dans les années de pluies; mais lorsqu'elles manquent, le grain avorte. Le froment est hors de sa zône végétale; et toutes les farines consommées par les blancs sont apportées par les

Américains du Nord et par les Portugais. La vigne produit de bons raisins ; mais la quantité n'en est pas assez abondante pour faire du vin, à moins, ce qui paraît plus probable, que l'ignorance des cultivateurs n'en soit la seule cause. Avec la canne à sucre les habitans fabriquent de la mélasse, du sucre noir et de l'arack ; avec l'indigo, une espèce de boue noire qui sert à teindre en bleu quelques étoffes communes qu'on apporte d'Europe, ou les tissus grossiers fabriqués dans l'île même avec le coton que l'on cultive dans leurs vallées et où il semble devoir prospérer. Le manioc et la patate douce forment avec une très grande variété de fruits délicieux la ressource la moins incertaine pour la nourriture. Ces fruits sont ceux de l'oranger, du goyavier, du citronnier, du cocotier, de l'avocatier, du figuier, du papayer, de l'adansonnier, du tamarinier de différentes espèces, le melon d'eau, la pomme-canelle, et surtout les bananiers qui, par leur grande qualité nutritive, sont un véritable bienfait de la providence pour ces climats.

La masse des habitans de ces îles est noire et originaire d'Afrique ; ceux qui prétendent modestement au titre de blancs sont en réalité ultra-basanés, et la nuance qui les distingue des mulâtres est presque imperceptible. Cependant leurs traits et la longueur de leurs cheveux décèlent leur origine. Les mulâtres et les diverses modifications du mélange des deux races sont nombreuses. Tous prennent avec orgueil le nom de Portugais. Les esclaves sont très nombreux, et forment la majeure partie de la population.

L'archipel des îles du Cap-Vert se compose de dix îles de diverses grandeurs : — *San-Yago*, la plus peuplée, la plus étendue et où se trouve la ville du même nom, capitale de tout le groupe, et celui de Ribeyra-Grande et la Praya. Le sol de cette île est le plus élevé de tout l'archipel, et ses montagnes sont couronnées par un pic qui s'élance orgueilleusement dans les airs. — *San-Nicolas* est après San-Yago une des îles des plus considérables du groupe; on trouve dans la ville quelques fabriques d'étoffes grossières, qui ont leur débouché dans le pays. — *San-Antonio*, dominée par un pic très élevé, est très peuplée. — *Foco*, dont le nom indique l'origine volcanique, renferme en effet un volcan très actif. — *Maya* nourrit une grande quantité de bestiaux que l'on transporte à la Praya pour l'approvisionnement des navires; on y cultive aussi le coton. — *Sal* a reçu son nom du sel qu'elle produit en grande abondance. Ses salines sont naturelles; l'eau de la mer s'infiltrant à travers les dunes qui bordent le rivage, pénètre sur un sol uni, où l'ardeur excessive du soleil évapore promptement l'eau ; et la partie cristallisée qui reste, forme des nappes d'un sel très dur et d'une éblouissante blancheur. — *Boa-Vista*, ou *Bellevue*, est très fertile et serait la plus prospère du groupe, si elle était pourvue d'un port; elle est plate, et son nom lui a sans doute été donné à cause du vaste amphithéâtre d'îles montagneuses qui entourent et bornent son horizon. — *Brava* ou *San-Ioao*, petite île où l'on récolte du vin et du salpêtre. —*San-Vicente* a un port excellent et serait généralement visitée, si les provisions n'y étaient pas si rares. — *Santa-Lucia*, l'une des moins peuplées et des moins considérables.

Lorsque j'arrivai à la Praya, je fus frappé de l'aspect languissant de la population; elle semblait relever d'une longue maladie. Le climat y est en effet très mal sain; des fièvres épidémiques y règnent presque toute l'année, et les dyssenteries y sont fréquentes et souvent mortelles. Cette insalubrité peut être attribuée à l'extrême sècheresse de la température; et j'ai remarqué en effet que toutes les contrées intertropicales où il régnait ou un excès d'humidité ou un excès de sècheresse, étaient toujours malsaines.

L'aspect de ces îles est horriblement triste : partout une nature aride et nue, image de la désolation; des rocs entassés confusément sur ses rivages, où rien ne repose la vue de ces scènes sévères et monotones; tout, en un mot, décèle une terre dont les entrailles sont encore travaillées par les feux souterrains, tandis que sa surface est brûlée par les feux du ciel.

CHAPITRE DEUXIÈME.

DÉPART DE LA PRAYA. — POISSONS VOLANS. — BONITES. — GALÈRES. — FRÉGATES ET AUTRES OISEAUX DES TROPIQUES. — LES REQUINS. — LE RAMORA ET LE PILOTE. — LES DORADES. — LEVER DU SOLEIL. — PHOSPHORESCENCE DE LA MER. — PASSAGE DE LA LIGNE ET CÉRÉMONIES DU BAPTÊME. — PASSAGE DES HAUTES LATITUDES. — ARRIVÉE DANS LES MERS DES INDES.

Ayant complété notre provision d'eau, embarqué nos vivres frais, les canots furent hissés à bord et nous levâmes l'ancre pour continuer notre voyage. Nous passâmes entre l'île de Foco et celle de San-Yago, en dirigeant notre route pour couper la ligne entre le 20e et le 22e degré de longitude. Nous partions tous avec beaucoup plus de plaisir qu'en quittant la France, et il faut convenir que les îles du Cap-Vert n'ont rien de bien séduisant. Cependant le séjour que je venais d'y faire avait singulièrement agrandi mes idées et excité de plus en plus en moi la passion des voyages; tout ce que j'avais vu, hommes et végétaux, était si nouveau pour moi, que je sentais redoubler le désir de voir d'autres objets plus dignes encore de mon admiration.

Notre navire avait une excellente marche; il possédait des qualités supérieures et nous avait fait franchir en peu de jours l'espace qui nous séparait de la France; nous étions certains maintenant, à moins d'évènemens extraordinaires, de faire un voyage rapide; nous nous connaissions tous, officiers et matelots, et nous savions que nous n'éprouverions pas de désagrémens sérieux; l'équipage était, il est vrai, composé d'assez mauvais sujets, mais tous bons marins, actifs, travailleurs et connaissant bien leur métier; nos officiers étaient justes, fermes et sévères; et certes, avec de tels hommes, on aurait pu faire le tour du monde.

Nous eûmes promptement franchi la région des vents alisés, qui règnent entre les 26° et 3° degrés de latitude nord. En approchant du voisinage de l'équateur, les brises devenaient molles et changeantes, des grains se succédaient, le tonnerre grondait et la pluie tombait par torrens. Souvent, par un très beau temps, un nuage dans la direction opposée au vent s'élevait à l'horizon comme un point, prenait de la consistance, grossissait rapidement, obscurcissait le soleil et embrassait toute la voûte du ciel; l'air était lourd et chargé d'électricité; mais un souffle de vent venait-il à se faire sentir, alors tout craquait à bord, membrures, cloisons, mâts, vergues, cordages; un grain s'était déclaré. L'équipage, prompt à la manœuvre, rentrait en un clin-d'œil toutes les voiles, soit pour ne pas faire fausse route, soit de crainte d'attirer la foudre en fendant l'air avec trop de vélocité. Quelquefois aussi une trombe se formait à l'horizon, arrivait avec le vent et passait à quelque distance du navire. Plus tard je parlerai de ces phénomènes, que j'ai vus de bien près dans les mers des Indes. Pour doubler cette lisière de calmes de 6 à 8 degrés, que les marins redoutent, il faut souvent bien du temps et bien des fatigues; parce qu'il arrive quelquefois que l'on perd le lendemain ce que l'on a gagné la veille. Cependant, malgré les calmes, les grains, les bourrasques, nous avancions chaque jour vers la ligne, grâce au soin extrême que l'on mettait à profiter de la moindre brise qui venait à s'élever. Mais que de travail et de peines ! Toujours de la pluie et un soleil perpendiculaire. On ne sait où se mettre à l'abri quand la manœuvre, qui est presque continuelle, vient à cesser pour un instant; la soif vous dévore, et l'eau, chaude et souvent corrompue, peut à peine vous désaltérer.

Aux approches des tropiques l'Océan offre un spectacle nouveau et rempli d'intérêt : tout s'anime; le soleil, en agitant son prisme sur les flots, y répand le mouvement et la vie; la mer se peuple d'une multitude d'habitans de toutes les formes, de toutes les grandeurs, qui semblent suivre le navire comme pour interrompre et égayer la monotonie et l'ennui de cette navigation ; l'on dirait, en un mot, pour nous servir de la belle image de Bernardin de Saint-Pierre, que des néréides se sont chargées de conduire dans ces mers des flottes de poissons.

Le signe le plus caractéristique du voisinage des tropiques est l'apparition des poissons volans ; il n'en est aucun qui frappe plus vivement l'imagination ; et les premiers que j'aperçus me ravirent en extase. C'était en effet quelque chose de si merveilleux, de si attachant, de si différent de tout ce que l'on voit ailleurs, que je ne cessais d'admirer ces bandes de poissons élégans dans leurs formes, gracieux dans leurs évolutions, surgir du sein des flots, raser leur surface, s'y maintenir aussi long-temps que leurs ailes conservaient de l'humidité et venir quelquefois s'abattre sur le pont.

Le poisson volant, nommé *exocet* par les naturalistes, est un charmant poisson aux couleurs scintillantes et de la grandeur des petits mulets de nos côtes. Il a quatre ailes, qui dans l'eau lui servent de nageoires ; les deux plus rapprochées de la tête ont à-peu-près la longueur du corps, les autres sont beaucoup plus petites ; elles sont formées de membranes transparentes, qui n'ont d'élasticité que lorsqu'elles sont mouillées ; de sorte qu'il est obligé de plonger fréquemment et lorsqu'il est vivement poursuivi, il semble alors ricocher sur les flots. Le volume considérable de leurs pectorales contribue aussi à donner à ces poissons la facilité de voler. Malgré cette double faculté dont la nature les a pourvus, il n'y a peut-être pas dans toute la création, des êtres dont l'existence soit entourée de plus de dangers et qui doivent mettre en jeu plus de ruses pour leur conservation. Leur chair, très délicate, offre un puissant appât à une foule de poissons voraces, tels que bonites, thons, marsouins, souffleurs, tazars, qui, dans l'eau, les poursuivent avec acharnement; et lorsqu'ils parviennent à leur échapper au moyen de leurs ailes humides, la frégate à l'œil perçant, le paille-en-queue au bec long et affilé, l'albatros, le fou, le pétrel, le cordonnier et les autres oiseaux des tropiques leur font de leur côté une guerre à outrance, fondent sur eux pendant qu'ils se soutiennent en l'air et les saisissent avant qu'ils aient pu les éviter. La nuit, leurs bandes pourchassées venaient souvent se heurter contre les flancs du navire ou s'engager dans les cordages, et le matin on en trouvait assez pour servir au déjeûner du capitaine. Ces malheureux poissons sont tellement relancés de toutes parts, que le nombre de ceux qui parviennent à atteindre toute leur croissance n'est rien en comparaison des myriades que l'on voit à chaque instant surgir de l'eau et retomber dans toutes les directions; on dirait par une jolie matinée de printemps des bandes de chardonnerets qui s'élancent d'un buisson pour aller s'abattre dans les champs voisins.

De tous les ennemis du poisson volant, la dorade est le plus redoutable. Elle le poursuit sans cesse avec acharnement; on la voit s'élancer par bonds de plus de trente pieds et saisir sa proie, laissant après elle à la superficie des eaux, des cercles qui, lorsque la mer est calme, s'élargissent avec une admirable régularité. La dorade, nommée aussi dauphin par les marins français, est le plus beau poisson de l'Océan; c'est lui aussi qui a le plus d'élasticité dans ses mouvemens; il est difficile de se faire une idée de l'éclat et de la magnificence de ses couleurs nuancées de vert, d'argent, de jaune, de bleu et de violet, dont les teintes varient alternativement selon les diverses évolutions qu'il exécute. Souvent j'étais dans l'enchantement, et je passais des heures entières à les voir se jouer sur les flots et faire briller leurs chatoyantes couleurs. On ne les rencontre presque jamais en grandes troupes comme les autres espèces qui pullulent de toutes parts : ces poissons marchent ordinairement par couples, et quelquefois, mais fort rarement, en plus grand nombre. La tête de la dorade est courte, et son corps élancé et élégant. Comme aliment, c'est le meilleur poisson des tropiques. Lorsqu'elle est prise, elle meurt sur-le-champ, ainsi que la plupart des poissons de mer. Les nuances dont la peau de la dorade se diapre pendant sa courte agonie sont admirables.

La bonite au dos bleuâtre, à raies longitudinales, au ventre argenté, est très commune et se prend avec facilité, à cause de sa gloutonnerie. Ces poissons marchent toujours par bandes nombreuses, et il suffit de jeter un appât pour qu'ils y mordent de suite. Le thon et le tazar sont de la même famille que les bonites; mais le premier atteint de bien plus fortes proportions; il y en a qui pèsent jusqu'à cent livres. Les seconds sont remarquables par le vif reflet de leur peau verte et jaune lorsqu'ils apparaissent à la surface de l'eau. Le tazar est plus svelte, il a le corps plus allongé que la bonite; sa couleur, au lieu d'être bleuâtre sur le dos, tire un peu sur le vert, et le blanc argenté ou le gris de son ventre prend une teinte beaucoup plus claire et tire sur le jaune-vert.

Dans les mers tropicales, les marsouins sont les poissons que l'on rencontre le plus fréquemment, et toujours par troupes considérables. La nature semble leur avoir inspiré le besoin de vivre en société. Dans les calmes, ils venaient s'ébattre autour du navire sans paraître suivre aucune direction; mais dès qu'on les voyait prendre spontanément la même route, l'on pouvait être sûr que le vent allait souffler de ce côté. Je me plaisais à les regarder aller et venir dans tous les sens et sans trêve le long du bord, se jouant dans le remou ou dans le sillage du navire, qu'ils escortaient comme une troupe d'éclaireurs. Le navigateur qui les a comparés à une meute ardente, infatigable, entourant une voiture de chasse, a donné une idée assez juste du mouvement qu'offre ce singulier spectacle. Le marsouin est, en effet, taillé pour la course; sa vélocité est extraordinaire, et sa force musculaire ne l'est pas moins; dans ces joyeux ébats nous les voyions souvent faire des bonds de vingt-cinq à trente pieds. Les matelots désignent ce poisson sous le nom ignoble et fort peu caractéristique de *cochon de mer;* les naturalistes l'ont, je crois, classé parmi les cétacés, et leur espèce est tout-à-fait distincte de celle des bonites et des thons. Leur peau, noire sur le dos et blanche sous le ventre, est épaisse d'environ six lignes; mais sur la tête et le cou elle l'est de deux pouces. Comme dans la baleine, on peut extraire de l'huile de la peau du marsouin. Sa chair est noire et huileuse; cependant elle est mangeable après avoir été macérée pendant trois ou quatre jours; et sa cervelle, bien dépouillée des filamens qui l'entourent, n'est pas mauvaise; cependant je n'assurerai pas que Brillat-Savarin eût été de cet avis.

Parmi les merveilles qui venaient chaque jour étonner mes regards, il en est une qui frappa vivement mon imagination, c'étaient ces galères (mollusques de l'espèce des *physales, vélelles porpites* et *béroé;* Dumont d'Urville, *Astrolabe*), élégantes, aux formes capricieuses et légères, voguant paisiblement leurs voiles déployées, et dont les couleurs prismatiques réunissaient l'éclat des nuances de l'arc-en-ciel, lorsque le soleil dardait ses rayons sur cette flotte animée. Souvent elles se présentaient par myriades, et couvraient d'immenses espaces. C'était alors un beau spectacle de voir ces voiles scintillantes, vertes, pourpres, roses, jaunes, violettes, flotter en lignes légères, s'incliner mollement sous l'impulsion de la vague agitée par une douce brise. Elles offraient l'aspect gracieux d'une flotte en miniature, il n'y manquait que des mirmidons ou des Lilliputiens pour la manœuvrer. La galère est un être faible, à membranes transparentes et coloriées; de longs filamens descendent sous son corps jusqu'à huit ou dix pouces, pour la maintenir constamment en équilibre sur les flots; sa partie supérieure a tout-à-fait la forme d'une voile latine, ce qui lui a fait donner le nom de *galère* par les marins. Elle ressemble à ces petites barques à voile, que dans leurs jeux les enfans lancent sur des bassins. La nature a pourvu ces mollusques d'un singulier moyen de défense: lorsque nos jeunes marins inexpérimentés voulaient les saisir pour examiner de plus près leur organisation, ils étaient aussitôt punis de leur curiosité par une démangeaison, dont la cuisson était plus vive que celle causée par l'ortie.

Souvent dans les momens de calme nous étions visités par des requins; nous en prîmes plusieurs, et un surtout qui était d'une énorme dimension. Ce poisson est extrêmement glouton : un officier accrocha à un émérillon ou hameçon à chaîne, un gros morceau de lard : à la vue de cet appât le vorace animal fit un demi-tour sur le dos et avala appât et hameçon. Aussitôt on appela les hommes sur le gaillard d'arrière pour le hisser; mais l'officier, craignant que la ligne qui retenait le croc ne fût pas assez forte pour résister aux secousses de sa terrible queue, laissa filer et suivit les mouvemens du requin qui, tantôt forçant sa marche, tantôt s'abîmant sous la quille, tantôt aussi plongeant à pic ou décrivant un arc de cercle avec sa corde raidie, se fatigua et s'épuisa en évolutions stratégiques; enfin, ses mouvemens devinrent peu à peu moins violens, il finit par ne plus bouger : un matelot fit alors avec une corde plus forte un nœud coulant qu'il fit glisser sous la mâchoire de l'animal; on souqua fortement, le monstre fit un bond, mais il n'y avait plus rien à craindre; la corde tint bon. On mit une poulie de retour sur le bout du gui, et le requin se trouva bientôt suspendu en l'air. Ce fut pour lui un autre genre de gymnastique; chaque coup de queue qu'il donnait, ébranlait le couronnement du navire; l'officier, craignant que des secousses aussi multipliées ne fissent rompre le gui, se détermina à le faire traîner sur le pont. C'était une imprudence, car à peine le requin eût-il trouvé un point d'appui, qu'avec sa queue il renversa tout ce qu'il trouva à sa portée; heureusement le gaillard d'arrière

était large et il avait de l'espace pour faire toutes ses
manœuvres ; afin de prévenir tout malheur, un matelot
s'approcha et lui asséna deux grands coups d'anspect
sur la tête ; un autre, d'un coup de hache, lui coupa
la queue ; le monstre fit encore un bond, mais ce fut le
dernier ; il commença à vomir un sang noir, et tout
son corps, saisi d'un tremblement nerveux, se raidit.
Un homme allait lui ouvrir la mâchoire et examiner ses
cinq râteliers, lorsque heureusement un officier l'ar-
rêta en l'avertissant que l'animal, malgré son immobi-
lité apparente, pouvait, par un mouvement convulsif,
couper le bras de celui qui serait assez imprudent
pour l'aventurer dans sa gueule ; et pour le lui prouver, il prit un anspect qu'il lui enfonça entre les mâchoires jusqu'à l'estomac. L'horrible squale, qui ne
faisait plus aucun mouvement, serra la gueule et fit
avec ses dents de profondes entailles dans ce morceau
de bois.

Nous ne connaissions pas encore le malheur arrivé
au capitaine Geoffroi, à bord d'un navire de l'Inde :
comme nous il avait pris un requin, et le croyant
mort, puisqu'il avait été assommé de plusieurs coups
sur la tête, que la queue était coupée, son ventre
ouvert, son cœur et ses entrailles arrachées, il eut
l'imprudence de vouloir examiner ses mâchoires en y
introduisant le poignet, qui fut coupé net. Le capitaine Geoffroi a depuis commandé *le Fils de France*,
ce qui a fait dire par quelques auteurs que le capi-

taine de ce navire avait eu le bras coupé par un requin (*Voyage pittoresque autour du monde*).

La voracité du requin est bien connue de tout le monde. Chaque matelot a quelque histoire bien noire à raconter aux nouveaux embarqués. Il en est qui prétendent même que des hommes ont été souvent atteints hors de l'eau par ce monstre; mais c'est une chose que son organisation rend extrêmement difficile. Pendant mes nombreux voyages et malgré l'innombrable quantité de requins que j'ai rencontrés à la mer, je n'en ai jamais vu un seul élever plus que sa tête hors de l'eau. La position de sa gueule, au milieu et au-dessous d'un long museau adhérent à l'épine dorsale et sans articulation près du cou, ne lui permet de saisir sa proie qu'en se renversant sur le côté, afin que la mâchoire inférieure puisse atteindre l'objet qu'il veut saisir; comment lui serait-il possible de s'élancer hors de l'eau et d'aller justement attaquer sa proie de côté? Pour bondir il faudrait qu'il soulevât toute la masse qui pèse sur son large dos, ainsi que les immenses nageoires pectorales toujours posées horizontalement. L'on voit rarement le museau du requin hors de l'eau ; il montre seulement l'extrémité de ses nageoires dorsales et la pointe du lobe supérieur de sa queue. C'est à ces deux pointes que de loin on le reconnaît.

Les marins prétendent que le requin a l'odorat très fin et qu'il suit les navires qui ont des malades à bord.

Ce qu'il y a de certain, c'est que lorsque je faisais la pêche du cachalot dans la mer Pacifique, j'ai vu souvent, une ou deux heures après qu'un de ces énormes cétacés était amarré le long du bord, des bandes de trente à quarante requins le couvrir de morsures. Les navires négriers, où tant de créatures humaines entassées à fond de cale, sont journellement moissonnées par les maladies et le chagrin, sont toujours suivis de troupes de requins.

Deux seules espèces de poissons sont ses fidèles compagnons, tandis que toutes les autres le fuient : ce sont le ramora et le pilote. Trois ou quatre de ces premiers sont souvent attachés à sa peau, et cinq ou six pilotes, longs d'un demi-pied au plus, l'accompagnent habituellement; ils frétillent autour de lui, passent et repassent sans cesse autour de sa gueule, sur son dos, sur son ventre; et, si quelque circonstance les en a séparés, ils paraissent effarés, inquiets, et le requin lui-même ne paraît guère moins embarrassé. Dès qu'il les a perdus de vue, il les cherche de tous côtés et ne reprend son calme habituel que lorsqu'ils sont revenus. Leur secours lui est évidemment nécessaire : mais en quoi consiste-t-il? ont-ils la vue plus perçante? lui indiquent-ils sa proie? sont-ils enfin pour lui ce que le chien est pour l'homme? C'est ce que l'on ignore; et l'on en est réduit à ce sujet aux conjectures. Ces poissons ne l'abandonnent que lorsqu'il est halé à bord; on les voit alors suivre pendant plusieurs jours le sillage du navire, puis disparaître, sans s'être ralliés à aucun autre protecteur.

Le requin est vivipare; sa chair est coriace et indigeste; cependant nous mangeâmes celui que nous avions pris, après avoir mis sa chair pendant une couple d'heures sous un poids très lourd; il fut accommodé avec force vinaigre, et les gens de l'équipage, que le régime du bord ne rendait pas difficiles, le trouvèrent sinon délicieux, du moins mangeable.

Le pilote est jaune, avec des raies noires transversales; il est d'une jolie forme, très délicat, mais difficile à prendre.

Relativement aux habitans des airs, je me bornerai à dire peu de mots de la frégate : les albatros, les damiers, les alcyons, appartenant à une zone plus tempérée, j'en parlerai plus tard.

La frégate est probablement de tous les oiseaux le plus agile et celui dont le vol a le plus de portée. Elle se tient ordinairement dans les régions de l'air les plus élevées; de là, elle plane sur l'immensité, agitant sa tête de droite à gauche, pour découvrir sa proie. Elle est quelquefois à une si prodigieuse hauteur qu'on ne l'aperçoit que comme un point noir dans l'espace; mais qu'une bande de poissons volans vienne à s'élever sur l'eau, aussi prompte que l'éclair, elle se précipite sur eux, les saisit à la surface des flots avant qu'ils aient pu chercher leur salut en se réfugiant dans leur élément; puis elle remonte lentement et majestueusement dans les airs, jusqu'à ce qu'une proie nouvelle se présente. La vitesse de son vol tient du prodige ; souvent on la voit se précipiter avec la rapidité de la foudre, sans agiter les ailes, sans mouvement apparent, d'une élévation qui doit être de plusieurs milles, sur la proie qu'elle veut atteindre. Quelle doit donc être la perfection et la subtilité de son organe visuel pour que de cette hauteur elle puisse distinguer ces poissons ! Le corps de la frégate n'est pas grand, mais elle a des ailes de quinze à vingt pieds d'envergure ; sa queue est extrêmement échancrée, c'est pour ce motif que les Espagnols lui ont donné le nom de *tixereta* (ciseaux). Son plumage est noir, excepté sous le ventre, où il est d'une teinte claire.

Tout dans ces latitudes prend un caractère de luxe et de richesse prodigue, qui frappe l'esprit le moins observateur ; et les phénomènes naturels les plus extraordinaires y apparaissent entourés d'une grandeur imposante que l'on chercherait vainement ailleurs. Souvent le soir, je me plaisais à contempler le coucher du soleil ; c'est sous les tropiques qu'il faut venir pour se pénétrer des impressions profondes que produit l'aspect admirable de l'astre du jour, lorsque plongeant dans l'Océan, il semble se couvrir d'un manteau de cristal aux couleurs étincelantes, tant les reflets de ses rayons dorés brillent d'éclat et de lumière au milieu des nuages de pourpre qui les entourent.

Les nuits ne sont pas moins fécondes en merveilles; la phosphorescence de la mer aux tropiques est, avec les aurores boréales des pôles, le spectacle le plus pompeux que Dieu ait offert à l'admiration des hommes; et lorsque pour la première fois je fus témoin de ce grand et magnifique phénomène, je demeurai long-temps plein de saisissement devant le tableau grandiose qui s'offrit à mes regards. L'Océan se déroulait devant nous tellement brillant que l'on eût pu le comparer à une immense nappe d'argent, ou parfois à une mer de lait dont il était impossible d'apercevoir les limites. Le navire, en fendant l'onde, faisait jaillir le long de ses flancs des jets de lumières étincelantes, aussi vives, aussi brillantes que celles de nos plus beaux feux d'artifice; quelquefois ce phénomène prenait un caractère plus imposant encore : l'on voyait d'immenses corps éclatans pirouetter sur eux-mêmes à la surface des eaux; d'autrefois des masses embrasées semblaient rouler sous les vagues; enfin des flammes paraissaient s'étendre sur la mer, ou des nuages de phosphore errer sur les flots. Cette merveille est facile à expliquer : les poissons, par leurs mouvemens répétés, agitent ces étincelles phosphoriques, dont l'éclat parfois est si vif que les hommes eux-mêmes, lorsqu'ils se baignent dans ces mers, conservent sur leur corps quelque partie lumineuse après être sortis de l'eau.

Cette phosphorescence est toujours un nouveau

sujet d'étonnement, quoique pendant des mois entiers on voie ce spectacle se renouveler chaque nuit. La mer est phosphorescente sous toutes les zones, elle l'est même souvent à un haut degré sur le banc de Terre-Neuve; mais celui qui n'en a pas été témoin dans la zone torride ne peut se faire qu'une idée imparfaite de ce spectacle. La mer est beaucoup plus lumineuse aux approches de la tempête et lorsque le temps est lourd et couvert.

Le grand Newton attribuait ce phénomène au fluide qui se dégage des molécules de tous les corps solides, échauffés par une cause quelconque; Forster l'expliquait par le frottement électrique de l'eau contre le corps du navire; d'autres ont pensé que la division à l'infini de débris de corps morts pouvait faire considérer la mer comme un fluide gélatineux et par conséquent lumineux. Mais M. de Humboldt, s'élevant à la hauteur des connaissances physiques actuelles, fit comprendre que ces explications n'étaient pas admissibles, et qu'il serait plus naturel d'en rechercher la cause dans les molécules phosphoriques qui se dégagent des corps de plusieurs animaux, soit vivans, soit morts. Ces conjectures ont été pleinement confirmées par les expériences récentes des navigateurs modernes, et en particulier par M. d'Urville, dans son voyage sur *la Coquille*. Voici comment il s'explique à ce sujet : « Des jets de lumière figurant
« parfaitement en éclats des chandelles romaines dans

« les feux d'artifices jaillissaient en tout sens à la sur-
» face de la mer et filaient le long du bord sous la
« forme de globules enflammés, auxquels on eût
« assigné difficilement moins de six lignes de dia-
« mètre.

« Ces globules surtout attirèrent mon attention,
« et j'étais persuadé qu'ils devaient être émis par
« quelque animal; armé d'un filet d'étamine, je
« m'efforçai d'en saisir quelques-uns, mais à peine le
« filet était-il sorti de l'eau que le globule lumineux
« se réduisait à un point et finissait bientôt par dis-
« paraître, sans qu'il fut possible de deviner ce qui
« pouvait le produire. Enfin, après de longues recher-
« ches, je parvins à découvrir que le point lumineux
« provenait d'un atome animé semblable à un brin
« de poussière, et à l'aide d'une forte loupe je recon-
« nus que cet animalcule était un crustacé infiniment
« ténu et presque diaphane. C'est à la propriété for-
« tement réfringente des gouttelettes d'eau dont ils
« sont entourés qu'on doit attribuer sans doute la
« vive lumière que ces atomes animés peuvent émet-
« tre; elle est d'autant plus intense qu'ils sont plus
« voisins de la surface; à une certaine profondeur
« leur amas ne forme plus qu'une lueur blanche et
« confuse. »

Je dois cependant ajouter qu'en Angleterre on a
rendu l'eau lumineuse en y jetant de la saumure de
hareng, et que des expériences galvaniques très cu-

rieuses et bien connues du monde savant ont démontré que l'état lumineux d'un grand nombre d'animaux vivans dépend d'une irritation des nerfs.

A mesure que nous approchions de l'équateur, une extrême agitation se manifestait sur le gaillard d'avant; une grande scène se préparait, tout était en mouvement pour célébrer la fête du *Bonhomme la Ligne*, d'une manière digne du *Fils de France*.

Comme cette fête neptunienne est généralement pratiquée par toutes les nations maritimes, je crois devoir la décrire avec quelque détail.

Dès la veille les matelots mirent à leur toilette le soin minutieux d'une petite-maîtresse; ils avaient passé des heures à se frotter les mains avec de la graisse, pour en enlever le goudron et les rendre un peu moins noires. C'étaient des allées et des venues continuelles dans la batterie et dans l'entrepont; on venait mystérieusement demander bien des choses au chef de timonnerie, qui pour nous, pauvres jeunes novices, gardait un silence inexorable.

Le soir, vers le coucher du soleil, un grand bruit se fit entendre au haut des mâts, d'où l'on vit pleuvoir sur le gaillard d'arrière une grêle de fèves et de haricots. C'était le prélude de la saturnale qui se préparait pour le lendemain. Une voix retentissante héla l'officier de quart : — Faites prévenir le capitaine que je lui apporte des dépêches du Bonhomme la Ligne, mon souverain, cria un matelot placé dans la hune; car si je ne me trompe, ce navire est bien *le Fils de France*, qui n'est pas encore passé dans ces parages?

Aussitôt un claquement répété de fouet et le bruit précipité des grelots, imitant la marche rapide d'un coursier, nous annonça l'approche du courrier. Nous le vîmes descendre par un calauban, à cheval sur un cabillot, botté, éperonné, le fouet à la main, la trompette en sautoir, la veste courte et légère, la plaque au bras gauche et couvert de sueur comme harassé d'une longue course. Il demanda le capitaine du navire ; on lui montra M. Collinet, qui se promenait sur le gaillard d'arrière.

L'équipage était accouru au pied du grand mât, où il se tenait silencieux, le maître en tête. L'état-major, le subrécargue et son secrétaire, ainsi que les officiers, formaient le cercle; et nous, pilotins, nous faisions galerie derrière le capitaine. L'envoyé s'avança d'un air dégagé, et portant la main à son chapeau ciré où flottaient de nombreux rubans : — Êtes-vous, monsieur, le capitaine du navire? — Oui; qu'y a-t-il pour votre service? — Vous savez, capitaine, qu'avant de traverser ces parages, votre navire doit être baptisé, puisqu'il ne l'a pas encore été; je viens donc vous prévenir de la visite du roi mon maître. — Je le sais, aussi j'ai mis en panne pour vous attendre, car je pensais bien que le père la Ligne, qui me connaît depuis longues années, m'enverrait un courrier avant la nuit. — C'est pour cela que je suis venu, et voici les dépêches qui vous sont destinées.

A ces mots il présenta un gros paquet à M. Collinet, qui, après avoir successivement déchiré plusieurs feuilles de papier qui l'entouraient, dit : Diable! vos dépêches sont bien fermées. — Oui, capitaine; nous avons à traverser des parages tellement humides, que nous sommes obligés de les couvrir de cent à cent cinquante enveloppes.

A ces mots de cent cinquante le capitaine frissonna.

— Ne craignez rien, capitaine; le père la Ligne, qui à ce que je vois est de vos amis, n'en a mis pour vous qu'une vingtaine.

Le gaillard d'arrière était couvert de paperasses; à la fin le capitaine arriva à un morceau de prélat bien sec, ployé en deux; et dans le pli il trouva une feuille de papier rouge, sur laquelle était écrit en gros caractères :

« Demain à dix heures du matin, moi, la Ligne,
« accompagné de la reine mon épouse et de ma cour,
« je viendrai reconnaître et baptiser le navire et ceux
« qui pour la première fois traversent mes domaines.
« Je le fais savoir au capitaine, afin que tout soit prêt
« pour cette auguste cérémonie. »

— C'est fort bien, mon garçon, dit M. Collinet; mais avant de nous quitter, je crois que vous boiriez volontiers un verre de vin, car vous paraissez fatigué!

— Avec plaisir, capitaine; j'ai tant de chemin à faire que cela ne peut me faire de mal.

Le maître-d'hôtel apporta une bouteille de vin de la chambre et en versa rasade au courrier, qui l'avala d'un trait.

— Il n'est pas mauvais, dit-il; il vaut mieux que celui que nous buvons là-bas (en montrant le gaillard d'avant); allons, versez-m'en un autre verre.

Chacun sourit; il but et, saluant le capitaine et les officiers, il monta sur le cabillot qui fut en un clin-d'œil enlevé jusqu'aux barres du perroquet, où, ayant donné son dernier coup de fouet, il disparut sous la voile.

Toute la nuit l'équipage fut sur pied; on voyait qu'il s'agissait d'une grande affaire. A huit heures tout était prêt. Une enceinte formée avec des voiles et ornée de pavillons restait libre entre le grand mât et le mât d'artimon; elle était destinée au souverain et à sa cour. Dans le fond on avait élevé un fauteuil entouré de sièges; en face des bailles pleines d'eau et une table sur laquelle étaient placés un grand rasoir de bois, une écuelle remplie de goudron et un pinceau. A huit heures et demie l'astronome du père la Ligne s'avança; c'était un grand gaillard revêtu d'une longue robe composée de divers morceaux de fourrures, la tête surmontée d'un bonnet pointu haut d'une demi-aune, tenant à la main un octant en bois. Il se plaça dans les enfléchures du grand mât, se tourna vers le soleil, fit son observation; après quoi, descendant avec un grand sérieux dans la chambre, il compara son point avec celui du capitaine, et l'ayant trouvé exact, il lui annonça que le navire se trouvait sous l'équateur, le Père la Ligne allait paraître avec sa cour. Aussitôt au milieu d'un vacarme épouvantable on vit arriver le digne souverain des mers, Neptune en personne, ou, si on le préfère, le Père la Ligne, enveloppé d'une demi-douzaine de peaux de mouton, portant une perruque et une barbe en filasse, la fouine du navire lui servant de trident, et la tête ceinte d'un diadème en fer-blanc. Il était assis sur un char formé d'un affût recouvert de paillets fourrés; ayant à ses côtés sa respectable épouse, coiffée d'un madras recouvrant de longs tirebouchons en fil de caret, qui descendaient le long de ses joues: elle eût été assez bien, sans sa peau tannée et ses mains calleuses. Quatre matelots déguisés en ours traînaient le char, entouré des ministres ou sacrificateurs, vêtus de robes blanches et coiffés de bonnets rouges; quatre sous-exécuteurs à longue barbe, la hache sur l'épaule et les manches retroussées, les suivaient. Enfin, la marche était fermée par quatre diablotins, couverts de goudron et de plumes, qui faisaient d'effroyables contorsions. Dès que l'auguste cortège eut pris place, le capitaine parut accompagné de M. Duboisviolet, du secrétaire et de l'état-major. Le Père la Ligne ouvrit un grand livre qu'il avait apporté. — Jurez, capitaine,

dit-il, que vous allez dire toute la vérité. — Je le jure.
— Votre navire n'a jamais passé dans mes états? —
Non, jamais. Cependant voilà monsieur l'armateur
qui, moyennant l'offrande qu'il va vous faire, espère
que vous userez de ménagemens; quant au reste de
l'équipage, je vous promets de ne soustraire personne
au baptême.

A ces mots M. Duboisviolet s'avança et déposa
dans le plat une poignée de pièces de cinq francs. —
Grand roi, dit-il, daigne recevoir cette faible offrande, que je te prie de distribuer à tes sujets altérés.

Le Père la Ligne s'inclina, et un sacrificateur
partit accompagné d'un assistant pour aller baptiser
le navire.

Cette première cérémonie terminée, le secrétaire
et l'un des officiers s'approchèrent; on leur adressa
les questions d'usage, et malgré l'offrande qu'ils déposèrent, on les fit asseoir sur la planche, posée en
travers de chaque baille. A un signe du roi, elle fut
retirée, et tous deux tombèrent en même temps au
fond de la cuve, bras et jambes en l'air; et dans cette
position on leur versa plusieurs sceaux d'eau dans
les manches et sur les jambes; puis les autres officiers et les pilotins eurent leur tour, ainsi que les
matelots qui n'avaient point encore passé la ligne.
Alors ce fut une confusion et un vacarme effroyable,
au milieu duquel le Père la Ligne et son entourage
disparurent. L'eau ruisselait de toutes parts, la

pompe de l'étrave était sans cesse en mouvement; si l'on s'approchait d'un mât, une averse tombait de la hune. C'était une véritable inondation dont rien ne pouvait vous préserver; et celui qui n'avait pas été aspergé de trente seaux d'eau était fort heureux. Enfin, comme tout doit avoir une fin, on nettoya le navire, l'équipage eut double ration, et des jeux, des danses couronnèrent cette brillante et humide journée.

Nous coupâmes la ligne par 22°. Le lendemain se fit sentir une petite brise qui, devenant successivement plus fraîche, en inclinant vers le Sud, finit par se fixer au S. E. Nous entrâmes alors dans la région des vents généraux de S. E. On appuya les bras du vent, on hissa la bonnette de hune à bâbord devant, et on laissa courir dans cette direction pour aller trouver les vents variables.

Je répéterai ici ce qui a été dit par le célèbre navigateur Dumont d'Urville (*Voyage de l'Astrolabe*, t. I, page 62) : « A mes propres dépens je suis enfin con-
« vaincu que Horsburgh a raison en conseillant contre
« l'avis de d'Apres, de passer la ligne autant que pos-
« sible entre les 20° et 25°, et de ne rallier en aucune
« manière la côte de Guinée. Cette dernière manœuvre
« est surtout à éviter dans les mois de juillet et d'août,
« où les vents alisés du N. E. manquent des 11° à 12°
« N., et où l'intervalle de ceux-ci aux vents généraux
« du S. E. est presque entièrement occupé par des

« vents de S. S. O. et S., avec grosse mer et des
« grains de pluie, etc. » Suit la difficulté qu'il eut
à se rapprocher de la ligne, difficulté occasionnée
par les calmes et les courans E. N. E. de près de 40
milles par vingt-quatre heures, qu'il rencontra.

Un banc de bonites s'approcha de notre navire au
commencement de la brise; on en prit à l'hameçon
une grande quantité, et l'équipage en sala plusieurs
grands barils; mais le lendemain, voyant qu'on pouvait les prendre avec facilité, on finit par ne plus faire
de provisions. En effet, des myriades de ces poissons
nous accompagnèrent pendant quinze jours au moins,
et lorsque l'on voulait manger une bonite, il suffisait
de jeter un hameçon n'importe dans quelle direction,
et en moins d'une minute la pêche était faite.

A mesure que nous avancions vers les hautes latitudes australes, la chaleur de la zone torride nous
quittait, et les vêtemens de drap commencèrent à
nous devenir nécessaires.

Des baleines appelées *fin-back* ou *bunch-back* par les
Anglais, parce qu'elles portent un aileron ou une espèce de bosse sur le dos, paraissaient à l'horizon et
nous donnaient le spectacle toujours intéressant pour
le voyageur, de ces jets d'eau, ou plutôt de ces vapeurs semblables à de la fumée qu'elles lancent dans
les airs. Les baleines les plus grandes et les plus hardies s'approchent des navires presque jusqu'à les
toucher, elles les croisent, en traversent la marche

en tout sens et passent même quelquefois sous sa carène : l'huile que l'on en retire est d'une qualité très inférieure, et cette circonstance jointe à la force de ce cétacé, à la violence de ses mouvemens, qui mettent les canots en danger, en ont fait abandonner la poursuite; aussi abondent-elles dans ces mers. Lorsque parfois on les attaque, le harponneur avant de s'attacher à l'animal s'efforce toujours, autant que possible, de couper avec sa pelle le nerf du dessous de la queue, car dès que la baleine se sent piquée, elle en frappe l'eau avec tant de force et de vitesse, qu'il est presque impossible aux embarcations de l'approcher pour la tuer. Ces deux espèces lancent l'eau perpendiculairement, c'est ce qui les distingue des autres, et en particulier de la baleine rouge ou baleine à fanon proprement dite, qui souffle l'eau en arrière, non en colonne élevée, mais comme une bouffée de vapeurs. J'aurai d'ailleurs occasion de parler en détail des différentes variétés de baleines.

Vers le 30° degré de latitude, les damiers palmipèdes, oiseaux de la forme et de la grandeur d'un gros pigeon et qui tirent leur nom de la régularité des taches blanches et noires de leur plumage, parurent en grand nombre. Ils venaient tout près du navire saisir la proie que nous attachions à l'hameçon; et nous faisions en quelque sorte la pêche de ces oiseaux. Une fois accrochés, ils volaient autour du couronnement, semblables aux hannetons avec lesquels les enfans jouent au mois de mai. Sur le pont ils vomissaient des fragmens de poissons, et lorsque nous les y laissions en liberté, ils marchaient, mais sans pouvoir s'envoler, à cause de la petitesse de leurs pattes ; c'est ce qui arrive à presque tous les oiseaux de la haute mer.

Un jour le navire étant en calme, les officiers s'amusaient à tirer sur les albatros, appelés *moutons du Cap*, parce que, lorsqu'ils se reposent sur les flots, ils ressemblent par leur blancheur à des moutons dans la plaine. Ces oiseaux, d'une dimension gigantesque, s'approchaient parfois à portée. Le docteur Genu, plus adroit ou plus heureux, en abattit un d'une grandeur extraordinaire. Voulant aller le chercher, je m'élançai dans le porte-hauban d'artimon et je commençai à me déshabiller. Le capitaine ayant paru m'approuver, je me précipitai à la mer et je nageai avec vigueur pour aller saisir l'oiseau qui flottait sur les eaux. Quoiqu'en calme, le navire gouvernait toujours et s'éloignait ; M. de Saint-Blain, qui se trouvait sur le pont, me cria de revenir à bord. Je l'entendais fort bien, mais je voulais avoir l'honneur de rapporter l'oiseau mort. Un matelot posté dans les haubans cria d'un air effaré : Un requin ! Aussitôt tout fut en rumeur sur le navire. — Un canot, un canot à la mer ! cria-t-on de toutes parts en se jetant sur les bossoirs de derrière pour affaler la yole du capitaine. Un officier, prenant un porte-voix, me héla en disant qu'il allait me tirer un coup de fusil si je ne revenais pas ; mais ne tenant aucun compte de ses menaces, je n'en continuai pas moins ma route. Le canot cependant fut mis à la mer et m'atteignit au moment où je venais de saisir l'albatros, qu'il m'eût fallu abandonner faute de pouvoir l'entraîner. Au moment où deux matelots me prenaient par dessous les bras et me hissaient dans le canot, le requin n'était qu'à trois ou quatre brasses de nous; il nous suivit jusqu'au navire, ne voulant pas perdre de vue la proie qu'il convoitait. Je venais d'échapper à un grand danger, qui devait me servir de leçon ainsi qu'aux jeunes marins qui m'entouraient, car cinq minutes plus tard, c'en était fait de moi. Ce requin restait autour du navire, et paraissait tellement affamé, que lui ayant jeté un morceau de lard accroché à l'émerillon, il fut pris de suite. Lorsqu'il fut éventré, on trouva dans la poche de son estomac une demi-botte et un soulier qui avaient été jetés à l'eau par un de nos officiers. Il pouvait avoir de quinze à seize pieds de long.

Nous mesurâmes la longueur des ailes de l'albatros que j'avais ramené ; elles avaient dix-huit pieds et demi d'envergure. Le docteur empailla cet énorme oiseau, qui, avec quelques damiers et d'autres oiseaux des tropiques, forma le commencement de sa collection. Malgré le goût huileux et sauvage des damiers, nous en faisions, nous autres pilotins, des ragoûts qui, à grand renfort d'oignons, de vin ou de vinaigre, formaient un mets que notre appétit nous faisait manger sans répugnance.

Aux oiseaux dont je viens de parler je dois ajouter plusieurs autres espèces de palmipèdes, qui nous visitaient à mesure que nous approchions des latitudes élevées. Il en est un entre autres que l'on trouve partout. Cet oiseau, au plumage blanc ou brun, aux grandes ramiges noires, au long cou, à la tête effilée et armée d'un bec long et dur, a reçu des matelots le nom de *fou*, parce qu'il se laisse prendre sur les vergues avec une étonnante facilité. Se pose-t-il quelque part, un matelot s'attache sur-le-champ à sa poursuite, s'avançant avec lenteur quand l'oiseau ne le regarde pas, et s'arrêtant tout court dans le cas contraire : quelquefois l'oiseau recule; il faut alors que la main prête à le saisir s'arrête; tourne-t-il la tête, on s'avance encore un peu jusqu'à ce qu'enfin on puisse le saisir par le cou; car si on le prenait par une aile, il pourrait d'un coup de bec faire une blessure profonde.

Des pétrels blancs ou ferrugineux apparaissaient souvent autour du navire, effleurant le sommet de la vague avec la pointe de leurs ailes.

Lorsque la mer devenait un peu grosse et que le baromètre annonçait du mauvais temps, des alcyons au vol inégal et rapide venaient se jouer autour du navire et cherchaient dans l'écume quelque animalcule propre à leur nourriture. Cet oiseau est l'hirondelle des mers; il en a la forme et les allures, mais il est deux ou trois fois plus gros. Il est toujours en action et se soutient sur les eaux, non par les battements de ses ailes, mais par une succession non interrompue de mouvemens brusques et saccadés.

Depuis le 25° degré de latitude nous avions eu des vents variables, tirant à l'Ouest, qui nous avaient fait mettre le cap au S. S. E., puis au S. E., afin de faire autant de chemin à l'E. qu'au S. et arriver promptement dans une latitude élevée où nous aurions de grandes brises de l'O. Etant par le 38° degré par le méridien, à-peu-près, du cap de Bonne-Espérance, nous eûmes plusieurs raffales accompagnées de grains épouvantables, qui nous laissèrent souvent plusieurs heures à la cape. *Le Fils de France* roulait alors avec une vélocité désespérante. Il avait peu de chargement et un lest de pierre d'un poids centrifique, qui rétablissait promptement l'équilibre : dans ces momens il était très difficile de se tenir sur le pont, et malgré le sable que l'on jetait partout et les cordages que l'on attachait de l'avant à l'arrière pour pouvoir s'y accrocher en cas de besoin, il arrivait toujours des accidens fâcheux, le navire étant haut sur l'eau et le roulis souvent de plus de 60°. Nous étions dans le fort de l'hiver de l'hémisphère austral ; aussi le temps était-il souvent affreux. Lorsque la brise était continue de la partie du S. O., la mer devenait longue et nous faisions des journées extraordinaires.

Souvent assis sur le couronnement du navire, je

regardais avec effroi se dérouler derrière moi des montagnes d'eau de soixante à quatre-vingts pieds; elles venaient se briser à peu de distance du bâtiment, et semblaient parfois devoir l'engloutir; mais il descendait majestueusement dans la profondeur des deux lames, d'où il s'élevait de nouveau à leur cîme. Ce spectacle est toujours effrayant; le cœur se serre péniblement lorsque l'on songe qu'un faux coup de barre d'un timonier inattentif ou distrait peut faire venir le navire en travers et causer sinon sa perte totale, du moins celle d'une partie de l'équipage.

Une nuit, je prenais des ris au grand hunier pendant un temps affreux; la pluie, le tonnerre, les éclairs se succédaient sans interruption; le vent en sautant à chaque instant rendait la lame courte et dure, ce qui fatiguait le navire et le faisait extraordinairement rouler. J'étais au bout de la vergue à prendre l'*empointure;* le *raccage* cassa, la vergue cessant d'être retenue, flottait de tribord à babord, et entraîné dans ce mouvement j'allais presque toucher les haubans; la violence de cette terrible impulsion m'empêchait de larguer la main de la balancine, où j'étais resté accroché, afin de saisir le hauban lorsque j'en étais à portée; d'autrefois elle s'en allait au tangage et revenait avec force contre le mât; les secousses que j'éprouvais dans cette horrible situation me faisaient ressentir une frayeur et une douleur que je ne puis exprimer. Souvent lorsque je me rappelle les angoisses que j'eus à souffrir dans cet affreux moment, j'en frémis encore. Enfin, un matelot parvint à passer un bout de corde par dessus la vergue et à l'attacher au mât de hune. Je fus sauvé, il fallut cependant m'aider à descendre; j'avais si cruellement souffert pendant cette agonie d'une demi-heure, que je tombai malade et restai plus de quinze jours sur mon cadre, les mains et les bras écorchés.

Le Fils de France avait une marche supérieure, et nous étions sûrs d'atteindre, dans plus ou moins de temps, tous les navires que nous apercevions; et durant toute notre traversée, il n'y en eût pas un seul qui à la longue ne fût dépassé.

Nous suivîmes les parallèles des 38 et 40°, jusqu'à ce qu'arrivés par la longitude de 86 à 90°, nous remontâmes vers le N. et vînmes chercher la Tête de Java. Ce fut avec plaisir que nous nous rapprochâmes des tropiques; nous avions eu assez de brumes, d'orages, de froids et de grosses mers dans les hautes latitudes, pour être enchantés de nous retrouver dans des climats chauds, et nous saluâmes avec joie les poissons, les oiseaux que nous reconnûmes pour les avoir vus dans la zone torride de l'autre hémisphère. Les trente degrés qui nous séparaient de l'archipel malaisien furent bientôt franchis, et trois mois environ après notre départ de France nous aperçumes l'île de Java. La vue de ces premières terres de l'Inde me causa un plaisir inexprimable. Je touchais donc à ce grand archipel indien, objet de tous mes vœux ; j'allais voir ces races indo-chinoises, et leurs mœurs et leurs types si étranges; cette Chine si vantée et toutes ses productions végétales et naturelles non moins curieuses. J'étais bien jeune, mais je sentais que j'avais devant moi un sujet d'études plein d'attraits et de charmes.

CHAPITRE TROISIÈME.

—

VUE DE JAVA. — DÉTROIT DE LA SONDE. — RADE D'ANIÈRE. — FOIRE SUR LE PONT. — LES MALAIS, LEUR PHYSIONOMIE, LEUR COSTUME. — BATEAUX ET PIROGUES DU PAYS. — RELÈVEMENT DE LA RADE D'ANIÈRE. — EXCURSION A TERRE. — DÉPART.

Nous étions au détroit de la Sonde, formé par la pointe O. de l'île de Java et la partie S. E. de l'île de Sumatra. Nous entrâmes par la passe la plus petite, celle du sud, entre l'île du Prince et la côte de Java. En la côtoyant, la brise nous parut embaumée. Dans toute l'Inde, en approchant des rivages habités, l'on respire une odeur étrange et qui m'a toujours fait plaisir; elle tient un peu du musc avec un mélange plus doux des parfums des plantes odoriférantes.

Pendant cette nuit, passée en prolongeant la côte pour arriver à Anière, un navire nous apparut; il naviguait à contre-bord du nôtre. M. Duboisviolet, homme excellent, toujours rempli d'attentions pour tout l'équipage, l'avait prévenu aux approches de la terre que nous trouverions certainement des navires, et que ceux qui désiraient écrire en France n'avaient qu'à préparer leurs lettres. On pense bien que je m'empressai d'écrire à ma mère; je lui retraçai toutes les sensations d'un premier voyage, toutes les peines d'un premier éloignement. Ma lettre était prête lorsque le navire que nous avions aperçu se trouva par notre travers; notre capitaine demanda s'il voulait se charger de lettres pour l'Europe; ayant reçu une réponse affirmative, une embarcation fut mise à la mer pour les lui porter.

Cet instant eut quelque chose d'imposant. La mer, d'un azur foncé, était unie comme une glace; une brise légère murmurait par intervalles dans nos agrès, et la lune, répandant des flots de lumière argentée, brillait aux cieux d'un éclat inconnu dans nos climats. A droite s'étendait la côte de Java, boisée et montagneuse; un doux zéphyre apportait du rivage les suaves émanations de cette terre de parfums, tandis qu'à gauche l'île du Prince, à demi-cachée par les rayons pâles et tremblans de la lune, semblait reposer endormie sur les flots. L'équipage lui-même éprouvait l'ascendant de ces harmonies; attentif au commandement du chef, le silence solennel qui régnait à bord n'était interrompu que par le bruissement du sillage du navire. Celui que nous attendions, glissant sur la mer calme et unie, s'avançait dans l'ombre comme un fantôme majestueux, ne laissant entendre d'autre bruit que le cri plaintif de quelques poulies mises en mouvement dans la manœuvre. Cette scène maritime frappa vivement mon imagination, et les émotions qu'elle me fit éprouver furent trop profondes pour qu'elles se soient effacées de mon souvenir.

L'équipage avait passé la nuit sur le pont, où il respirait plus à l'aise que dans les hamacs; dès l'aurore il était debout pour saluer le soleil levant. Un tableau merveilleux s'offrit alors à nos regards : le ciel était d'une pureté admirable; une brise fraîche tempérait les ardeurs du climat des tropiques; les montagnes de Java s'élevaient devant nous couvertes d'une végétation vigoureuse, éclatantes de fraîcheur et de verdure; sur la grève, des bouquets de cocotiers balançaient leurs tiges sveltes au-dessus des cases des habitans, d'où s'échappaient des colonnes de fumée. Cette côte, remplie de sites ravissans, pouvait se comparer à un parc immense. D'innombrables pirogues couvertes de voiles de nattes partaient de la plage, allant à la pêche ou se disposant à venir nous accoster; c'était un coup-d'œil enchanteur. Je demeurai long-temps plein de saisissement devant cette scène, que dans mon jeune enthousiasme je ne me laissais pas d'admirer.

Nous eûmes un moment de calme avant d'arriver devant Anière. Ce fut une terrible épreuve pour moi, qui aurais voulu abréger les heures. Mon service terminé, je descendais à chaque minute dans le poste et remontais de suite pour voir si le vent ne soufflait pas ; lorsque j'étais de quart, attiré du côté où l'on attendait la brise, chaque bouffée de vent faisait battre mon cœur, tant je brûlais d'impatience de faire connaissance avec cette contrée.

Enfin la brise s'éleva et peu à peu nous approchâmes d'Anière. A mesure que nous avancions, le nombre des pirogues augmentait ; bientôt il devint si grand que le navire en fut entouré. Déjà le brocantage commençait, lorsque le capitaine ordonna à chacun d'être à son poste, attentif au commandement. On imagine que malgré cet ordre nous eûmes plus d'une distraction. Le moment que j'attendais avec tant d'ardeur arriva cependant ; nous laissâmes tomber l'ancre devant le fort d'Anière ; les voiles carguées et serrées, les hommes de quart désignés, le capitaine permit à tout le monde de faire des achats. Alors une véritable foire commença non-seulement sur le pont, mais encore dans la batterie et jusque sur le beaupré.

Sur le gaillard d'arrière, le subrécargue achetait de la volaille, des tortues, des fruits, des joncs. Les tortues étaient tellement abondantes dans cette saison de l'année et à cette époque, qu'on en donnait une du poids de deux cents livres pour une piastre ; dix poules,

vingt-cinq poulets, ou un paquet de cinquante à
soixante joncs ne coûtaient pas davantage; un perroquet, un cacatoès, deux singes, une cage pleine de
calfats, cinq à six perruches, se donnaient pour le
même prix.

Sur le gaillard d'avant c'était un autre genre de
trafic. L'on échangeait des pots de beurre, des mouchoirs, des vestes, des pantalons, de la quincaillerie,
de la fausse bijouterie, enfin tout ce qui pouvait plaire
aux naturels, peu difficiles alors, car nous étions un
des premiers navires français qui depuis la paix eût
visité ces parages. Les objets que les matelots choisissaient de préférence, étaient d'abord les volailles,
pour leur faire oublier un moment le goût de la
viande salée; venaient ensuite les cocos, les oranges,
les tamarins, du gros sucre noir renfermé dans des
noix de coco, et enfin des articles de simple curiosité,
tels que des coquillages, et surtout ceux connus sous
le nom de *porcelaines*, qui se trouvent à profusion sur
ces côtes; des joncs, des animaux ou des oiseaux du
pays. Il faut avoir vu ces scènes de brocantage pour
s'en faire une idée; il faut avoir entendu les bons mots,
les quolibets, les facéties grivoises des matelots pour
comprendre toute l'originalité de leur esprit. L'un
emportait dans ses bras un singe qui jouait avec ses
favoris, et dont la figure n'était guère moins basanée
que la sienne; un autre caressait de sa main noire et
goudronnée, un cacatoès éclatant de blancheur, puis

venaient les gestes et les conversations avec les Malais qui ne les comprenaient pas.

Terre, animaux, habitans, végétaux, fruits, tout était nouveau pour moi; j'ouvrais de grands yeux et j'examinais avec l'avidité et la curiosité d'un jeune homme qui cherche à s'instruire.

Les Malais qui vinrent à bord fixèrent naturellement mon attention au plus haut degré. Ils me parurent bien pris de taille : ayant la tête ronde des Mogols, le front plat et court, le nez épaté, la bouche grande, les pommettes des joues saillantes, les yeux vifs et assez beaux, mais un peu enfoncés; leur regard annonce la méfiance, la finesse et la méchanceté; leur sourire est faux. Ils ont des dents très noires, couleur qui provient de l'usage immodéré qu'ils font du bétel; elles sont souvent rongées par la chaux qu'ils y ajoutent. Tous ont une boite, appelée *siri*, d'or ou d'argent chez les riches, de cuivre chez les pauvres. Cette boite un meuble essentiel dont ils ne se séparent jamais; ils y renferment des feuilles de bétel, des noix d'areck, du gambir ou gomme-gutte, de la chaux et du tabac. L'on sait que les Malais font un constant usage de ces ingrédiens. Voici la manière dont ils s'en servent : ils prennent une feuille de bétel, dont ils frottent un des côtés avec de la chaux éteinte; ils y ajoutent un morceau de noix d'areck et un peu de gambir; puis, après l'avoir mâché pendant quelques minutes, ils y mêlent un peu de tabac coupé extrêmement menu, dont ils se frottent les gencives; ils placent cette préparation dans leur bouche entre la lèvre inférieure et les dents, ce qui, en leur allongeant la lèvre, donne à leur physionomie une grande ressemblance avec celle des singes. Leur salive en prend une teinte tellement rouge, qu'elle imprime une tache presque ineffaçable partout où elle tombe, et malheureusement ils expectorent beaucoup.

Le costume des Malais consiste en une culotte très courte descendant à mi-cuisse; un sarrong, espèce de jupe, fixé à la taille par un pli fait en dedans qu'ils resserrent souvent; un patadeon ou pièce d'étoffe longue de deux brasses, large d'une ou de deux aunes, cousue par les deux bouts, et qui, portée en écharpe sur une épaule, leur sert d'ornement; ou bien, enveloppant soit la tête, soit le haut du corps, devient un habillement et un abri contre le soleil. Pour coiffure, ils ont un mouchoir noué en façon de turban; leur qualité de mahométans leur défendant de porter des chapeaux. Leur kriss, espèce de poignard fabriqué dans le pays, ne les abandonne jamais; il est constamment suspendu à une ceinture, appelée *quiday*, qui chez les riches est souvent d'un fort grand prix, et tissé de soie et d'or. Ce kriss a dix-huit pouces environ de longueur. Sa poignée et sa gaîne sont, chez les pauvres, de bois de couleur; chez les riches cette poignée est d'ivoire artistement travaillé, et les diverses sculptures qui en font l'ornement distinguent le rang des chefs : la gaîne est alors d'argent ou d'or ciselé avec beaucoup de goût. La lame, souvent ondulée, est toujours d'une trempe éprouvée et quelquefois forgée d'un mélange d'acier et d'argent. Quelques Malais portent des kriss empoisonnés. La partie supérieure de la gaîne servant à contenir la garde de l'arme, est toujours faite avec la racine des bois les plus précieux.

Les mouchoirs dont ils font leurs turbans et qui leur servent en outre, comme chez nous, à une foule d'usages, sont fort curieux. Les plus beaux, du moins ceux qui sont le plus recherchés, s'impriment à Java, dans le district de Jacatra, dont ils empruntent le nom. Ils sont de couleur sombre, bistre ou de suie, couverts de dessins bizarres, sans élégance aux yeux des Européens; et c'est sans doute le goût baroque de leur exécution qui les fait rechercher. Les sarrongs, dont nous avons parlé, sont imprimés ou rayés; les premiers viennent de Jacatra, les autres se tissent aux Célèbes; quant au patadeon, il est toujours rayé; et pour jouir de la vogue, il doit avoir été également fabriqué aux Célèbes.

D'innombrables pirogues croisaient en tous sens dans le détroit de la Sonde. Presque toutes ont des balanciers. Il y a aussi des bateaux d'une plus forte dimension, dont se servent les habitans pour les traversées d'une île à l'autre; la voilure de ces deux espèces d'embarcations est absolument la même; et je pense que sa singularité mérite une description.

Les bateaux et les pirogues sont construits de planches cousues à l'intérieur au moyen des rebords qu'on y laisse et dans lesquels on perce des trous pour y passer la ligature. Cette ligature consiste en une tresse faite généralement avec les fibres qui recouvrent la noix du coco; les deux joints sont rapprochés avec tant d'art, que la couture n'a pas besoin de calfatage pour empêcher l'infiltration des eaux; on les enduit cependant d'une composition de suif ou d'huile de coco et de chaux, faite de coquillages, destinée principalement à préserver le fonds de l'embarcation des vers qui abondent dans ces mers; vers qui détruiraient promptement les meilleurs bois, si on ne les garantissait par un doublage. Leurs voiles, fort bizarres, sont plus longues d'un tiers que le bateau; elles ont très peu de largeur en proportion de leur élévation; leur forme, la façon de les orienter et l'aspect qu'elles offrent sont tels, que ces embarcations, vues de loin, ont une apparence qui dépasse de beaucoup la réalité, et que l'on est tenté de leur accorder une importance qu'elles sont loin d'avoir. En effet, à mesure qu'on en approche, l'illusion cesse; on est surpris de les trouver si petites et de les voir porter une voilure si démesurée. Cette voile est composée de quatre bandes ou lés de nattes, cousues dans leur longueur et auxquelles on en a joint trois autres, qui n'ont toute leur largeur qu'à l'un des bouts et se terminent en pointe à l'extrémité opposée, d'où résulte un tout plus large du haut que du bas. Elle supporte deux vergues de bambou : l'une supérieure, l'autre inférieure, qui peuvent avoir, la plus courte de 20 à 25 pieds et la plus longue de 25 à 30 ; en outre la voile a environ quarante pieds pour un bateau de trente. Le mât, qui est double, en forme de chèvre, est placé un peu à la proue, et la voile disposée de façon qu'il n'y a environ qu'un tiers de sa longueur en avant. Tout son volume, qui fait sa partie la plus large et par conséquent la plus considérable, porte sur le derrière. Deux fourches placées sur l'avant et l'arrière du bateau servent à supporter la voile et le mât quand ils sont abaissés. Sur la poupe est une petite maisonnette, artistement construite en bambou ; elle sert de logement à l'équipage malais : c'est là qu'il couche, qu'il prend ses repas et s'abrite contre le soleil. L'eau est renfermée dans des jarres ou dans de grands bambous dont on a enlevé les séparations intérieures que forment les nœuds. Le pont, qui s'appuie sur la carlingue ou le fond, est fait d'une claie de bambou. Le gouvernail est une espèce de rame fort courte et fort large, liée à une pièce de bois plantée sur le côté à l'arrière du bateau ; on le fait mouvoir avec le pied au moyen d'une barre de bois ; et on le change de bord quand le navire vient à virer, afin qu'il soit toujours sous le vent.

Ces bateaux portent très bien la voile ; et quoiqu'on

ne les expose à la mer que dans les beaux temps et pendant les moussons, cependant quelques-uns de la plus grande dimension exécutent des voyages de long cours. Ils sont montés généralement de cinq à six hommes; mais souvent du double et du triple lorsqu'il s'agit d'entreprendre de longs voyages. Ils ont des balanciers qui leur servent non-seulement à empêcher le bateau de donner une trop grande bande, ce qui le ferait chavirer; mais encore à soutenir leur mât au moyen de haubans attachés à l'extrémité des balanciers. Lorsqu'on veut tenir le vent, on incline la voile le moins qu'il est possible, c'est-à-dire qu'on lui donne une très petite inclinaison avec le prolongement du bateau : pour aller vent arrière, on lui donne son inclinaison la plus grande; alors la voile est presque perpendiculaire et toute d'un côté. Les bouts de la voile, qui sont sur le derrière, ont leur écoute et leurs bras; on tient l'écoute au bord du bateau. Pour virer, ce qui se fait avec beaucoup de prestesse, on cargue la partie basse et un dehors de voile, de manière à ce qu'elle se prolonge avec le mât; puis, repoussant les deux vergues de l'autre côté, le point qui servait d'écoute sert alors d'amarre.

Je crains bien que ceux de mes lecteurs qui sont étrangers à la navigation ne trouvent cette description de bateaux et de pirogues fort insipide; j'aurais désiré leur épargner l'ennui de tous ces détails du métier qui ne peuvent intéresser que les gens de mer;

mais j'écris aussi pour ces derniers; je ne puis me dispenser de consigner ici des observations qui à leurs yeux peuvent avoir quelque valeur. Cependant comme je ne veux tendre un guet-à-pens à personne, je dois loyalement prévenir que les trois alinéas suivans, consacrés à une description nautique de la rade d'Anière, n'auront pas beaucoup plus d'attraits pour les personnes étrangères à la marine.

Le village d'Anière ou Anger est situé par le 6° 3' 1/2 de latitude australe, le 104° 34' de longitude orientale de Paris, et à environ deux lieues de la 4ᵉ pointe de Java. En venant de l'O., il est souvent difficile de l'apercevoir, parce qu'il est situé au fond d'une baie et que les maisons ou huttes sont masquées par les cocotiers qui les ombragent. Un petit fort, surmonté d'un mât de pavillon où l'on hisse les couleurs hollandaises lorsqu'un navire entre dans la baie, est situé à la droite du village : le profil des humbles chaumières qui le composent disparaît et s'efface devant la chaîne des hautes et majestueuses montagnes de l'intérieur qui dominent cet aspect. La plus orientale de ces montagnes, remarquable par sa forme pyramidale très aiguë, porte le nom de *pic d'Anière;* elle est située directement au-dessus et en face du village, restant l'un par l'autre lorsqu'il est S. S. E. Le village reste à l'extrémité S. O. de l'île du milieu et au S. 3° E. de son extrémité E.

Pendant la mousson du S., les navires abordent

fréquemment dans cette rade pour s'y procurer des vivres frais; mais dans la saison opposée elle n'est pas considérée comme saine et commode, et il est dangereux d'y débarquer à cause de la force du ressac, qui même dans la mousson du Sud est parfois très fort.

La rade n'est pas sûre dans le mois d'avril. Le mouillage ordinaire est par neuf et quatorze brasses en face du village. Nous étions par treize brasses, à trois quarts de mille du rivage, relevant le mât de pavillon au S. 35° E. L'île du milieu du N. 28° O. au N. 43° O. Le bouton au N. 7° E.; la toque au N. 20° E., et l'extrémité N. E. de Java au N. 32° E. Entre la 4ᵉ pointe et la côte d'Anière, les sondes sont irrégulières et la côte escarpée. Le fond varie de trente à trente-cinq brasses environ à trois milles au large, qui diminuent jusqu'à huit à dix du côté de la baie.

Lorsque la majeure partie des provisions fut terminée, M. Duboisviolet, le capitaine, le docteur, M. Brislaine et M. Ritter résolurent de profiter de quelques instans de loisir pour descendre à terre; je les accompagnai dans cette excursion. Nous partîmes dans l'après-midi. Bientôt nous abordâmes près du fort où réside le gouverneur ou commandant, auquel ces messieurs voulaient faire une visite. C'était un simple lieutenant d'infanterie hollandaise, ayant sous ses ordres une garnison de trente soldats javanais, indépendamment des sous-officiers, tous Européens. Le fort, entouré d'un mur en pierre, d'un fossé avec pont-levis, était armé de six à huit pièces d'artillerie; son enceinte comprenait une caserne, des magasins et la maison du gouverneur. L'accueil de cet officier fut plein de cordialité; et en bon et digne Hollandais, il s'empressa de nous faire servir de la bière et du genièvre. Notre langue lui était familière, ayant servi comme sous-officier dans l'armée française.

Nous laissâmes le capitaine et M. Duboisviolet avec le gouverneur, qui avait eu la complaisance de leur offrir de les accompagner, pour leur faciliter les moyens d'acheter quelques bestiaux pour le bord, et nous partîmes pour aller parcourir le joli village d'Anière, disposés à pousser notre reconnaissance jusque dans ses environs.

Le premier objet, qui en notre qualité de marins eut droit à notre attention, fut un acqueduc en pierre, destiné à porter les eaux de l'aiguade jusqu'à la plage, d'où elles étaient conduites jusqu'à une certaine distance en mer dans un canal en bambous, soutenu par des pieux, afin que les embarcations pussent commodément remplir leurs tonneaux sans les mettre à terre et sans être incommodé par le ressac, qui est parfois très fort à la plage. A l'entrée du village et un peu avant d'y arriver, nous aperçumes une case d'une vaste étendue, dans laquelle se trouvaient réunis beaucoup d'habitans. Nous apprîmes que c'était une espèce de bazar ou marché, et nous y trouvâmes les mêmes espèces de fruits et de légumes que les Malais nous avaient apportés dans leurs pirogues. A peine arrivés, une foule de vieilles Malaises nous entoura pour nous engager à faire des achats. A cette époque le prix des denrées était des plus minimes; on nous offrait d'énormes tortues, qui pesaient au moins 150 à 200 livres, pour une piastre. Le bon marché nous séduisit et nous en achetâmes encore quelques-unes pour la consommation de nos matelots, ce qui en porta le nombre à plus de quarante. Une belle génisse ne coûtait guère qu'une piastre; douze volailles ou vingt à trente petits poulets, la même somme; pour quelques roupies ou florins, ou enfin pour une petite pièce de monnaie d'argent d'une valeur quelconque, on obtenait de grands paniers d'œufs, de tamarins, de pommes de terre douces, de bananas, d'autres fruits et légumes, et des cocos en abondance. C'était encore un peu moins cher qu'à bord.

Anière, modestement assis sur une grève unie, et dépourvue de ces accidens de terrains, de ces contrastes qui animent un paysage, ne semble pas devoir offrir beaucoup d'attraits aux admirateurs des beautés de la nature; et pourtant l'ensemble de ce village, avec ses huttes éparses à l'entrée d'une vallée profonde où paissent de nombreux troupeaux de buffles, offre un tableau suave qui n'est pas dénué de charmes et qui est encore rehaussé par son beau cadre de hautes et magnifiques montagnes vertes. Ses habitations sont construites en bambou et recouvertes de feuilles de cocotier ou de latanier; elles sont élevées à trois ou quatre pieds au-dessus du sol et fermées d'une clôture en treillage de bambou. Un escalier conduit à la porte, surmontée d'un auvent, sous lequel règne une galerie ou estrade; c'est là que les habitans passent leurs momens de loisir à mâcher le bétel et à fumer des cigarrettes roulées dans des feuilles de maïs, tandis que les enfans jouent autour de la maison et que la volaille s'ébat au-dessous.

Bientôt le bruit du tam-tam et les chants que nous entendions dans une maison voisine attirèrent notre attention. Nous en approchâmes, fort disposés à profiter de cette fête, si même nous ne pouvions y prendre part, et supposant qu'il s'agissait d'un bal, d'une noce ou de quelque chose de semblable; mais le guide que le gouverneur nous avait donné mit fin à nos conjectures et à nos projets de plaisirs, en nous apprenant que les médecins du pays, devins, sorciers et conjurateurs à-la-fois, réunis autour d'un mourant, s'efforçaient par leur tintamarre d'écarter de lui les mauvais esprits.

Nous continuâmes donc notre promenade et entrâmes dans le bois de cocotiers que nous apercevions de la rade et qui touche au village. Quelques jolies cases s'élevaient sous l'ombrage de ces arbres élancés et gracieux. Un peu plus loin, nous rencontrâmes un personnage d'importance, assis gravement sur une estrade, d'où il surveillait de nombreux ouvriers occupés à construire une maison. C'était un chef du pays, un raja; plusieurs serviteurs étaient groupés autour de lui : l'un tenait sa pipe chinoise, l'autre la boite contenant le siri, c'est-à-dire tous les ingrédiens nécessaires à la mastication du bétel. C'était un bel homme d'environ trente ans; sa physionomie portait le type malais fortement caractérisé, et la richesse de son costume annonçait son rang. Sa tête était enveloppée d'un beau jacatra; une veste en soie était ouverte sur sa poitrine, où l'on ne voyait pas de chemise; et une ceinture rouge et dorée soutenait un kriss enrichi d'or. Il se leva à notre approche, nous engagea à nous asseoir, et après nous avoir demandé d'où nous venions, il parut apprendre avec plaisir que nous étions Français, et ne manqua pas de nous dire que nous appartenions à une nation qui avait occupé Batavia pendant quelques années. Sur un geste qu'il fit, un Malais s'élança au sommet d'un cocotier avec la légèreté d'un singe, sans appuyer son corps à l'arbre auquel il se tenait seulement avec les pieds et les mains; il descendit avec plusieurs de ces fruits verts, dont nous bûmes l'eau avec délices, et dont nous mangeâmes la pulpe intérieure, qui est douce et savoureuse. Prenant ensuite congé du raja après nous être raffraîchis, nous le remerciâmes de son accueil amical.

Les maisons devenaient plus clairsemées à mesure que nous avancions dans le bois, et cependant il nous semblait que cet ombrage presque impénétrable offrait aux habitans dans ces climats si chauds un précieux abri, qu'ils devaient rechercher; mais notre conducteur nous dit qu'ils évitaient au contraire de construire dans l'intérieur des bois ou dans des lieux trop couverts, où l'air ne circulait pas librement, l'expérience leur ayant appris que le séjour en était malsain; mais que cependant dans les lieux découverts où ils établissaient leurs demeures, ils avaient toujours soin de mettre des plantations d'arbres, pour jouir de l'ombre et des fruits, sans avoir trop d'humidité.

Arrivés à la lisière de la sombre forêt que nous venions de parcourir, nous vîmes se dérouler devant nous cette vallée magnifique, parée d'une végétation riche et abondante; des pâturages, des champs de riz, des arbres se succédaient sans interruption; partout la verdure luxuriante était rehaussée de l'émail des fleurs; des exhalaisons embaumées se répandaient dans les airs; les habitations devenaient de plus en plus rares, et cette espèce de solitude contribuait à répandre sur cette scène un charme indéfinissable et une douce teinte de mélancolie. Nous suivions à travers la vallée les sinuosités d'un joli sentier, ombragé d'une foule d'admirables végétaux des tropiques, dont les branches entrelacées interceptaient les rayons d'un soleil toujours ardent. Le calme de cette belle soirée avait pénétré nos sens; nous restions silencieux sous le charme de nos impressions et d'une douce rêverie, lorsque tout-à-coup nous nous trouvâmes au milieu d'un troupeau de buffles qui se vautraient dans une mare. Cette rencontre ne parut pas leur être plus agréable qu'à nous : il était facile de voir à l'espèce de frémissement qui les agitait qu'ils étaient aussi surpris qu'effrayés de notre visite. Plusieurs se levèrent épouvantés ; et, au lieu de prendre la fuite, ils tournaient leurs têtes de notre côté, relevant leurs naseaux et roulant leurs gros yeux en nous flairant. Jamais je n'ai pu m'habituer au regard du buffle effrayé ; cependant des troupeaux entiers sont souvent conduits par de faibles enfans.

Le soleil avançait dans sa course, il fallut songer à revenir à bord. A l'approche de la nuit les plantes et les fleurs exhalaient encore plus de parfums que le jour ; des cacatoès, de jolies perruches, étalant leurs vives couleurs, jetaient des cris aigres ; des colibris, des oiseaux-mouches voltigeant autour des arbrisseaux, faisaient chatoyer à nos yeux leurs brillantes couleurs de rubis et d'émeraudes ; mais malgré mon admiration pour leur éclatante parure, mon cœur battit d'émotion lorsque sur les bords d'un ruisseau j'aperçus un martin-pêcheur, aux pattes noires et au long bec, semblable en tout à ceux de ma patrie.

Le docteur et M. Ritter crurent avoir aperçu un paon dans une clairière de la forêt ; l'un des naturels nous apprit que cela n'était nullement impossible, parce qu'il y en avait beaucoup dans les bois; mais qu'il était rare de les voir s'approcher d'aussi près des habitations. Il ajouta que le paon annonce toujours la présence du tigre. C'est, au reste, une tradition répandue dans la presqu'île Malaise et dans les îles de l'archipel Indien où vit ce féroce habitant des forêts.

Nous arrivâmes un peu tard à bord, très fatigués, mais enchantés de notre excursion. Le lendemain on fit les dernières dispositions pour partir avec la brise, nous levâmes l'ancre et nous mîmes à la voile pour continuer notre voyage vers Manille et Canton.

CHAPITRE QUATRIÈME.

—

DÉTROIT DE GASPARD. — RELÈVEMENT. — DÉTROITS DE BANCA, DE MACCLESFIELD, DE CLÉMENT. — ILES D'ANAMBAS, DE NATUNAS, DE PULO-CONDOR ET DE PULO-SAPATA. — ILES DE LAS CABRAS ET DU CORRÉGIDOR. — LA MONJA. — ABORDAGE D'UNE FALUA. — BAIE DE MANILLE. — SEMAINE DES DEUX DIMANCHES. — CAVITE.

En quittant le détroit de la Sonde, le *Fils de France* se dirigea vers celui de Gaspard, où le conduisit promptement une bonne brise du S. Ce détroit est situé entre les îles de Banca et de Billiton ; il porte le nom d'un capitaine espagnol de Manille, qui le traversa en 1724, quoique le capitaine anglais Hurle y eût passé le premier, en 1702, en revenant de la Chine en Angleterre avec le navire *le Macclesfield*. La petite île de Pulo-Léat(1) divise le détroit en deux branches principales; celle de l'O., du côté de Banca, est souvent désignée sous le nom de *détroit de Macclesfield;* celle de l'E. porte le nom de *détroit de Clément*, d'un capitaine anglais qui le franchit en 1781. Ce dernier est situé entre Pulo-Leat et deux petites îles contiguës à celles de Billiton.

Quelques navigateurs préfèrent aujourd'hui ces détroits à celui de Banca pour revenir de la Chine dans l'arrière-saison, la route étant plus courte, les eaux plus profondes et les vents plus constans et plus forts. En effet, ils seraient incontestablement bien préférables sans quelques écueils à fleur d'eau que l'on y rencontre. Le détroit de Macclesfield, plus large et mieux connu que celui de Clément, est aussi le plus fréquenté; particulièrement par les navires qui viennent de l'Est. Dans l'une et l'autre des deux passes, les petits navires risquent moins d'être surpris par les pirates malais, qu'à l'O. de celui de Banca.

En arrivant par le S. à l'entrée du détroit de Macclesfield, l'on attaque la pointe S. E. de Banca, nommée *pointe de l'Entrée*, située par 3° 2' de latitude S., et 106° 54' de longitude E. méridien de Greenwich. (2)

A l'entrée du détroit, le capitaine fit mettre en

---

(1) *Pulo*, en malais, signifie *île*.
(2) Voir *Horsburg Directory*, 3ᵉ édition, Londres, 1827. T. II, p. 140.

état les canons et préparer la mousqueterie et les espingoles : il est toujours bon d'être en garde contre les attaques des pirates qui infestent ces mers. Un soir, sur les dix heures, le temps étant magnifique et la lune resplendissante du plus vif éclat, le capitaine ordonna de laisser tomber une ancre à jet et de carguer les voiles, ne voulant pas se hasarder dans le détroit avec une brise légère et incertaine. Il savait que les proas malais ne sont jamais à craindre lorsque l'on a du vent; et qu'ils le sont au contraire lorsque le navire fait peu de route. Il avait recommandé le plus profond silence, et ses ordres étaient strictement observés. L'on ne se parlait qu'à voix basse; on évitait de faire le moindre bruit, lorsque tout-à-coup un maudit coq se mit à chanter; l'officier de quart dit aussitôt de lui couper le cou; mais en le cherchant dans les cages on éveilla toutes les poules. Ce fut alors un vacarme pareil à celui qui se fait dans un poulailler lorsque la nuit quelque fouine ou belette parviennent à s'y introduire; ainsi toutes nos précautions avaient été inutiles, puisqu'un seul coq les avait rendues vaines. Nous en fûmes quittes pour la peur, car, malgré le bruit, les Malais ne parurent point. Il est vrai qu'ils attaquent rarement dans l'obscurité.

La brise s'étant faite vers dix heures du matin, on borda les voiles, l'ancre à jet fut levée et nous nous dirigeâmes entre Pulo-Leat et la côte de l'île Longue et de l'île du Milieu, contiguës à celle de Billiton, dont elles ne sont séparées que par un étroit canal. C'est un peu au nord de ce détroit que se perdit, en 1817, sur une roche à quelques pieds sous l'eau, la frégate anglaise *l'Alceste*, commandée par le capitaine Maxwell, qui ramenait lord Maccartney, ambassadeur en Chine. La frégate ayant touché, s'entr'ouvrit; l'équipage se réfugia sur Billiton, emportant avec lui tout ce qu'il put sauver; bientôt les pirates malais vinrent les attaquer, mais les Anglais se défendirent vigoureusement et les repoussèrent. Le commandant, voyant la difficulté de rehausser les embarcations de manière à les rendre assez spacieuses pour transporter son équipage à Batavia, se détermina à y expédier la chaloupe pour y fréter un navire. En attendant son retour, on retira du bâtiment, à l'aide de radeaux et de canots, tout ce que l'on put de vivres, armes et munitions; on se fortifia à terre, l'on construisit des abris et l'on dressa des tentes pour se mettre à couvert. Malheureusement l'eau était fort rare à cette époque de l'année, et on lit avec un vif intérêt, dans la relation de cette ambassade le récit des souffrances et des privations que l'équipage naufragé eut à endurer jusqu'au moment où il fut délivré de cette triste situation.

Dans l'après-midi, nous aperçumes sous Billiton les mâts de plusieurs proas; trois d'entre eux se trouvaient dans le chenal et paraissaient se faire des signaux. Cependant à notre approche ils levèrent l'ancre, appareillèrent et coururent sur l'île. Il n'est pas inutile de rappeler que *le Fils de France* était un navire de plus de 800 tonneaux, à batterie couverte; et M. Collinet avait eu soin de faire lever à la même hauteur tous les sabords, où figuraient au lieu de canons de belles bûches couronnées d'un chapeau verni; la hauteur considérable de notre mâture et cette formidable batterie nous donnaient toute la tournure d'une frégate; et cet appareil guerrier ôta aux Malais l'envie de nous attaquer.

Au sortir du détroit de Gaspard nous gouvernâmes vers les îles Anambas, Natunas, Pulo-Condor et Pulo-Sapata, d'où nous nous orientâmes pour nous diriger vers Manille. Cette navigation à travers toutes ces îles, tous ces archipels, nous offrit une suite de tableaux ravissans; des émanations parfumées nous annonçaient toujours le voisinage des terres que nous voyions successivement surgir du sein des flots, semblables à des corbeilles de fleurs; et tandis que le navire rasait rapidement leurs rivages, nous contemplions avec ravissement leurs bosquets, leurs collines tapissées d'une verdure perpétuelle et leurs sveltes cocotiers, qui s'élançaient sur les promontoires comme pour se mirer dans des flots d'azur.

Le 6 octobre, après une navigation de quatre mois et deux jours, nous eûmes connaissance de l'île de Las Cabras, au sud de la baie de Manille. Cette traversée fut assez longue; mais l'équipage avait été abondamment rafraîchi au moyen des provisions que nous avions prises à Anièro. Tous les jours on tuait une tortue, qui fournissait plus de viande qu'il n'en fallait pour nourrir tout le monde ; on en faisait de la soupe qui, à la première vue, était peu appétissante à cause de la couleur verte de la graisse qui surnageait ; mais les matelots s'habituèrent fort aisément à cette nourriture qui est bonne et saine.

De l'île de Las Cabras nous portâmes un peu plus au nord, afin d'aller chercher l'entrée de la baie de Manille, que nous reconnûmes à ses hautes terres, appelées *Marivelès*, et à l'île du Corrégidor, qui divise cette entrée en deux passes, l'une au N., l'autre au S. La vraie route, pour se diriger par la passe du N. vers le mouillage de Manille, est de faire l'E. N. E. du compas, en tenant en vue *la Monja* (la Nonne), petit rocher conique à l'extrémité O. du Corrégidor. Si l'on veut aller à Cavite, lorsqu'on est au S. 5° E. du mont Arayat, montagne qui ressemble à une meule de foin, située au N. de la baie, l'on est alors par le travers du banc de Saint-Nicolas et l'on peut laisser porter à l'E. pour la pointe San-Gley, d'où l'on découvre les navires de la rade de Cavite et les maisons de la ville.

La passe du N., ou *Boca-Chica*, peut avoir une lieue de large, et celle du S., ou *Boca-Grande*, peut en avoir deux. La baie est presque circulaire et a de neuf à dix lieues de diamètre. Il y a mouillage partout depuis vingt-cinq brasses ; cependant on n'a pas moins de trente à trente-cinq brasses quand par la passe du N. on est près de la côte du Corrégidor ; mais sur celle de Marivelès il est aisé de choisir le fond par lequel on veut mouiller.

Par le travers du village de Marivelès et jusqu'à la pointe intérieure qui regarde la côte de Manille, il y a une plage sur laquelle on n'a pas plus de cinq à six pieds d'eau à haute mer et qui augmente graduellement jusqu'à vingt pieds, et de vingt pieds à huit brasses. A basse mer, ces vingt pieds se réduisent à douze ou quinze. Ainsi en tirant les bordées du Corrégidor sur Marivelès, on aura soin, lorsqu'on sera dans ces parages, de ne pas s'approcher à plus d'un bon mille du rivage et de virer dès qu'on aura atteint dix brasses. La seule carte de Daprès donne connaissance de ce banc.

A l'entrée de la passe du N., vers l'extrémité O. de l'île du Corrégidor, très près de terre, entre les deux îlots Cavaillo et Monja, on peut mouiller par douze et dix-huit brasses d'eau. Cet ancrage est très utile aux embarcations du pays, qui dans la mousson du N. E. ne pouvant pas doubler l'entrée, viennent jeter l'ancre dans cet endroit et attendre que la force de la brise soit amortie.

En général l'habitude est d'entrer et de sortir par la passe du nord ; la ligne étant plus directe pour aller au mouillage de Manille, l'on évite par ce moyen le banc de Saint-Nicolas, qui, ainsi que je l'ai dit, est situé sur le rayon du centre de la passe du Sud et de la pointe San-Gley. Quand le vent est bon, je conçois qu'on prenne la route du Nord; mais lorsqu'il est mauvais, celle du Sud sera toujours préférable, parce qu'étant au moins du double plus large, on a plus d'espace pour louvoyer.

La baie de Manille est presque partout saine; elle n'a de bancs intérieurs que celui de Saint-Nicolas, dont je viens de parler; le fond le plus grand qu'on y trouve, en exceptant celui des entrées, est de dix-huit à vingt brasses. Près des rivages, surtout dans le fond nord de la baie, il y a peu d'eau. La cause doit en être attribuée aux rivières, qui se déchargeant dans cette partie de la baie, y entraînent les terres alluviales.

Il est dans le monde peu de baies aussi belles que celle de Manille. Dans sa vaste enceinte de quarante-cinq lieues de circonférence et de douze à quinze de diamètre, elle offre le coup-d'œil le plus animé et le plus imposant; c'est une petite mer intérieure, dont les rivages, dans leurs courbes gracieuses, voient s'élever une ville grande et populeuse : Manille, métropole de la colonie, et une autre moins importante, Cavite, siège des établissemens militaires, où l'on trouve un arsenal et un port de carénage. De nombreux villages, des habitations isolées, des terres cultivées, des collines ondulées couronnées de forêts, se pressent sur ses côtes; et ce tableau est encadré au loin par une belle ceinture de montagnes, d'où coulent des rivières et des ruisseaux, qui répandent partout la fécondité et la vie, en même temps qu'ils favorisent par leurs canaux navigables, les transports et la circulation.

Sur les six ou sept heures du soir, *le Fils de France* était à-peu-près par le travers de l'île du Corrégidor, lorsque nous aperçûmes une grande embarcation, venant à nous et paraissant vouloir nous barrer le passage; elle tira un coup de canon, nous accosta dès que nous eûmes mis en travers, et l'officier montant à bord demanda qui nous étions, d'où nous venions et quelle était notre cargaison. Nous apprîmes alors que l'île du Corrégidor, placée à l'entrée de la baie, forme deux passes, et qu'on y entretient un poste de la marine coloniale, commandé par un capitaine chargé de sa défense et de la direction du télégraphe. Quatre péniches sont destinées à aller visiter au large les navires qui se dirigent vers la baie. Ces embarcations sont très belles; elles portent une petite caronade à l'arrière et un canon de douze ou dix-huit à coulisse sur l'avant. L'équipage, de quarante à cinquante hommes, est commandé par un lieutenant ou par un sous-lieutenant de la marine coloniale. Elles ont un rouffle sur le derrière pour l'officier, et sont mâtées en péniches ou plutôt en voiles tiercées de la Méditerranée. On leur a donné le nom de *faluas*. Il est amusant de les voir aborder un navire : que l'on se représente des hommes à figure de singes, la chemise flottant par-dessus la culotte ; un officier au teint plus que basanée, dont le costume est tout aussi pittoresque et dont la voix domine à grand'peine celle de son équipage, qui fait un vacarme infernal, tous ces hommes mâchant du bétel et expectorant une salive rouge comme du sang, qui laisse partout où elle s'attache des traces presque indélébiles, et l'on aura une idée du début de cette étrange reconnaissance. L'officier ne fut pas plutôt à bord qu'un de ses gens arriva et se tint constamment auprès de lui avec une mèche, pour allumer ses cigaritos qui se succédaient sans interruption. On conçoit qu'un étranger arrivant pour la première fois dans un pays sans en avoir la moindre notion, pourrait bien éprouver quelque appréhension à l'aspect d'un pareil abordage ; car, à la mine de ces hommes, il serait facile de les prendre pour des forbans ; heureusement ils n'en ont que l'air. L'officier fut, comme ils le sont toujours, très complaisant pour nous ; il nous donna les indications nécessaires pour arriver au mouillage et prit congé en nous souhaitant bonne chance.

La brise étant tombée lorsque nous fûmes dans l'intérieur de la baie, nous passâmes la nuit à courir des bordées. Le lendemain, avec les petites brises de terre, nous approchâmes de la pointe San-Gley, et la brise du large s'étant élevée vers les dix heures, nous laissâmes porter pour Cavite, où nous mouillâmes le 8 octobre 1848. Deux navires français, *la Victorine*, de

Nantes, capitaine Martin, et *la Célestine*, de Saint-Malo, capitaine Lacroix, étaient alors sur rade; leurs embarcations vinrent à bord dès que nous fûmes mouillés, et ce fut avec bien du plaisir que non-seulement nous nous retrouvâmes avec des connaissances, mais encore avec des camarades : MM. Paul et Prudent Géronnière, le premier médecin, le second, officier à bord de *la Victorine*; et Grosbon, fils du général de ce nom, mes anciens condisciples; et nous nous liâmes avec le second de *la Célestine*, qui était le jeune frère de M. Brislaine, un de nos lieutenans.

A peine avions-nous jeté l'ancre, que deux faluas un peu plus petites que celles qui nous avaient abordé à l'entrée de la baie, nous approchèrent; l'une appartenait à la marine de la colonie et venait faire la visite de santé et de capitainerie du port, l'autre était celle de la douane : chacune d'elles nous adressa les questions d'usage; et la dernière, ayant laissé deux gardes à bord, retourna à terre.

C'était le samedi. Le subrécargue, son secrétaire et le capitaine quittèrent le navire et se dirigèrent sur Manille, dans le canot du capitaine Lacroix. Le lendemain dimanche, la moitié de l'équipage descendit à terre. Nous fûmes fort étonnés en y arrivant de trouver les boutiques ouvertes et tout le monde au travail. Nous ne pouvions comprendre comment dans une colonie espagnole, et par conséquent très catholique, on respectât aussi peu la sainteté d'un jour consacré au repos et aux pratiques religieuses. Quelques hommes des équipages des navires français que nous rencontrâmes, nous apprirent, à notre grand ébahissement, que nous n'étions qu'au samedi et non au dimanche; mais il leur fut difficile, comme on le pense bien, de nous expliquer la cause de cette singularité qui cependant laissa de vagues incertitudes dans notre esprit, car nous n'étions pas encore très forts sur le système sidéral; mais le lendemain toutes les cloches en branle nous apprirent que les matelots ne nous en avaient pas imposé. Quoique les causes de cette différence soient bien connues, je vais cependant en donner l'explication en prenant Manille pour exemple, car les marins qui n'ont pas eu l'occasion de faire ce voyage ne savent peut-être pas d'où elle provient.

Les Philippines furent découvertes par Magellan, qui marchait de l'Est à l'Ouest. Arrivé à 180° de longitude, et ayant oublié d'avancer de douze heures la date du jour où il se trouvait, il continua à compter toujours la même longitude Ouest 181°, 182°, 183°, sans changer le jour, ce qui à son arrivée dans ce port lui donna à-peu-près seize heures de retard; nous, au contraire, venant de l'Ouest et ayant avancé de huit heures, nous arrivâmes aux Philippines par 120° à-peu-près de longitude Est, ce qui donnait huit heures de différence avec Paris, où il est midi huit heures plus tard qu'aux Philippines. Ces huit heures ajoutées aux seize de Magellan, qui avait compté dans un sens opposé, complétaient un jour que nous avions en avance sur le quantième donné par les premiers Européens, fondateurs de la colonie. Ce qu'il y a d'étonnant, c'est que les Espagnols, si scrupuleux observateurs des pratiques religieuses, aient pu conserver ce jour de différence avec Rome; ce qui fait que leurs jours de jeûne et leurs fêtes consacrées ne sont pas réellement ceux ordonnés par leur religion.

Le dimanche la moitié de l'équipage descendit à terre, où à peine arrivés les matelots se livraient, selon leur habitude, à une intempérance effrénée. Peu curieux de contempler les beautés de la ville ou de la campagne, ils ne connaissaient de Manille que ses guinguettes et ses cabarets, où ils passaient la journée dont ils pouvaient disposer, à se plonger dans la plus complète ivresse : le soir il fallait les porter dans la chaloupe pour les ramener à bord; dès qu'ils étaient hissés sur le pont, l'air salin de la mer commençait à dissiper les fumées du vin, mais c'était toujours pour commencer des querelles suivies d'une bataille générale; alors on était obligé de les parquer comme des bêtes fauves dans quelque réduit de l'entrepont, où ils continuaient à s'entrebattre encore pendant quelques heures, jusqu'à ce que tout meurtris ils tombassent de lassitude. Ces scènes se reproduisaient régulièrement chaque dimanche soir. Dans les pays chauds l'arack, qui se fait avec la tuba de coco, attaque les nerfs avec une extrême violence. Souvent nos matelots, étendus sans mouvement sur le pont, à la suite de leurs orgies, éprouvaient des convulsions nerveuses d'une si terrible énergie, que nous les voyions faire tout-à-coup des soubresauts pareils aux bonds des poissons lorsqu'ils sont hors de l'eau. Il faut que le climat soit bien sain et les gens de mer bien robustes; car malgré ces excès, qui ne discontinuèrent pas pendant tout notre séjour, aucun d'eux ne fut malade.

CHAPITRE CINQUIÈME.

CAVITE. — SA POSITION, POPULATION. — GALION. — LE PADRE CAMILO. — SAN ROQUE. — DESCRIPTION PITTORESQUE. — LA BELLE CASILDA. — AVENTURE NOCTURNE.

Le navire affourché se trouvait mouillé par cinq brasses d'eau, fond de vase et de sable fin, dans l'anse formée par la pointe de San-Gley et la presqu'île où est bâtie la ville de Cavite. L'on commença le déchargement. Nous étions dans le changement de la mousson, qui du S. O. tourne au N. E. Presque tous les après-midi il y avait des orages; le tonnerre grondait avec un tel fracas, que souvent, couchés dans nos cadres, nous éprouvions de véritables commotions électriques.

Il fallut plusieurs fois laisser tomber la grande ancre, pour nous empêcher d'aller à la côte. La rade de Cavite est abritée, et la mer n'y est jamais bien grosse; mais le fond n'est pas aussi ferme que celui de la rade de Manille, et dans les typhons les navires chassent souvent sur leurs ancres. Cette rade peut être considérée comme faisant partie de celle de Manille; elle forme un demi-cercle; d'une part c'est la côte qui, se recourbant à l'E., se prolonge jusqu'à la ville, puis remontant au N., montre Manille au centre de sa rade, et terminant l'ellipse, va se courber de nouveau au N. O. jusqu'à l'île du Corrégidor. De l'autre, c'est une terre dont les sinuosités s'étendent vers l'O., pour former dans sa partie la plus avancée la pointe San-Gley.

Cavite est à trois lieues au S. S. O. de Manille. Cette ville est bâtie sur une presqu'île et pourrait facilement être entourée de murailles; elle tient à la côte par une chaussée qui l'unit avec le grand village de San-Roque. De là, en contournant le fond de l'anse, l'on peut se rendre à Manille par terre, en suivant un chemin construit pour les voitures le long de la côte. Mais cette route est d'au moins deux lieues plus longue que celle que prennent les personnes qui laissent leurs voitures dans un village situé vis-à-vis la pointe de la presqu'île, où est bâtie Cavite, et vont les reprendre par eau. Il y a un siècle, Cavite était bien plus considérable; les flots de la mer l'ont sapée en partie et ont détruit successivement un couvent de franciscains, des casernes, un hôpital, des maisons et plusieurs forts : pour en arrêter les ravages l'on a élevé un mur de pierres et de chaux, dont la base est garnie de roches; mais ce mur ayant été mal construit, la mer, en se brisant contre ce rempart, trouve des endroits ouverts et le mine avec rapidité.

La ville est protégée par le fort St.-Philippe qu'on a garni d'artillerie, et où la garnison a ses logemens. Don Antonio Cortès, capitaine de génie espagnol et commandant de cette arme à Manille, venait, lorsque nous arrivâmes, de terminer une belle batterie couverte, en pierres de taille, destinée à commander et à protéger la ville de ce côté. La partie S. du rivage, qui forme le côté opposé de l'anse, est dégarnie d'ouvrages et par conséquent sans défense. Les arsenaux et chantiers de construction sont à l'extrémité de la presqu'île.

Le goulet formé par cette pointe et par la côte a assez de profondeur et d'étendue pour contenir à l'ancre tous les navires désarmés de l'Etat et de la compagnie des Philippines, car c'est à Cavite que cette dernière avait ses magasins, son arsenal et tout son matériel d'armement, ce qui donnait beaucoup d'activité à cette petite ville. Un grand bâtiment, appelé les magasins de la compagnie, situé au centre de Cavite, est surmonté d'un télégraphe qui correspond avec

9.

celui de Manille et ceux construits sur la côte S. et sur l'île du Corrégidor. C'est à l'aide de ce télégraphe que l'on apprend rapidement quels sont les navires à l'entrée de la baie et les nouvelles qu'ils apportent d'Europe. La population de Cavite ne dépasse guère cinquante familles espagnoles ou européennes, mille métis indiens et chinois, mille Chinois et mille Tagals, ce qui forme un total d'environ trois mille cinq cents habitans.

Le galion d'Acapulco faisait encore à cette époque la prospérité de Cavite; mais ses voyages périodiques allaient bientôt cesser par suite de la guerre de l'indépendance du Mexique et l'émancipation qui en allait être la suite. Ce fameux galion, intermédiaire entre les Philippines et l'Amérique espagnole, était, comme l'on sait, la source d'opérations étendues et lucratives; mais ce que l'on ignore généralement, c'est l'organisation de ces expéditions, qui offrait un système curieux d'association, à laquelle participait le commerce de Manille et de Cavite d'une part, et de l'autre les ordres religieux qui y trouvaient utilement pour eux-mêmes et pour le pays, l'emploi de leurs immenses richesses. Le mécanisme de cette singulière combinaison est digne d'attention et d'un vif intérêt. Plus tard, lorsque je rendrai compte de mon second voyage aux Philippines, j'aurai l'occasion d'en parler d'une manière détaillée.

La ville de Cavite peut avoir un quart de lieue de

long et seulement 3 à 400 pas de large; elle n'a que deux rues dans sa longueur et des ruelles de traverse. Les maisons ornées de balcons ont rarement plus d'un étage; elles sont construites en tuf, en bois ou en bambou. Les boutiques et les magasins sont au rez-de-chaussée. On y trouve beaucoup d'auberges, ou pour parler plus exactement, des cuisines, où les Indiens, employés au port ou aux travaux de construction des chantiers, viennent prendre leurs repas. Les chantiers étaient encore assez animés lors de mon premier voyage; le commerce entre l'Amérique et les Philippines, qui devait bientôt être anéanti, conservant encore quelque activité.

Le gouvernement espagnol a souvent fait faire à Cavite de très grands navires, qui ont toujours coûté des sommes énormes; mais les constructions qu'on y exécute le mieux sont celles qui appartiennent à la marine coloniale. Ce sont des chaloupes canonnières, et ces jolies faluas dont j'ai déjà parlé. Les chaloupes canonnières sont plus grandes que ces dernières; leur équipage est d'environ cent et quelques hommes; elles portent un canon de 24, à coulisse, sur le devant, et une caronade de même calibre sur l'arrière. Les faluas portent, comme je l'ai dit, du 12 ou du 18, et ont de quarante à cinquante hommes d'équipage. Ces embarcations sont parfaitement construites et d'une forme élégante; elles servent à protéger la marine marchande de la colonie contre la piraterie des Malais de Mindanao, Sooloo, et des archipels environnans.

Les Chinois sont artisans, marchands ou boulangers; les Indiens, pêcheurs, porteurs d'eau, cultivateurs et marins; ils ont une foule de petits bateaux fort propres, appelés *bancas*. Ce sont des pirogues taillées dans un tronc d'arbre, et recouvertes d'une espèce de tente construite avec des bambous et des nattes; dans le fond est une claire-voie en bambous avec un ou plusieurs bancs pour les voyageurs; conduites par deux ou trois hommes, elles servent aux trajets dans la baie ou à bord des navires.

San-Roque est séparé de Cavite par une simple chaussée; sa population consiste presque entièrement en pêcheurs et en mariniers. Il n'est guère possible de voir un village plus joli; il est traversé par la grand'route de Manille, route bordée d'une haie élevée de bambous, dont les branches forment un rempart impénétrable aux rayons du soleil.

Les maisons de San-Roque, presque toutes de bois ou de bambous, sont entourées de vergers plantés d'arbres fruitiers et de fleurs, de cocotiers, de tamariniers, de jackiers, des papayers, de pamplemousses, de bananiers, de goyaviers, et d'une foule d'autres arbres des tropiques, qui donnent à-la-fois de l'ombrage et des fruits exquis. Les meilleurs mangles croissent dans les environs et dans le district de Tierra-Alta.

A Cavite, de même qu'à San-Roque, l'eau douce est rare; elle est fournie par quelques puits dont l'eau est saumâtre; mais à l'aide de pirogues on peut en trouver sur la côte opposée de l'anse, où le ravin de Tierra-Alta en fournit une excellente. Le chantier de la compagnie des Philippines est situé dans le creux de l'anse formée entre San-Roque et la pointe San-Gley.

C'est là où la compagnie faisait construire une partie de ses navires; à côté on construisait aussi de petits bâtimens; mais la majeure partie des navires caboteurs sortent des ports de Luçon ou des autres provinces, où le bois est presque pour rien et la main-d'œuvre infiniment moins chère qu'à Manille et à Cavite.

Tous les matins il y a près de la porte de San-Roque un marché abondamment pourvu de viande de boucherie, de porcs, de volailles, de poissons de toute espèce, de légumes, et de tous les fruits des colonies.

Deux fois par semaine San-Roque a un marché au poisson. Le village offre alors un coup-d'œil extraordinaire et vraiment ravissant. Le marché a lieu de nuit; la place où il se tient est illuminée, ainsi que toutes les boutiques, par une infinité de torches de résine. Les flots de lumière répandus au milieu de cases construites, pour ainsi dire, à jour, et entourées d'une multitude d'arbres chargés de fleurs et de fruits, ce village baigné de tous côtés par la mer dont les eaux réflètent la lueur des torches qui se déroulent en gerbes de feu sur leur surface calme et unie ; ces pêcheurs abordant en foule au rivage dans leur légères pirogues, ces femmes à la taille svelte et élancée accourant pour faire leur provision, des officiers, des soldats de la garnison en uniforme, quelques Européens, passagers ou matelots descendus de leurs navires, qui se reconnaissent aisément à leur costume parmi tant de costumes pittoresques de créoles, d'Indiens et de Chinois ; et au milieu de cette foule animée et joyeuse, les petites-maîtresses de Cavite apparaissant dans tout l'éclat de leur parure, cet ensemble formait un spectacle enivrant. Que l'on se représente les impressions que je dus éprouver, moi qui venais de quitter ma famille et ma patrie, à l'aspect d'un monde si nouveau et d'une terre si différente de celle qui m'avait vu naître ! Mais pour retrouver ces scènes charmantes et originales à-la-fois, il faut cette réunion de types et de costumes étranges et variés ; il faut surtout le beau climat des Philippines ; l'atmosphère diaphane, l'air tiède et les nuits suaves de ce pays pendant la mousson du N. E.

Combien de fois, par une nuit sans lune, me suis-je plu à contempler ces milliers d'étoiles scintiller à la voûte céleste, à regarder les montagnes de la côte opposée, dont les crêtes se découpaient sur l'horizon lointain. Quelques feux allumés à leur cîme me révélaient un village, et quelques ombres à leurs pieds, les cases éparses des pêcheurs ; une voile blanchâtre apparaissant dans la baie, laissait après elle un long sillon de lumière ; d'autres fois le chant cadencé du pêcheur manillois radoubant sa barque venait mourir à mon oreille. Dans ces instans, les aspects du ciel et de la terre prenaient je ne sais quoi d'idéal ; cette belle végétation, cet éternel printemps, cette atmosphère si pure, si tranquille, ces parfums si doux, si voluptueux m'enivraient ; et je trouvais à tous les objets qui m'entouraient un charme inexplicable et des douceurs infinies. Est-il donc étonnant que saisi d'enthousiasme je me sois surpris à soupirer et à désirer passer ma vie dans ces belles contrées ! que dans ma carrière aventureuse et semée depuis de tant de traverses, j'aie tourné mes regards vers un pays où j'avais éprouvé des sensations si neuves et si délicieuses ! Combien la vie doit y couler douce pour l'homme qui s'y voit entouré des objets de ses affections ! une sœur, une femme, un ami.... Mais j'oublie mon sujet, j'y reviens.

Notre navire continuait son déchargement ; et comme nous avions beaucoup de lest en pierres, on prit à terre une quarantaine d'hommes pour aider aux travaux, afin de ne pas trop fatiguer l'équipage. Malgré la prévenance que l'on avait eu d'empêcher les matelots de boire de l'eau pure, en leur donnant tous les jours une boisson composée de vin, de sucre et de jus de citron, malgré les renforts que nous avions pris pour faire les travaux les plus rudes, bien qu'on leur fournît des vivres frais en abondance, ils se plaignaient sans cesse; deux fois ils se révoltèrent, et deux fois nous fûmes obligés d'appeler des soldats de la garnison pour les faire rentrer dans le devoir. Il est pénible de penser que ces hommes incultes sont toujours difficiles à conduire; ne leur donnez jamais que ce que vous leur devez, ou bien ils voudront vous imposer la loi, parce qu'ils s'imaginent que si vous faites plus, c'est que vous avez besoin d'eux ou que vous les redoutez.

Pendant qu'on nous débarrassait de notre lest, une partie de nos meilleurs matelots était occupée à visiter et à réparer notre gréement. Le biscuit en tonneau avait, à ce qu'il paraît, été embarqué trop frais, car il s'était moisi, et avait pris un goût insupportable. On envoya les pilotins à terre avec le boulanger pour passer ce biscuit au four, opération qui fut exécutée chez un Chinois. Cet ouvrage, qui eût pu se faire en peu de jours, dura pourtant assez long-temps, grâce à la lenteur que nous y mîmes pour le prolonger autant que possible; car c'était pour nous, on le pense bien, un véritable plaisir. Laissant à tour de rôle l'un de nous en sentinelle, pour empêcher une surprise de l'ennemi commun, c'est-à-dire du second capitaine, et de pouvoir, s'il survenait, lui donner une réponse satisfaisante, nous faisions l'école buissonnière. Tantôt nous dirigions nos courses vers San-Roque, tantôt nous allions nous baigner, ou bien nous parcourions la campagne. Nous étions presque toute la journée la tête découverte, et nul d'entre nous n'en ressentit la moindre indisposition : je cite cette circonstance, futile en apparence, comme une nouvelle preuve de l'excellence du climat des Philippines.

Dans une de ces promenades, je fis la rencontre d'un moine de Saint-Augustin, nommé *el padre Camilo*, qui ne craignit pas de nous aborder malgré nos culottes goudronnées. Aucun de nous ne sachant l'espagnol, nous fûmes fort embarrassés pour répondre aux questions qu'il nous adressa d'un air plein de bonté. A la fin, je me hasardai à lui répondre en latin. Enchanté de rencontrer en nous des jeunes gens qui avaient reçu de l'éducation, il nous entretint quelque temps; et lorsque nous nous séparâmes, il nous invita à venir le trouver à son couvent. Le lendemain je lui écrivis une belle épître latine, à laquelle il daigna répondre; et pendant tout le temps que je séjournai à Cavite, lorsque je tardais deux ou trois jours à l'aller voir, il m'écrivait pour s'informer des motifs de mon absence. Cette connaissance me fut excessivement agréable.

El padre Camilo était alors supérieur du couvent des Augustins de Cavite. Quand le soir, ou l'après-midi, j'allais le voir, du chocolat, des bonbons et des confitures de toute espèce étaient toujours servis et m'attendaient. Je lui parlais de l'Europe et des guerres de l'empire, et comme il habitait les Philippines depuis une trentaine d'années, on comprend que les notions qu'il avait de notre révolution et des guerres qui l'ont suivie devaient être bien imparfaites, la métropole ne laissant passer dans ses possessions que les nouvelles dont elle voulait bien permettre la circulation. Mais à la suite de nos entretiens, les idées du Padre Camilo, homme plein de sens, de droiture et de jugement, changèrent complètement, et d'ennemi acharné qu'il était de Napoléon il devint son admirateur passionné.

Je convenais avec lui que la guerre d'Espagne avait été une guerre injuste autant qu'impolitique ; que l'alliance d'une nation qui nous prodiguait son or et ses soldats était plus profitable à la France qu'une invasion violente qui réveillait tout-à-coup, plus énergiques que jamais, des haines amorties par le temps et par l'intérêt mutuel des deux peuples. Je lui disais aussi la trahison de Godoy, de ce prince de la Paix, qui, au moment de l'ouverture de la campagne de 1807, croyant l'empereur accablé par le nombre de ses ennemis, manifesta sa sympathie pour ces derniers, par ses proclamations, ses appels aux armes et le déploiement d'un appareil guerrier qui ne se dissipa qu'au bruit du canon de Jéna. Qui donc eût pu blâmer Napoléon de chercher à punir un allié sans foi ? La régénération politique et morale de l'Espagne entrait aussi dans ses plans ; il avait intérêt à la voir forte et puissante, et à la soustraire à l'influence politique et au joug commercial de l'Angleterre ; il voulait aussi lui donner une organisation administrative et lui rendre ses antiques libertés... Ce mot magique de *Liberté* était loin de choquer ce digne prêtre, né dans la montagne de Santander ; en bon montagnard il était enthousiaste des *fueros* de sa province. Je reconnaissais de bonne grâce l'héroïsme du caractère espagnol dans cette guerre, où il s'était commis tant d'atrocités de part et d'autres ; mais je lui faisais avouer que les Anglais, leurs auxiliaires, leur avaient fait plus de mal encore que nous, leurs ennemis ; qu'ils avaient détruit toutes leurs fabriques, tandis que les Français avaient fait tous leurs efforts pour les conserver ; enfin *el Padre* Camilo commençait pour ainsi dire avec moi son éducation politique sur cette longue série d'événemens qui avaient bouleversé l'Europe depuis son départ. Ces conversations lui donnèrent le désir de les connaître ; il acheta des livres, et s'étant lié successivement avec tous les officiers du bord et particulièrement avec notre docteur, M. Genu, il le chargea de l'achat de divers ouvrages. Plus tard, dans mes voyages, je retrouvai *el Padre* Camilo, et l'affection qu'il m'avait vouée ne varia pas un seul instant.

El Padre Camilo me fit connaître Cavite et ses environs ; souvent il me promenait en voiture ; mais je dois prévenir le lecteur que dans ces occasions solennelles il n'était plus question de la culotte goudronnée ; je me parais alors de tout ce que ma garderobe avait de plus digne et de plus convenable. Souvent nous allions jusqu'à Tierra-Alta, joli village à deux lieues de Cavite, sur les hauteurs et vis-à-vis l'anse ; un officier de la marine française, qui était resté au service de l'Espagne, y habitait ; c'était M. Jacques d'Etchaparré, connu dans les Philippines sous le nom de San Yago Chappar. Venu à Manille avec la division espagnole du général Alava, il y était resté depuis, et faisait partie du cadre des officiers de l'arsenal de Cavite. Jamais il n'avait monté en grade ; et était toujours resté lieutenant de vaisseau. J'aurai assez souvent occasion d'en parler, ainsi que d'un autre Français, M. Jean Dusoulier, alors capitaine dans un régiment des milices de Cavite.

Le douanier que nous avions de garde à bord était un métis, nommé Castillo, petit, maigre, laid et chétif ; en un mot, image vivante d'un orang-outang, si ce n'est pourtant que l'orang-outang a les dents blanches et que les siennes étaient excessivement noires par l'effet du bétel, qu'il ne discontinuait pas de mâcher. Heureusement que sa famille ne lui ressemblait guère ; il avait une femme charmante, gracieuse, potelée et blanche, ou peut s'en fallait ; et une nièce de quinze ans, plus blanche encore que sa tante, grande, svelte, dont les yeux chinois, doux et caressans, avaient fait une vive impression sur mon cœur d'adolescent. Vous allez voir pourtant comme cet adolescent prit bientôt toutes les allures d'un don Juan. Castillo nous invitait quelquefois à des collations chez lui ; ce fut dans ces occasions que je connus sa nièce. La voir et l'aimer fut tout un ; malheureusement je ne savais pas un mot d'espagnol, mais je cherchais à y suppléer par l'éloquence de mes regards et par des signes tout-à-fait élégiaques, que je cherchais à rendre intelligibles autant qu'il était en mon pouvoir. Enfin, pour faire connaître mes sentimens, je pris une résolution énergique comme la passion qui me débordait. Un soir que j'étais resté à terre, je me dirigeai vers la demeure de ma belle, bien décidé à y pénétrer et à lui exposer mon martyre. Je parvins, non sans peine, à me blottir sous la maison (1). Enchanté de mon début, je combinais dans ma tête les moyens de couronner dignement mon plan de campagne anacréontique, lorsque les aboiemens des chiens du voisinage commencèrent à me donner de vives inquiétudes ; je sortis de ma retraite pour avoir du moins la facilité de faire un temps de galop en cas d'accident ; mais tandis que du dehors je contemplais dans une douce extase les rideaux des croisées de ma divinité, j'entendis un léger bruissement, et bientôt je m'aperçus que je n'étais pas seul à soupirer.—Voilà, pensai-je, quelque autre admirateur de

---

(1) Le plancher de ces maisons ou cases est exhaussé de six à huit pieds au-dessus du sol.

la belle Casilda, qui vient aussi en bonne fortune. Cette concurrence ne me plaisait que médiocrement, et il me prenait de furieuses envies d'octroyer à l'importun quelques bons coups de bâton. Mais je n'avais ni arme, ni rotin, rien à ma portée qui pût en tenir lieu; cependant mon compétiteur avait disparu, ou se tenait caché, du moins je le supposais ainsi, lorsque tout-à-coup en tournant autour d'une pirogue renversée, je me trouvai nez à nez avec mon rival, qui n'était autre que mon ami Delaunay, un de mes camarades, un pilotin comme moi. Le bruit que nous venions de faire pendant cette fraternelle et joyeuse reconnaissance avait éveillé les voisins; ils étaient debout, il fallut jouer des jambes et attendre patiemment la paresseuse aurore pour retourner à bord avec le canot aux provisions. Depuis, à mon second voyage, je retrouvai Casilda à Manille, grandie, embellie, élégante, petite-maîtresse; en un mot, c'était une délicieuse Philippinoise. Je me présentai à elle et j'osai lui offrir plus intelligiblement mes tendres vœux; ses beaux yeux se fixèrent sur moi avec un intérêt mêlé de regrets, je me plais à le croire, du moins un peu de vanité aidant.—Hélas! me dit-elle, vous venez trop tard; pourquoi ne pas vous être expliqué plutôt? Je suis touchée de vos sentimens; votre peine me désole, mais je n'y puis rien. Alors entre deux soupirs elle savoura gracieusement une tasse de chocolat, moins parfumé que son haleine, et il n'y parut plus. J'appris en effet qu'elle était fiancée à un jeune et beau métis.

De mes amours telle fut l'Iliade; et l'on voit combien la fortune me fut cruelle dès leurs débuts.

Nous étions très bien ensemble, à l'exception de notre second, M. de Saint-Blain, qui, par suite de son caractère difficile, était mal avec tout l'état-major. M. de la Roche, vieil officier de marine, premier lieutenant; M. Brislaine, second lieutenant; M. Genu, docteur; les trois autres pilotins et moi, nous vivions en parfaite harmonie. Souvent M. de la Roche nous emmenait faire des parties de chasse ou de pêche; d'autres fois, nous allions le matin avec les hommes de l'équipage, faire de petites promenades, ou jeter la seine sur la pointe San-Gley.

Dans les nuits d'orage, on apercevait si distinctement les poissons à leur traînée lumineuse, que nous armant de fouènes, nous descendions dans les canots et attendions qu'ils fussent à portée pour les piquer.

J'ai dit que nous étions à l'époque du changement de mousson; les grains éclataient violens, surtout l'après-midi. Un jour, qu'à nous quatre, formant l'équipage de la yole, après avoir été conduire M. Brislaine à bord du navire de son frère, nous revenions à la voile, un grain nous surprit. Embarrassés et ne sachant trop que faire, car nous craignions d'être submergés, nous pensâmes d'un commun accord, après nous être consultés, que notre seul moyen de salut était de laisser arriver sur la côte; je mis la barre dessus, et nous fûmes attérir à toutes voiles sur la pointe San-Gley, où nous halâmes le canot à terre pour le garantir des vagues qui venaient se briser contre lui. Le grain passé, nous revînmes à bord, et nous racontâmes notre manœuvre : mais quel fut notre désappointement lorsqu'au lieu des louanges auxquelles nous nous attendions, nous nous vîmes presque bafoués par les officiers; ils nous dirent que si par hasard nous n'eussions point trouvé de pointe de terre pour nous arrêter, nous aurions couru jusqu'en dehors de la baie; et que nous eussions dû au contraire prendre le plus près et nous soutenir avec un ris dans notre voile carrée. Malgré tout, je suis encore convaincu que c'était le seul moyen à prendre pour nous empêcher de chavirer et mettre le canot en sûreté, puisque nous l'avions lancé contre une plage de sable et qu'il nous avait été facile de le mettre à l'abri des lames. Tous ces détails paraîtront puérils; mais je les raconte pour l'instruction des jeunes marins qui peuvent y puiser des exemples.

À cette époque le gouvernement français accordait une remise sur les droits des marchandises introduites en France, de toutes les possessions étrangères au-delà du cap de Bonne-Espérance. Un Italien, D. Agustin Escarella, voulant profiter de cet avantage, arma, de concert avec un Français habitant les Philippines, un navire construit au Bengale, qu'ils nommèrent *le Retour*. Ils le chargèrent de sucre et d'autres produits de ces îles, lui mirent pavillon français, et prirent pour en former leur état-major des officiers parmi ceux de nos bâtimens qui se trouvaient alors à Cavite. Comme il n'y avait point de consul français aux Philippines, ils firent dresser des certificats par les négocians du pays, les subrécargues et les capitaines de notre nation, alors à Manille, pour attester que les marchandises embarquées appartenaient à un négociant français. Ce navire vint effectivement en France, mais le gouvernement se refusa à toute diminution sur les droits, parce que ce bâtiment n'ayant point d'acte de naturalisation, devait être considéré comme navire étranger. Cette opération manqua donc par la fausse interprétation qu'on avait donnée à la loi.

CHAPITRE SIXIÈME.

—

MANILLE ET BINONDO. — LEUR DESCRIPTION. — FLEUVE PASSIG. — MAISONS. — DOUANES. — COSTUMES DES ESPAGNOLS, DES MÉTIS ET INDIENS. — MŒURS. — PROPENSION AU VOL. — COMBATS DE COQS. — LES FRÈRES DAYOT, MANDARINS EN COCHINCHINE. — PRINCIPAUX NÉGOCIANS.

J'avais déjà fait, ainsi que quelques autres pilotins, plusieurs voyages à Manille, soit pour y accompagner nos marchandises d'Europe, soit pour aller chercher les pontins qui apportaient celles du retour. La fin de novembre approchait, et la mousson du N. E. était presque entièrement établie; aussi dès que *le Fils de France* eut une partie de son chargement de sucre, nous appareillâmes, pour le compléter devant Manille, où nous mouillâmes par cinq à six brasses d'eau, à un mille de l'embouchure de la rivière. Je dirai peu de chose de Manille dans ce premier voyage; car en ayant fait plusieurs autres depuis et séjourné long-temps dans ce pays, j'ai été plus à portée d'observer les mœurs et les coutumes des habitans et de connaître en détail cette ville et ses environs; je me bornerai donc à esquisser un aperçu général de cette métropole. L'air grandiose des maisons, le nombre infini de birloches (cabriolets du pays) et des autres voitures qui sillonnent les rues; la rivière qui coupe la ville en deux, ou plutôt qui la partage en deux villes; tout indique l'activité et l'opulence d'une grande cité commerciale.

Cette capitale se divise en deux parties distinctes : Manille et Binondo, séparée par la rivière Passig, et réunies par un pont de pierre.

Manille proprement dite, ou la place d'armes de Luçon, la ville de guerre, est bâtie sur la rive gauche du Passig et entourée de fossés, de remparts flanqués de bastions : ces fortifications ont été augmentés d'année en année depuis 1762, époque où cette ville fut prise par les Anglais. Sa population est évaluée à vingt ou vingt-cinq mille habitans. Le capitaine-général et l'archevêque y ont leurs palais, qui ne se distinguent que par leur lourde masse et le style incorrect de leur construction. Le premier de ces édifices forme

l'une des façades d'une vaste place; en face s'élève
l'hôtel-de-ville, bâtiment d'une belle apparence. L'audience royale, les tribunaux inférieurs, le consulat
ou chambre de commerce, presque toutes les autorités supérieures de la colonie sont établies dans cette
partie de la ville, où la plupart des fonctionnaires et des
employés ont également leur résidence, ainsi que les
personnes attachées au gouvernement. C'est le séjour
de la noblesse, de la haute propriété, de l'aristocratie
en un mot; mais par une singulière compensation,
c'est aussi là que se trouvent le bagne et les galériens,
renfermés dans le château de la Fuerça. Les plus
beaux couvens de la colonie sont aussi dans cette partie de la ville, dont l'ensemble, avec ses rues parfaitement alignées, a quelque chose d'austère, de grave,
de monacal. Plusieurs portes à sombres voûtes, garnies de pont-levis, gardées par des postes de troupes
de ligne de la garnison, ajoutent encore à ce sentiment de tristesse. Ces portes se ferment, les petites
à huit heures; mais l'une des principales, appelée
Puerta del Parian, qui est celle par où l'on passe pour
se rendre au pont, se ferme seulement à onze heures
du soir. Un officier porte-clés, accompagné d'un
adjudant de place, est chargé de cette opération;
et lorsqu'il a terminé, il dépose les clés chez le
sous-gouverneur, qui prend le titre de lieutenant
du roi.

Les maisons, bâties en rectangle ou en carré, sont

en pierre et élevées d'un étage; quelques-unes, mais c'est le petit nombre, ont des boutiques au rez-de-chaussée, cette partie de l'édifice étant presque toujours occupée par les écuries, les remises, l'algibé ou citerne, et quelques chambres servant de magasins. Une large porte conduit à une cour entourée par des écuries ouvertes par devant, afin que les chevaux, dans un pays aussi chaud, aient toujours de l'air. Le concierge, sa femme ou ses enfans, sont toujours sous la porte-cochère où l'on remise aussi les voitures. La citerne, placée sur un des côtés, forme une terrasse de plein-pied avec les appartemens. Un balcon, ou espèce de varandas, entoure la partie intérieure du premier étage et peut se fermer par des jalousies ou des fenêtres à coulisses garnies d'écailles au lieu de vitres. Cette longue pièce, appelée la *caida*, sert généralement de salle à manger. La partie extérieure est également entourée d'un balcon, qui fait saillie d'environ deux pieds sur la rue et se ferme de la même manière que la caida. Toutes les maisons sont couvertes en tuiles. Les rues sont pavées au milieu à la Mac'Adam, et sur les côtés, de larges dalles formant trottoir, mais sans rebords, précaution exigée par le grand nombre des voitures qui pourraient occasionner des accidens fâcheux. Comme ces rues sont coupées à angles droits, on peut toujours, de quelque endroit de la ville où l'on se trouve, se rendre à l'une de ses extrémités, sans être obligé à un détour.

Depuis une révolte des Chinois, auxquels les Espagnols avaient permis d'habiter la ville, ils en ont été expulsés, à l'exception d'un petit nombre d'entre eux, devenus chrétiens, du moins en apparence.

Binondo est le nom donné à la ville marchande, située sur la rive opposée du fleuve. Elle se compose de plusieurs quartiers désignés sous les noms de San-Gabriel, Santa-Cruz, San-Fernando, San-Miguel, Binondo et quelques autres. Cette seconde ville est bien moins régulière, mais infiniment plus agréable et moins triste que la ville de guerre, sa voisine; elle s'étend sur la rive droite du Passig et sur les bords des canaux qui y aboutissent : c'est là que résident la plupart des négocians espagnols et étrangers; les Chinois y ont leurs boutiques et leurs ateliers : c'est enfin la ville industrielle et commerçante, le centre de l'activité des affaires. Aussi la population y est bien supérieure à celle de Manille même, et on en évaluait à cette époque le chiffre de soixante à soixante-dix mille habitans.

L'embouchure de la rivière est garnie de deux longues jetées; à l'extrémité droite on voit un phare placé sur une tour de cinquante à soixante pieds; il est néanmoins beaucoup trop bas pour servir aux navires qui, la nuit, viennent chercher le mouillage; et n'est réellement utile qu'aux embarcations qui cherchent l'entrée de la rivière. Sur l'autre bout de la jetée est un petit bastion, dépourvu de canons. Cette embouchure est presque toujours obstruée par une barre de sable, amoncelée par les flots que soulève la brise du N. E. Cependant il y a une passe qui permet parfois aux navires, dont le tirant d'eau n'excède pas dix pieds, d'entrer dans les grandes marées. La rivière offre l'aspect le plus animé : ces navires amarrés aux quais, ces bateaux de chargement sortant et rentrant, les pirogues de passage, le débarquement des marchandises, la douane, la foule empressée s'agitant en tous sens, et, par dessus tout, le coloris que les mœurs locales et la variété des costumes jettent sur ce tableau, inspirent le plus vif intérêt. La douane était alors établie dans le quartier de San Fernando, sur le côté droit de la rivière, près d'un fer à cheval servant de débarcadère pour les marchandises. C'est un grand bâtiment, encore debout aujourd'hui, je le présume, mais qui sert de vieille douane. Sa construction est circulaire avec trois larges portes, une grande cour intérieure, des arcades et des magasins. La nouvelle douane, construite plus tard de l'autre côté du Passig et dont je parlerai dans le cours de mes voyages, n'offre pas, à beaucoup près, les commodités de l'ancienne.

L'habillement des classes aisées et de ceux qui se disent Espagnols est le même que le nôtre, aux modifications près, exigées par le climat. Tous les hommes indistinctement portent un chapeau de paille, une veste et un pantalon d'été communément blancs ; l'habit ne se met le soir que pour les visites ou lorsqu'on doit se présenter devant les autorités. Les employés, les officiers et quelques Européens portent des habits ou redingotes en étoffes légères de laine ou de soie. Les dames qui se disent Espagnoles, nées dans la péninsule, soit aux Philippines, et descendantes d'Européens, sont vêtues à l'européenne; mais comme elles ne portent point de corset, leur tournure manque souvent de grâce. Les métisses espagnoles ont un costume moitié européen et moitié philippinois, toilette entièrement dépourvue d'élégance et qui consiste en une robe dont la coupe est loin d'être moderne, ou bien en un large jupon d'étoffe rayée appelée *cambaya* (1), attaché sur une chemisette de mousseline. Les hommes appartenant à cette classe ne montrent guère plus de goût dans leur parure que les dames. Un pantalon de soie très large et très court, brodé sur les poches et dans le bas; la chemise flottant par dessus au gré du zéphir; une longue et large veste de soie ou d'indienne; un immense chapeau de paille noire; l'indispensable parasol, et un mouchoir brodé sur l'épaule; tel est le costume d'un dandy métis.

L'Indienne et la métisse chinoise portent la *saya*,

---

(1) Lorsque je parlerai des objets de consommation des Philippines, je reviendrai sur la cambaya, et je dirai comment elle se fabrique.

ou cambaya, qui recouvre une jupe unie et blanche, dont la partie inférieure est festonnée avec soin. Une pièce carrée en soie rayée et brodée sur ses bords, entoure et serre le corps par-dessus la saya et descend depuis la ceinture jusqu'au genou; on la nomme *tapis*. La poitrine et les épaules sont recouvertes d'une chemisette de gaze ou de mousseline, ou plus généralement de tissus fabriqués dans le pays et appelés *nipis* et *pigna*; ce vêtement est assez gracieux, et finit même par plaire aux étrangers. Le *nipis* est une étoffe à raies de couleurs vives en soie et en fibres de la plante *nipa*, ou bien tire de la côte des feuilles d'ananas. La *pigna* est d'un blanc jaunâtre et entièrement fabriquée avec du fil tiré des feuilles de ce fruit (*pina* en espagnol). Cette étoffe est fort belle, et j'en ai vu que l'on peut comparer à la batiste la plus fine, quoiqu'elle se fasse à la main et par des ouvriers presque dépourvus de métiers.

Les femmes indiennes et métisses portent des sandales, appelées *chinelas*, de velours, brodées d'or et d'argent, et ornées de paillettes, de clinquant ou de perles de couleur. Ces sandales sont pointues et tellement découvertes, qu'à peine peut-on y introduire les trois premiers doigts du pied, ce qui les oblige à marcher la tête haute; sans cela elles ne pourraient conserver leur chaussure, qu'elles ont l'air de traîner à la remorque. Elles vont la tête nue, sans ornemens, mais les cheveux relevés; quelquefois, mais plus rarement, elles les laissent flotter librement.

L'Indienne ou métisse des Philippines est de taille moyenne, souple, élégante. Sa gorge est bien faite, mais se flétrit dès qu'elle a eu plusieurs enfans. Les hommes sont petits; les jeunes gens se serrent beaucoup la taille, afin de la faire paraître plus élancée. Enclins au vol et à la paresse, ils sont en même temps affables et hospitaliers. Dans les campagnes, lorsqu'un Indien aperçoit quelques compatriotes réunis autour d'un plat de riz ou d'autres mets, il s'approche, sans être invité, s'accroupit comme les autres, et sans plus de cérémonie met la main au plat, mange, se lave les doigts et part. Jamais un étranger entré dans une case où l'on mange n'en sort sans avoir pris sa part du repas. Le penchant au vol de ce peuple tient peut-être à la facilité qu'il a de satisfaire ses besoins et au peu d'importance qu'il attache à la propriété. En effet, les objets qui servent dans cet heureux climat aux premiers besoins de la vie, n'ont pour ainsi dire aucune valeur. La chaleur rend les vêtemens presque inutiles, ils sont un luxe ou une superfluité. Le bambou, le cocotier, la nipa et d'autres arbres qui abondent dans son pays, lui fournissent des matériaux pour sa case. Quant à sa nourriture, un sac de riz coûte peu (1), et il se le procure

---

(1) Un sac de 130 livres vaut d'une demi-piastre à une piastre, selon les localités.

aisément, soit par quelques journées de travail, soit en ensemençant un champ dont il obtient le fermage avec facilité. Les rivières et la mer fourmillent de poissons; la volaille s'élève autour de sa case et ne demande aucun soin; plusieurs légumes croissent sans culture; les coquillages, les crabes abondent sur la plage. A quoi lui servirait son activité, et pourquoi reconnaîtrait-il la nécessité d'un travail, indispensable dans notre vieille Europe?

Dans le nord et dans les climats tempérés, le travail est un besoin; c'est plus encore, c'est un devoir dont on a fait avec raison une vertu, car c'est sur lui que repose l'ordre social; dans les contrées des tropiques, la nature prodigue d'une main libérale les moyens d'existence; c'est là qu'elle développe sa puissance d'organisation et qu'elle étale ses plus sublimes beautés; chez nous ce n'est pas pour le pauvre que le soleil dore les guérets et qu'il mûrit les moissons, il faut qu'au prix d'un rude labeur il achète sa part des biens que la providence fait croître pour tous; tandis que dans le midi un pied de bananier et quelques cocotiers suffisent à la subsistance d'une famille, et la nature les a répandus partout, ainsi qu'une foule d'autres végétaux et de plantes nutritives.

La chaleur de la température adoucit la vie et réduit à peu de chose ses plus absolues nécessités; satisfaits de peu, sobres parce que le climat l'exige et leur en impose l'habitude, ne connaissant la misère que de nom, pourquoi les habitans de ces contrées éprouveraient-ils les besoins d'une vie active, agitée, et les anxiétés de l'ambition, lorsque leur existence peut couler à l'abri de ses tourmens ?

Tel est le naturel des Philippines, lorsqu'il vit dans la solitude de ses campagnes; mais dès qu'il approche des villes, dès qu'il éprouve le contact de la civilisation, il en acquiert les vices : il devient voleur. Sa passion pour le jeu et surtout pour les combats de coqs tient à ce besoin d'être remué par de vives et puissantes émotions, et comme son caractère inerte l'empêche de se procurer l'argent nécessaire pour le satisfaire, il trouve plus facile de s'approprier les objets qui le séduisent. Son penchant pour ces combats dégénère en une passion effrénée, dont on ne saurait se faire une idée; elle absorbe chez lui tout autre sentiment. Un Tagal porte toujours son coq avec lui; dans ses courses, dans ses visites, à la ville, à la campagne, il est l'objet de ses plus tendres affections; si par extraordinaire il l'a laissé au logis, en rentrant il ne s'informe point si sa femme, si ses enfans ont dîné, il s'assure si son coq a reçu sa provende; il le caresse, lui prodigue les noms les plus tendres, le baigne, le nettoie, le soigne avec affection comme le bien le plus précieux. C'est qu'en effet un bon coq, bien dressé, vaillant au combat, peut devenir pour son maître une source de richesses, par les nombreux paris qu'il peut lui faire gagner. Toute la basse classe de la population est adonnée à cette passion. Il n'est pas rare de voir dans la rue deux soldats, le bonnet de police sur l'oreille, un coq sous le bras, s'arrêter, s'aborder, mettre de suite les deux champions en présence, les exciter du geste et de la voix, et être aussitôt entourés de la foule qui ouvre les paris pour ou contre chacun des athlètes. Mais ce ne sont là que les préludes des grands combats qui se renouvellent chaque jour dans divers endroits de la ville. Le gouvernement de Manille profite de cette passion pour l'exploiter; son produit forme une partie du revenu public. Les combats de coq sont affermés; certains emplacemens leur sont destinés; les hommes ne paient pas d'entrée; chaque coq destiné au combat est taxé à trois réaux, et les autres à un réal seulement. C'est là que l'on peut juger de l'exaltation de cette singulière passion, qui attache et émeut le peuple à un aussi haut degré que nos mélodrames des boulevards. On dirait à voir l'ardeur furieuse dont ces animaux sont animés, qu'ils comprennent le rôle qu'ils vont jouer, et qu'ils ne doivent sortir de la lice que triomphateurs ou victimes. Ce n'est ni leur bec, ni leurs ergots qui leur servent à combattre, mais des éperons d'acier fin et affilé attachées à leurs pattes et dont ils se servent avec une merveilleuse dextérité.

J'ai dit que l'Indien tagal ou manillois était voleur ; sous ce rapport ils sont passés maîtres. Il serait difficile de mettre plus d'adresse et de souplesse dans le vol ; et les industriels qui exploitent cette branche dans les promenades, les théâtres et les rues de Paris doivent baisser pavillon devant eux. Un bambou appuyé contre une fenêtre ouverte leur suffit pour l'escalader ; ils grimpent à ce bâton avec l'agilité d'un écureuil ; il leur sert pour franchir les murailles en un clin-d'œil, pour monter aux balcons, d'où ils pénètrent dans les appartemens sans le moindre bruit, et s'emparent de tout ce qui leur tombe sous la main. C'est ce dont nous fûmes victimes dans ce voyage.

M. Duboisviolet, M. Ritter, et le capitaine habitaient dans le quartier St.-Gabriel une grande et belle maison donnant sur la rivière. Je couchais le soir où nous arriva leur visite, dans une chambre à côté de celle de M. Collinet. Quelques-uns de ces adroits filous s'introduisirent par le balcon, d'abord chez M. Duboisviolet où ils prirent de l'argent et une cassette contenant des papiers importans ; puis, passant dans l'appartement du capitaine, ils s'emparèrent de plusieurs de ses effets, ainsi que de sa croix d'honneur, accrochée au moustiquaire de son lit ; et pour ne pas me laisser ignorer qu'ils étaient venus jusque dans la chambre où je dormais, ils ne dédaignèrent pas d'emporter mon pantalon, que je cherchai long-temps le lendemain matin, et que je retrouvai enfin près des bambous qui avaient servi à assurer leur retraite, et où ils l'avaient laissé, comme une dépouille indigne sans doute de leur attention. Ce vol fut exécuté avec tant d'habileté, qu'aucun de nous n'entendit le moindre bruit. M. Duboisviolet porta immédiatement plainte; l'on parvint à arrêter quelques-uns des voleurs, et l'on retrouva divers effets; quant à l'argent et aux papiers, ils furent perdus.

Notre navire était consigné à des négocians étrangers. L'un des associés, M. Kierulff, était fils du gouverneur danois de Sarampour; ces messieurs jouissaient d'une certaine réputation sur la place. Les maisons de premier ordre étaient alors celles de MM. Balthazar Mier, Fernando Ruiz, Andres Palmero et Agustin Escarella, Génois très entreprenant.

Parmi les principaux négocians de Manille je ne dois pas oublier M. Félix Dayot, Français, né à Redon, qui a acquis un honorable renom par le relèvement des côtes de la Cochinchine, exécuté avec son frère; ses cartes de cette contrée sont les meilleures que l'on connaisse. Les deux frères ont d'ailleurs joué un rôle distingué dans les évènemens arrivés en Cochinchine pendant les dernières années du siècle précédent. Ils étaient du nombre de cette vingtaine d'officiers français, qui vinrent en 1789 prêter le secours de leur expérience à l'empereur Gya-Long, mort en 1849, et célèbre par les vicissitudes de sa fortune. Chassé de son trône et de ses états par une de ces révolutions si fréquentes en Asie, le souverain dépossédé s'était réfugié dans une petite île de la côte, avec quinze cents proscrits comme lui ; l'évêque d'Adran, missionnaire français, actif, habile, entreprenant, s'était attaché à sa cause ; de là il tourna ses regards vers la France, fit espérer à l'empereur cet appui, et partit avec le fils de Gya-Long. Arrivé à Paris, il le présenta à Louis XVI, et bientôt après un traité fut signé, traité par lequel la France s'obligeait à fournir des troupes, des armes et de l'argent ; et Gya-Long cédait la baie de Touranne et un territoire étendu sur la côte. Mais la révolution française et le mauvais vouloir du gouverneur de Pondichéry, l'Irlandais Conway, firent échouer ces projets ; seulement plusieurs officiers, au nombre desquels se trouvaient les frères Dayot, accompagnèrent l'évêque. Leurs conseils et leurs talens ne furent pas inutiles ; et, après plusieurs années d'une lutte persévérante, Gya-Long remonta sur son trône. Les frères Dayot lui avaient créé une marine qui fut le principal mobile de ses succès ; mais lorsque sa puissance se trouva consolidée, il se montra ingrat ; M. Dayot l'aîné, par un de ces désastres qu'on ne peut prévoir ni surmonter à la mer, ayant eu le malheur de perdre une frégate, l'empereur se proposait, selon l'usage du pays, de lui faire administrer la bastonnade ; ce brave officier, indigné, quitta Hué, capitale de l'empire d'Anan, et se retira à Touranne, où, malgré l'apparence d'un typhon, il n'hésita pas à s'embarquer sur un frêle bateau côtier pour se rendre à Macao : depuis on n'en a plus entendu parler. M. Félix Dayot abandonna aussi la cour où il était mandarin d'un ordre élevé ; ainsi que son frère il se rendit à Canton, espérant le retrouver, et son séjour s'étant prolongé pendant quelque temps, l'empereur Gya-Long lui envoya des présens d'un grand prix en l'engageant à revenir. Il s'y refusa et vint s'établir à Manille, où il se maria. Sa famille était charmante ; et nous y étions accueillis et traités avec la plus douce et la plus aimable hospitalité.

Dans toutes les familles qui avaient contracté quelque alliance avec des Français ou des Françaises, nous étions accueillis comme des compatriotes : le haut commerce, les principaux employés nous recevaient aussi avec cette cordialité qui distingue les colons espagnols. Ces relations charmantes, cette hospitalité facile et généreuse nous rendaient notre séjour des plus agréables. Parmi les habitans dont j'ai plus particulièrement conservé le souvenir, je dois citer Don Luis Baretto, négociant bengali portugais, noir comme un nègre de Mozambique, mais fort distingué dans sa personne et dans ses manières ; immensément riche, il recevait avec un luxe et un faste asiatique. Sa splendide maison était fréquentée par la bonne compagnie ; et sa femme, jeune et jolie Espagnole européenne, en faisait les honneurs avec une grâce et une aisance toute parisienne. Je dois encore citer, avant de quitter Manille, du moins pour ce voyage, un de nos dignes et braves compatriotes, le capitaine Don Lucas Fruneaux, né à Nantes et marié dans le pays, où il était très estimé. M. Fruneaux commandait un bâtiment de la marine coloniale. Cette marine, à Manille comme à Java, forme un corps distinct et séparé de la marine de l'Etat, et a son réglement particulier d'avancement et une organisation distincte. Par exemple, un officier de la marine coloniale ne peut point en Espagne passer dans la marine royale, tandis qu'elle admet ces derniers avec de grands avantages. Je parlerai ailleurs très en détail des forces militaires de la colonie et de tout ce qui concerne les Philippines, où je suis retourné en 1832, et où j'ai fait une longue résidence.

Sur cette rade, nous complétâmes notre cargaison avec des bois de sandal, et nous prîmes plusieurs passagers, parmi lesquels deux moines, qui se rendaient en Chine : l'un pour rester à Macao en qualité de procureur du couvent; c'était un bon compagnon, jovial, réjoui, affable et communicatif; l'autre, simple missionnaire, était d'un caractère tout opposé; sombre, austère, priant ou lisant sans cesse son bréviaire. Le caractère de ces deux hommes semblait présager leurs destinées bien diverses; le premier est probablement encore à Macao, où je l'ai laissé, en 1830, procureur général de la mission espagnole; le second est mort martyr de la foi.

Nous quittâmes Manille avec peine, mais avec l'espoir d'y revenir. Ses magnifiques campagnes, toujours vertes et fleuries ; ses habitans, si bons, si hospitaliers, emportaient tous nos regrets.

CHAPITRE SEPTIÈME.

DÉPART DE MANILLE. — PÊCHEURS CHINOIS. — BATEAUX. — ASPECT DE LA CÔTE DE LA CHINE ET DES BOUCHES DU TI- GRE. — MACAO, VILLE CHINOISE ET VILLE PORTUGAISE, — DOUANE CHINOISE DE MACAO. — COMPRADORS. — POPULA- TION. — FEMMES CHINOISES. — COSTUMES. — HUMILIATIONS DES PORTUGAIS.

Des vents d'E. servirent merveilleusement notre appareillage; nous sortîmes promptement de la baie de Manille, et à la faveur d'une jolie brise de terre nous prolongeâmes la côte de Luçon jusqu'au cap Bo- jador; mais là nous eûmes à lutter contre des vents du N. E. qui nous obligèrent à prendre des ris; enfin, après trois jours d'une laborieuse navigation nous par- vînmes à nous élever un peu dans l'E., et passant de- vant les *Patras*, rochers ou îlots un peu au-dessus de l'eau, situé dans la ligne directe du cap Bojador, à l'île *Lemma*, nous laissâmes arriver pour la côte de la Chine.

Nous n'étions pas encore en vue de terre que le matelot de vigie cria : Une voile ! puis, une seconde, une troisième, une quatrième. Un quart-d'heure après, l'horizon était couvert d'une forêt de mâts et bientôt nous fûmes entourés d'une multitude de grandes embarcations. C'étaient des pêcheurs chinois.

Il paraît que la Chine ne peut nourrir tous ses habitans. Malgré la rigueur des lois qui l'interdisent sans pouvoir l'arrêter, une émigration régulière et périodique déverse chaque année l'exubérance de cette population vers Batavia et Java, Manille, les Philippines, la Cochinchine, l'Archipel indien et la presqu'île malaise; d'un autre côté une multitude innombrable de pêcheurs ont établi leur domicile flottant sur des barques et le long des côtes, à l'embouchure et sur les bords des fleuves; enfin d'autres embarcations encore plus nombreuses se tiennent constamment en pleine mer, pour s'y mettre à l'abri des exactions des mandarins et pour chercher sur les flots les moyens de subsistance que la terre leur refuse. Le phénomène de l'existence de cette population maritime aux portes de la Chine est de nature à faire naître d'étranges conjectures sur l'organisation gouvernementale et sur l'état social du céleste empire.

Ces pêcheurs s'aventurent souvent jusqu'à trente et quarante lieues des côtes; la mer est leur patrie, leurs barques leur domaine; ils y naissent, y vivent et y meurent; ils y ont leurs ménages et leurs familles; en un mot c'est la vie domestique en pleine mer, et, comme Énée, ils portent leurs lares sur les flots. Le plus grand nombre de ces pêcheurs met rarement le pied sur la terre ferme, et l'on pourrait dire qu'ils ne connaissent leur pays que par ouï-dire. Des bateaux de la côte viennent leur apporter les approvisionnemens et les denrées qui leur manquent, en échange des produits de leur pêche; et leurs bâtimens sont si bien construits pour tenir la mer, que ce n'est que par les plus gros temps qu'ils se décident à gagner la terre pour y chercher un abri. Cette société de pêcheurs a ses cérémonies, ses idoles particulières; des mœurs, des usages, des préjugés qui lui sont propres et dont l'étude serait des plus curieuses, car un ordre d'idées tout-à-fait à part règne au milieu de cette population amphibie, ou pour mieux dire tout-à-fait aquatique.

Les équipages de ces bateaux, malgré le nombre d'individus qui y sont entassés, paraissent fort vigoureux et jouir d'une santé robuste, avantages que l'on peut attribuer à leur genre de vie, sobre et rude à-la-fois. Leurs bâtimens s'accouplent ordinairement et traînent entre eux leurs filets; le produit de la pêche est séché, ou salé, ou vendu pour la côte. Ils conservent aussi du poisson vivant dans des citernes qui se remplissent d'elles-mêmes d'eau de mer. Ces hommes s'offrent quelquefois comme pilotes pour conduire les navires européens à Macao, et demandent pour ce service cent, deux cents et jusqu'à trois cents piastres; mais comme l'on est certain d'en trouver tout près de terre, l'on peut fort bien se passer de ceux qui sont au large. Il est arrivé que des navires, demeurés en calme, ont été surpris, assaillis, pillés et leurs équipages égorgés par ces pêcheurs; mais ces évènemens sont très rares aujourd'hui; ils étaient plus fréquens du temps des pirates, qui long-temps ont ravagé les côtes de la Chine et ont pendant de longues années tenu tête à la flotte impériale, qui n'a pu mettre fin à cette guerre qu'avec l'aide du gouvernement portugais de Macao.

Aux approches de l'île *Lemma*, nommée aussi la *Grande Lemma*, d'autres embarcations plus légères nous entourèrent; elles avaient à bord des pilotes de la côte.

Ces embarcations, ainsi que celles qui tiennent la haute mer et dont je viens de parler, sont appelées *sapateones* et *lorchas* par les Portugais, *fishing-boat*, *pilot-boat* et *fast-boat*, bateaux-pêcheurs, bateaux-pilotes et bateaux légers par les Anglais, selon le genre de service auquel elles sont destinées; ces dernières, élancées, élégantes dans leur coupe, construites en bois de camphre et de pin, vernies et non peintes, c'est-à-dire n'ayant qu'un galipot qui conserve la couleur du bois, sont surtout remarquables par leur admirable propreté et par leur forme extraordinaire; leur arrière est gros et relevé, tandis que l'avant est effilé et a l'air de plonger dans les flots, ce qui leur donne la forme gracieuse du cygne. Leur longueur est ordinairement de cinquante pieds, sur une largeur bien proportionnée; et elles portent de quinze à vingt tonneaux. Elles ont deux mâts, quelquefois trois; leurs voiles en nattes sont disposées en trapèzes irréguliers; celle de misaine est toujours plus petite que la grande, et celle d'artimon l'est encore davantage. Les Chinois manœuvrent avec une merveilleuse dextérité, ces embarcations qui marchent avec autant de rapidité que les plus fins voiliers; ils abordent et s'accrochent aux chaînes des haubans au moyen d'un croc en fer adapté à l'extrémité d'un bambou, et l'embarcation, une fois tenue, ils saisissent le moment et s'élancent à bord avec une agilité sans pareille. Il faut éviter de paraître trop empressé et trop enchanté de recevoir la visite ou l'offre de service de ces pilotes, car on s'exposerait à les payer fort cher. L'on doit les écouter avec calme, et rabattre au moins les trois quarts du prix qu'ils demandent. Dans la mousson du N. E., si le temps est beau, on ne doit payer le pilotage de l'île *Lemma* à Macao que vingt-cinq à cinquante piastres au plus, et même dans un voyage exécuté plusieurs années après celui-ci, il m'est arrivé de ne donner que dix piastres. Ces hommes sont de vrais mendians; ils veulent de tout ce qui frappe leurs regards: du riz, du bœuf salé, du biscuit, ils ne dédaignent rien, et s'arrangent de manière que leur équipage soit toujours nourri aux frais du navire qu'ils pilotent. La plupart parlent un jargon anglais méconnaissable et fort difficile à comprendre, surtout à cause de leur prononciation; mais à l'aide de gestes assez intelligibles ordinairement, ils suppléent aux paroles qui leur manquent; quant à ceux qui ne connaissent pas ce prétendu anglais, ils ont recours à une pantomime facile à comprendre; ils vous montrent une certaine quantité de pièces de monnaie, percées d'un trou au centre et enfilées dans des joncs; le nombre de pièces indique celui des piastres qu'ils demandent.

Chaque bateau pêcheur porte un petit *boat* semblable à une toue, dont l'avant et l'arrière sont un peu relevés, et que l'on conduit à la godille, à l'aide d'un aviron qui tourne à l'arrière sur un piton en forme de gros clou. Cette manière de conduire est employée pour toutes les embarcations qui naviguent sur le Tigre et autres rivières.

La côte de la Chine offre un aspect monotone; elle n'est animée que par la prodigieuse activité de la navigation. La plage est montueuse. Le golfe qui précède l'embouchure du Tigre est parsemé, sur une étendue de vingt-cinq à trente lieues de longueur sur quinze de large, d'une multitude d'îles, d'îlots de toute grandeur, de toute forme, généralement escarpés, arides, rocailleux, grisâtres, sur lesquels on n'aperçoit pour toute végétation que de maigres et tristes broussailles ou un peu de mousse dans la saison des pluies. Cette vue sombre et mélancolique rappelle qu'elles furent le repaire de ces terribles pirates, commandés par le célèbre forban *Ching-Yih*, qui prenait le titre de *roi des mers*, et dont les déprédations pendant les années 1807, 1808, 1809 et 1810 firent trembler l'empereur sur son trône et répandirent la terreur sur ces côtes et dans ces parages.

Ces îles sont séparées par des passes généralement profondes, quoique étroites, et praticables pour les grands navires.

La plus considérable est Ngao-Men, île qui peut avoir vingt-cinq lieues de circonférence. Ce fut là, vers le milieu du xve siècle, au temps où la puissance portugaise brillait de son plus grand éclat dans l'Inde, que cette nation obtint du gouvernement chinois l'autorisation de former un établissement; les Portugais sollicitèrent la concession de l'île entière : on ne leur en accorda qu'une faible portion. Le choix de cette position, qui commande cet immense archipel et domine l'embouchure de l'un des plus grands fleuves de la Chine, en facilitant les moyens de faire un vaste commerce licite ou interlope avec cette contrée, atteste la grandeur des vues politiques et commerciales des Portugais de cette époque. Ce fut en effet le temps héroïque de cette nation, qui, malgrès ses étroites limites et la faiblesse numérique de sa population, a joué un si grand rôle dans le monde.

La Chine permit aux Portugais de s'établir sur une espèce de presqu'île réunie par un isthme à l'île de Ngao-Men dont ils demandaient la concession, mais elle trouva moyen de les y resserrer, par une surveillance dont l'activité s'est augmentée d'année en année. Néanmoins, malgré sa politique soupçonneuse, ce comptoir fut long-temps une source de richesses pour ses possesseurs, jusqu'au moment où la concurrence hollandaise et anglaise vint mettre un terme à sa prospérité, et maintenant Macao est plutôt une ville chinoise, qu'une colonie portugaise.

La ville de Macao, en chinois *Ou-Moun*, est dans une position agréable et saine, à dix-huit milles à l'E. de Canton, à douze de la Grande Lemma, et à un peu moins de la Grande Ladrone; c'est l'unique possession européenne dans tout l'empire chinois, possession de jour en jour plus précaire et plus contestée par le gouvernement impérial. Des collines couronnées de pins rabougris entourent la ville, bâtie sur la péninsule dont je viens de parler et qui termine l'île de Ngao-Men vers le sud.

Dès que nous eûmes mouillé dans le passage vis-à-vis Macao, à plus de deux lieues de terre, le pilote chinois que nous avions à bord nous prévint que nous devions envoyer un canot à terre, pour demander au *Hopoo*, ou directeur de la douane, le pilote qui devait nous conduire à Wampoa. Je fus expédié dans le bateau où M. Duboisviolet et son secrétaire s'étaient également embarqués. Nous arrivâmes vers dix heures à la *Praya-Grande,* port moitié européen, moitié asiatique. Les embarcations destinées aux passagers se trouvaient par centaines dans la baie, et semblaient voltiger autour de nous ; leur légèreté sur les eaux, la facilité avec laquelle elles virent de bord sont surprenantes; souvent elles étaient conduites par deux ou trois jeunes filles, dont quelques-unes avaient des traits gracieux.

Une rangée de belles maisons, blanches, élégantes, d'une construction européenne, s'alignait sur le rivage, sur une étendue de près d'un mille; c'est ce que l'on nomme la *Praya-Grande.* Les beaux bâtimens de la Compagnie anglaise se faisaient remarquer parmi ces édifices, dont la plupart étaient habités par des négocians de cette nation qui viennent y passer le temps de la clôture de la traite du thé, et par quelques riches négocians portugais ou d'autres nations étrangères.

A notre débarquement, la douane nous fit payer une piastre ou cinq francs par tête, et autant par malle ou colis de marchandises; impôt inique, humiliant et lourd, auquel les Portugais eux-mêmes n'osent pas se soustraire (1); car je l'ai dit, leur domination à Macao est purement nominale; leur pavillon n'y flotte

(1) Ce droit n'est pas perçu sur les étrangers qui viennent débarquer avec des canots européens.

que par tolérance, et l'autorité chinoise se montre partout. Il y a bien une douane portugaise, *Alphantica* ; qui perçoit quelques droits que la munificence chinoise daigne lui abandonner; mais c'est l'hopoo, douane chinoise, qui perçoit non-seulement les droits sur les marchandises d'importation et d'exportation, mais qui envahit tout le domaine fiscal, comme patentes, droit de pêche, construction et loyer de maisons et de boutiques; en un mot qui s'est appropriée toutes les sources du revenu.

M. Duboisviolet, après avoir fait prévenir l'hopoo, et obtenu un pilote, se rendit chez un négociant anglais pour lequel il avait des lettres d'introduction et qui s'empressa de mettre son *comprador* à notre disposition. Ces *compradors* sont une sorte de majordomes autorisés par les mandarins chinois; ils ont le monopole de l'approvisionnement des navires et se chargent exclusivement de pourvoir à leurs besoins; il faut de toute nécessité passer par leurs mains, car bien que l'obligation de leur intermédiaire ne soit pas absolue, ainsi qu'à Canton, comme tous les marchands de Macao sont Chinois, un domestique européen ou étranger quelconque attaché aux Européens serait sûr d'être horriblement volé et trompé s'il achetait directement. L'on est donc forcé de se servir des compradors, puisque de deux maux il faut éviter le pire.

J'étais venu à terre pour renouveler les provisions

fraîches du navire et les accompagner à bord ; mon rôle était terminé, puisque le comprador allait se charger de mes fonctions : je profitai de cet intervalle de liberté pour parcourir Macao en attendant l'heure du départ. Je m'acheminai vers le quartier chinois, nommé aussi le *Bazar*, et situé dans l'intérieur de la ville sur le bras de mer appelé *rivière de Macao*. Ce quartier se compose d'une multitude de petites rues étroites, se coupant dans tous les sens, bordées de boutiques parfaitement ornées et garnies d'une variété infinie de marchandises ; une foule affairée indiquait que cette partie de la ville était le centre d'un grand mouvement commercial. Les débarcadères pratiqués de distance en distance sur les bords de la rivière étaient encombrés d'allans et de venans, et d'une quantité innombrable de bateaux de passage servant à transporter les habitans d'un quartier à l'autre ou à les conduire à bord des grandes embarcations du pays. C'est dans ce bras intérieur que se tiennent les jonques chinoises et les navires portugais, et sur ses bords l'on voit les factoreries, les magasins, les douanes portugaise et chinoise, ainsi que les chantiers de construction.

Dans le quartier portugais j'aperçus quelques églises d'une assez chétive apparence ; la plupart des rues sont fort montueuses et généralement mal bâties, hors de rares exceptions ; toutes se dirigent de la *Praya-Grande* vers la rivière de Macao. Ayant peu de temps à ma disposition, je me hâtai, accompagné du Chinois que l'on m'avait donné pour guide, de sortir de la ville, pour avoir au moins une légère idée de ses environs. Je longeai d'abord une partie de son enceinte, et rentrai par la porte voisine du cimetière chinois, après avoir jeté un coup-d'œil sur les forts portugais qui dominent la mer. A chaque porte je trouvai une garde de soldats noirs, ou cipayes de l'Inde, commandés par des officiers portugais ou soi-disant tels.

La presqu'île sur laquelle Macao est située, a tout au plus une demi-lieue de longueur sur un quart de lieue de large. L'isthme qui la réunit ou pour mieux dire l'isole de l'île de Ngao-Men, est fort étroit et fermé par une muraille que ni les Portugais, ni les étrangers ne peuvent franchir, ou qu'ils ne franchissent pas impunément. Le sol de cette petite presqu'île est montueux, composé de collines peu élevées, mais escarpées et pittoresques dans leurs proportions exiguës; la ville occupe une partie de cet espace; le reste est couvert de maisons de campagne, dont l'éblouissante blancheur donne une physionomie riante aux environs de la ville. L'une de ces collines, dans l'enceinte de la ville, du côté de la rivière, est couronnée par la célèbre grotte où l'auteur de la *Lusiade* composa son poème; et quelques autres le sont par des forts portugais, dont l'artillerie est limitée par les Chinois, qui diminuent à leur gré le nombre des pièces dont ils peuvent être armés;

même pour réparer leurs affûts, il faut une autorisation expresse.

La population de la ville et de l'isthme de Macao est évaluée ainsi qu'il suit : cinq cents Européens pur sang; vingt-cinq à trente mille Chinois et quatre mille Portugais, sang mêlé presque tous, ou provenant du mélange, à une infinité de nuances et de degrés, de la race européenne avec les races chinoise, indoue, timorienne, malaisienne et africaine. Les humiliations que les Chinois font subir à cette race portugaise dégénérée sont intolérables; et elle ne peut sortir de cette abjection, car d'un mot le gouvernement impérial pourrait affamer toute cette population et la forcer d'aller chercher fortune ailleurs. Les Chinois ne craignent que les noirs, esclaves ou libres, qui vivent à Macao, et que l'on a vu souvent se réunir et faire trembler les mandarins.

Le mouillage de Macao se nomme le *port de la Taypa;* il est formé par plusieurs îles escarpées, et situé en face de la ville; il y a aussi la baie portugaise et *Praya-Pequena*. Au nord de l'île de Ngao-Men s'ouvre le grand bras du Tigre, bordé au nord par la côte chinoise. On nomme ce passage, qui est le plus fréquenté dans la mousson du N. E., la *passe du dehors*.

Je vis à Macao beaucoup de femmes; et comme l'on m'avait dit qu'à Canton elles se montraient rarement en public, je leur donnai l'attention à laquelle le beau sexe a partout des droits, même en Chine, de la part

12.

d'un marin. Toutes celles qui étaient dans les bateaux, conséquemment femmes du peuple, portaient uniformément le même costume : c'était une espèce de redingote ou de tunique toujours de couleur bleue ou brune, de soie ou de coton, descendant au-dessous des genoux et recouvrant un long pantalon de la même étoffe, soutenu et attaché au corps par des ceintures, rouge, amarante ou bleu de ciel; elles avaient les jambes et les bras entourés d'anneaux d'argent, d'ivoire ou de verre; leurs pieds, d'une grandeur ordinaire, étaient nus ou chaussés de sandales. Toutes étaient remarquables par leur extrême propreté.

Dans l'intérieur de la ville je rencontrai des femmes aux petits pieds, appartenant sans doute à une classe plus élevée; je souffrais de les voir marcher avec tant de difficulté, en s'appuyant péniblement sur le manche d'un parasol à tige de bambou; d'autres étaient accompagnées d'une domestique qui les abritait du soleil au moyen d'un grand parasol de papier gommé. Elles avaient les cheveux relevés sur le haut de la tête, ornée de fleurs artificielles et de longues épingles dorées.

CHAPITRE HUITIÈME.

DÉPART DE MACAO. — EMBOUCHURE DU TIGRE. — FORTS CHINOIS. — TOURS-VIGIES. — ARRIVÉE A WAMPOA. — AGGLOMÉRATION DE LA POPULATION. — SES MOEURS INHOSPITALIÈRES. — SON PENCHANT AU VOL. — SOUCANIS MANILLOIS. — LE COMPRADOR. — SES FONCTIONS.

Les provisions étant arrivées à bord de l'embarcation chinoise, je les accompagnai jusqu'au navire, où nous attendîmes le pilote, qui arriva dans l'après-midi avec M. Duboisviolet. Vers le soir nous appareillâmes pour l'embouchure du Tigre, appelé par les Portugais *Boca Tigris*; c'est le point où la rivière de Canton a le moins de largeur. Elle n'excède guère un mille, tandis qu'au-delà et jusqu'à Wampoa elle en a deux et plus, en comptant les îles et les diverses branches qui, en général, sont fort larges. Nous y arrivâmes de jour sans avoir été obligés de mouiller. Là, comme dans les autres passes de la rivière, il y a des forts avec une garde chinoise, commandée par des mandarins militaires.

Tous les navires qui remontent le fleuve ou qui en sortent, sont obligés de s'arrêter, quelquefois même de mouiller à des stations déterminées, où le pilote doit descendre à terre pour faire viser sa *chap* ou passe-port. Il y a aussi des droits à payer. Les forts que l'on voit sur la rive donnent une idée peu avantageuse des Vauban et des Coëhorn chinois; peu redoutables en général, ils consistent en un mur de circonvallation de six à huit pieds de hauteur, se prolongeant sur les flancs ou sur la crête de quelque colline, et entourant un espace dont la superficie n'excède pas quelques arpens. La partie qui fait face à la rivière est plus élevée; elle a des créneaux et des mortaises où sont placées quelques pièces de canon, qui ne pourraient tirer qu'un bien petit nombre de coups. Ces forts, dépourvus de bastions et d'ouvrages avancés, renferment quelques bâtimens destinés au logement de la garnison et du mandarin qui la commande. On se souvient qu'en 1816 ils voulurent s'opposer au passage de la frégate *l'Alceste*, qui avait conduit lord Maccartney en Chine; le capitaine Maxwel, que je vis plus tard dans l'Amérique du Sud, fit feu sur quelques-unes des batteries, en démonta plusieurs, tua quelques hommes et passa outre. Le vice-roi de Canton, pour dissimuler cette insulte, ne trouva rien de mieux à faire que d'adresser des remercîmens au commandant de la frégate anglaise pour le salut qu'il avait fait à l'empereur. En 1834, les Anglais eurent une nouvelle occasion de donner aux Chinois une preuve non moins convaincante de l'inefficacité de leurs fortifications : lord Napier, chargé d'une mission de la Compagnie des Indes près du vice-roi de Canton, entra dans le Tigre malgré les menaces des mandarins; l'artillerie de ses deux frégates eut bientôt renversé les forts du rivage, et tué, assez inutilement à la vérité, un grand nombre de ses défenseurs.

Les soldats chinois ne se distinguaient guère, du moins à mes yeux, du reste des habitans, que par une espèce de chapeau pointu, en forme de cône, orné de quelques franges de soie, qui tombent du sommet. Le bonnet des mandarins militaires est de velours noir, arrondi dans sa partie supérieure et terminé par un gland ou un bouton doré, d'où pendent des franges de soie rouge, pareilles à celles des soldats, et qui recouvrent presque toute la coiffure, dont les bords sont relevé.

Ce ne fut pas sans difficulté que nous atteignîmes la première passe du fleuve; nous étions alors dans la mousson du N. E., et le vent nous était contraire pour remonter. Il fallut louvoyer. Nos bordées étaient souvent si courtes, qu'à peine avions-nous amuré, qu'il nous fallait virer de bord; parfois nous nous laissions dériver au courant, qui est très rapide. En général, les pilotes sont habiles; ils parlent anglais et connaissent parfaitement la manœuvre de nos navires dans cette langue; leur commandement a de la dignité, et ils se trompent rarement dans leurs évolutions. Dans les passes difficiles, ils font usage de petites embarcations qu'ils font mouiller sur les bords du chenal, et lorsque vient la nuit, ils y allument des fanaux qui servent d'indicateurs. Celle du pilote, qui l'accompagne toujours, aide le navire à virer, lorsque la manœuvre n'est pas assez prompte.

Dès que l'on a dépassé les premiers forts, le pays change totalement d'aspect; le terrain qui, à l'embouchure du fleuve et sur ses deux rives était montueux, escarpé et aride, devient tout-à-coup parfaitement uni et fertile, et l'on peut dire que c'est là seulement que commence le pays cultivé. Ces vastes plaines sont couvertes de plantations de riz, et la rivière qui les arrose, se divisant en un grand nombre de bras, forme une infinité d'îles dont les bords offrent un tableau bizarre qu'on ne trouve guère qu'en Hollande. Toutes ces îles étant à fleur d'eau et fréquemment submergées, les barques qui se montrent dans les canaux semblent naviguer sur terre; à chaque instant nous apercevions leurs grandes voiles jaunâtres glisser lentement au milieu de la verdure qui couvrait la campagne. Au loin, les collines qui bornent l'horizon ont l'apparence d'îles ; elles forment presque toujours des monticules arrondis comme par l'effet de l'art, et sont parfois un peu boisés.

De hautes tours octogones à étages multipliés s'élèvent de distance en distance. On ne connaît pas bien l'usage auquel étaient destinées ces constructions ; on suppose qu'elles furent bâties à l'effet de servir de vigies en cas d'irruption du territoire. Au pied de ces tours est généralement une petite pagode habitée par des bonzes ; quelquefois aussi elles sont placées immédiatement au bord du fleuve ; alors un mandarin de douane et de justice y réside avec quelques soldats.

Plus on avance, plus la population augmente ; des hameaux s'élèvent de toutes parts ; souvent encore des bateaux se réunissent dans une crique ou aux bords de la rivière pour y former des villages flottans. Les professions de leurs habitans se rapportent toujours à l'élément sur lequel ils vivent ; ainsi, ils sont pêcheurs, conducteurs de passagers ou porteurs de fardeaux, pilotes, matelots, porteurs d'eau, blanchisseurs ou brocanteurs. Ces bateaux peuvent s'assimiler à de véritables maisons. Ils sont en général élégans, vernis et peints, dorés et chargés d'ornemens dans le goût du pays. Il en est qui servent d'auberges ; d'autres, où habitent les familles riches, sont tout-à-fait somptueux. Chaque matin une partie de ce village se met en marche ; on voit de petites barques se détacher du groupe principal, aller et venir dans toutes les directions; les unes partent pour la pêche, d'autres brocantent d'un bateau à l'autre, ou portent hommes et marchandises; d'autres enfin vendent le produit de leur pêche ou de leur industrie.

Nous arrivâmes devant Wampoa, que l'on peut considérer comme la rade de Canton, du moins pour les navires européens, qui ne peuvent pas remonter plus haut. Le mouillage est formé par un bras du Tigre, resserré entre deux îles; dans celle située sur la rive gauche est le célèbre village de Wampoa, dont la population est évaluée à plus de douze mille âmes. Je ne le nomme pas ville, parce que la population qu'il renferme se compose en totalité d'ouvriers qui y ont été attirés par la présence des navires européens et qui tirent leurs uniques moyens d'existence de leurs relations avec eux. Il n'existe d'ailleurs dans son étendue ni monumens, ni édifices publics un peu considérables.

Les environs de la rade fourmillent de villages formés par des bateaux tellement pressés les uns contre les autres, qu'ils semblent ne former qu'une immense cité maritime. L'île où est bâti Wampoa est tout-à-fait plate, sans le moindre accident de terrain; mais la rive opposée est très montagneuse. Les collines les plus rapprochées du rivage portent chacune le nom de quelque nation européenne: ainsi il y a la colline des Hollandais, des Anglais, des Français, des Danois, etc. C'est là que les matelots de chaque nation peuvent descendre les dimanches et les jours de fêtes pour se promener; c'est là aussi que l'on ensevelit ceux qui ont le malheur de succomber loin de leur patrie, sur cette terre étrangère. L'on conçoit que ces promenades, qui n'offrent que de lugubres souvenirs, ont peu d'attrait, et cependant le besoin d'exercice force à en profiter; mais il faut se bien garder de s'éloigner du rivage à plus d'une portée de fusil, il y aurait du danger à aller au-delà, à cause des mœurs inhospitalières des habitans, qui, armés de longs bambous, ne manqueraient point d'assaillir en grand nombre, l'imprudent qui s'aventurerait dans les terres; l'on me cita un malheureux botaniste, qui peu de temps avant notre arrivée, entraîné par sa passion pour la science, s'étant égaré à la recherche de quelque monogame ou cryptogame inconnu, fut presque assommé par ces barbares. Les relations continuelles des équipages des navires avec cette population n'ont pu adoucir son naturel lâche et féroce, et il a été impossible d'établir avec elle le moindre rapport social. L'esprit mercantile et l'avidité formant la base du caractère chinois, on est en droit de supposer que des ordres rigoureux du gouvernement prescrivent aux habitans de refouler les étrangers sur la misérable bande de terre qu'il leur est permis de parcourir avec quelque apparence de sécurité.

Aussitôt qu'un navire arrive à Wampoa, des bateaux de la douane viennent s'attacher à son couronnement; pendant tout le temps de leur présence il faut redoubler de vigilance, car il arrive souvent que des hommes, soit qu'ils appartiennent à ces embarcations, soit qu'ils profitent de leur contact avec le navire, usent de ce moyen pour s'y introduire et faire main-basse sur tout ce qu'ils trouvent et peuvent emporter : cordages, fers, poulies, tout leur convient, parce que tout se vend; on doit donc avoir grand soin de rentrer les manœuvres et de ne rien laisser sur le bord; il nous est arrivé d'avoir perdu du linge qui était à sécher sur le beaupré. Quelquefois, pour s'en débarrasser, on coupe les amarres et ces bateaux s'en vont en dérive; mais peine perdue, ils reviennent toujours et reprennent la place qu'ils occupaient.

A cette époque nous étions les seuls Français à Wampoa; il s'y trouvait plusieurs navires américains, un ou deux danois et quelques bâtimens de l'Inde : le grand nombre de navires de Bombay et du Bengale, qui arrivent vers la fin de la mousson du S. O. avec des cargaisons de coton, de rotins, de toutenaque et d'opium, avaient déjà effectué leur départ au commencement de celle du N. E., et l'on n'en comptait plus que deux ou trois. Ce sont presque tous de très grands et de très beaux navires, commandés par un état-major européen, mais montés par un équipage bengali, mélangé d'Arabes et de Philippinois. Ces derniers et quelques Européens font à bord l'office de timonniers ; on les désigne sous le nom de *Soucanis* ; leurs fonctions consistent à gouverner le navire et à coudre les voiles. On n'embarque jamais à-la-fois un grand nombre de Soucanis philippinois, parce que souvent il est arrivé à bord des navires hollandais de Batavia, dont les équipages sont Javanais, ou bien des navires anglais montés par des Bengalis, que les Manillois, qui ont en général plus de nerf que ces autres peuples, après avoir fait révolter l'équipage et égorgé les officiers, ont perdu le bâtiment sur la côte voisine, ou l'ont livré au chef de quelque île de l'archipel malaisien. Le Manillois, dans sa civilisation à demi-sauvage, a toujours entendu dire par ses prêtres que tout ce qui n'était pas catholique, était hérétique et, comme tel, voué à l'enfer ; en conséquence il croit faire un acte méritoire en massacrant les ennemis de sa religion. Je suis néanmoins convaincu que le fanatisme seul n'arme pas son bras, et que la vengeance de quelques-uns de ces actes d'oppression malheureusement trop fréquens à bord des navires chez ces deux nations y ont pour le moins autant de part, car jamais un Manillois ne tue un Bengali, dont il sait la croyance encore plus éloignée de la sienne, que celle de l'Anglais et du Hollandais.

A Wampoa le courant du fleuve, qui se partage en deux branches étroites et peu profondes, se réunissant près de Canton, est très fort ; les marées y sont régulières et de six heures comme en Europe; l'eau n'est pas potable; mais quoiqu'un peu saumâtre et très bourbeuse, elle peut cependant, lorsqu'elle a déposé, servir à laver; l'eau à boire s'apporte dans des bateaux-citernes du haut de la rivière.

À peine amarrés, le pilote de Macao nous quitta. Le subrécargue, M. Duboisviolet, son secrétaire, le capitaine et deux domestiques partirent à la marée pour Canton, dans le canot d'un navire de l'Inde, que le capitaine de ce bâtiment avait mis à leur disposition. L'équipage se mit en devoir de faire sécher les voiles, les déverguer et les placer dans la soute. Notre gréement avait été rafraîchi à Manille; nous n'avions donc pas besoin d'y toucher, seulement nous avions différé de peindre le bâtiment, voulant faire exécuter cette opération par les Chinois, très renommés pour leur adresse, la modération de leurs prix et la solidité de leurs couleurs.

Le pont était encombré de curieux : c'était le premier navire français qui abordait en Chine depuis près de trente ans; car pendant la révolution et les guerres de l'empire aucun de nos bâtimens de commerce n'avait fréquenté ces parages. Le lendemain, le *comprador* attaché au navire arriva avec les provisions du jour; nous étions en décembre, par conséquent au commencement de l'hiver; la saison des fruits était passée, mais les oranges, surtout l'espèce dite *mandarins*, étaient encore très abondantes. Le comprador apportait pour l'équipage de la viande de boucherie et quelques légumes d'une qualité médiocre ; pour la chambre, des poissons, de la viande de porc, des végétaux et des fruits d'une qualité passable. En Chine toutes les denrées se vendent au poids : viande, volaille, oranges, citrons, légumes, tout passe par la balance ; les melons et les pastèques sont seuls exceptés de la règle générale.

Quelques jours après notre arrivée, de grands bateaux couverts vinrent recevoir le bois de sandal que nous avions pris à frêt à Manille ; nous eûmes la précaution, indispensable avec des Chinois, de faire accompagner chaque bateau par un pilotin, pour que rien ne fût volé dans la traversée de Wampoa à Canton.

CHAPITRE NEUVIÈME.

SÉJOUR A WAMPOA — EXCURSION NON LOIN DU RIVAGE ET SES SUITES. — DAMES CHINOISES. — PAGODE. — BONZES. — VISITE DU HOPOO. — CUBAGE. — PRÉSENS DES MANDARINS. — DESCRIPTION DES DIVERSES JONQUES DE GUERRE ET DE COMMERCE. — BATEAUX-MANDARINS, CONTREBANDIERS, DE DÉCHARGEMENT, A THÉ, A FLEURS, A CANARDS. — DÉVOTIONS ET CÉRÉMONIES DES MATELOTS CHINOIS.

Chaque jour les Européens se racontaient quelque nouveau trait de la brutale inhospitalité des Chinois, nos voisins du rivage. Nous ne les connaissions que par théorie : nous fûmes sur le point d'en faire la désagréable expérience. Un jour deux de nos officiers, MM. Brislaine et Dupuis, les trois autres pilotins et moi, nous nous embarquâmes dans la yole, et en louvoyant nous vînmes attérir à une demi-lieue de

Wampoa, en face d'une pagode que nous apercevions à une petite distance dans l'intérieur des terres. Nous débarquâmes avec le projet de la visiter, et nous nous mîmes en marche; à peine avions-nous fait quelques pas, que nous nous trouvâmes en présence de deux dames, qu'à l'exiguité de leurs pieds et à l'embarras de leur démarche nous reconnûmes sur-le-champ pour des personnes au-dessus du vulgaire. Notre présence inopinée parut les saisir de crainte; elles jetèrent les hauts cris, et essayèrent de fuir; mais à la manière dont elles s'y prenaient il nous était facile de voir que ni l'une ni l'autre n'obtiendrait jamais le prix de la course; elles furent bientôt obligées de s'arrêter. Alors une vieille et digne matrone, qui les accompagnait, s'avança vers nous et nous adressa la parole avec une extrême volubilité. Eloquence perdue! Immobiles devant nos jeunes et belles fugitives, nous étions occupés à les considérer et à leur faire comprendre par nos gestes que leurs craintes étaient mal fondées : nous étions jeunes, point mal tournés, le plus âgé de nous, y compris nos officiers, n'avait pas vingt-trois ans; nous pensions donc sans modestie qu'il n'y avait pas là de quoi effrayer des dames. La curiosité et le plaisir nous retenaient, mais la raison et la prudence nous ordonnaient de nous éloigner; c'est ce que nous fîmes. Cependant en partant nous reconnûmes à l'unanimité que nos jolies Chinoises nous avaient lorgnés à la dérobée, et que cette inspection avait paru calmer singulièrement leurs alarmes.

Nous fûmes accueillis à la pagode par deux vénérables bonzes à tête rase et en robes blanches. Le temple était adossé à une colline, et ombragé par des arbres pagodiques ou saints, plantés au milieu de quelques rochers, ornement obligé des paysages chinois. Il se composait d'une cour carrée et pavée de larges dalles; dans le fonds, sous un toit de tuiles rouges et grises s'élevait l'autel, isolé comme ceux de nos églises; derrière l'autel étaient trois grandes niches : celle du centre renfermant la statue du dieu Boudha, représenté assis et sous les traits d'un vieillard gros et gras, à barbe blanche, la tête recouverte d'un bonnet et surchargé de dorures comme le reste de son costume. Dans les deux niches latérales étaient deux jeunes dieux à moustaches naissantes, mais comme de raison moins richement vêtus que le dieu principal; deux anges ressemblant beaucoup aux nôtres et portant des torches à la main, figuraient aux deux extrémités de l'autel, sur lequel étaient placés quelques vases et des bougies rouges allumées. Du sandal et des *pevetés* (1) brûlaient dans

---

(1) Les *pevetés* sont de petits bâtons de la longueur de deux bougies, mais de trois quarts moins gros; ils sont composés d'une espèce de pâte faite avec de la sciure de bois de sandal et des parfums, et se consument lentement comme des pastilles du sérail. L'on s'en sert pour allumer les pipes et pour conserver le feu; on en brûle aussi devant tous les autels.

un réchaud, sur un piédestal carré élevé au centre de la cour. Les colonnes, d'un seul morceau de granit vert, qui soutenaient le toit du fond, étaient entourées de dragons à *cinq* griffes. En Chine le dragon est le symbole de la puissance ; les dieux et l'empereur ont seuls le droit de le porter avec *cinq* griffes ; les premiers mandarins n'en portent que *quatre*, et les autres que *trois*.

Des sculptures, des dorures et des peintures dans le style chinois ornaient cette pagode. Sur la droite on voyait une maisonnette avec une porte servant de communication aux bonzes qui l'habitaient ; ils nous en firent les honneurs avec politesse et cordialité, et nous offrirent quelques oranges ; de notre côté nous leur fîmes accepter quelques coussines, monnaie de cuivre du pays ; et nous nous séparâmes charmés de nos mutuels procédés.

Nous voulions pénétrer un peu plus loin dans le pays, malgré les recommandations des bonzes, qui nous avaient fait comprendre par leurs signes que leur couvent devait être notre limite ; mais pleins de confiance dans les bons gourdins dont nous nous étions munis en quittant le bord, nous passâmes outre. A peine avions-nous fait deux cents pas, que nous aperçûmes une douzaine d'habitans armés de bambous ; bientôt leur nombre grossit à vue d'œil ; mais ce qui nous alarma et décida notre retraite, ce furent les signaux qu'ils faisaient à un de leur bateaux stationné dans la rivière. Craignant pour notre canot, demeuré sans gardiens, nous revînmes sur nos pas en bon ordre, mais accompagnés des clameurs des Chinois, qui n'osèrent cependant pas nous accoster. Au retour nous retrouvâmes nos belles dames; cette fois elles étaient accompagnées de deux Chinois; nous doublâmes le pas et remontant dans notre embarcation, nous arrivâmes à bord, assez peu disposés à renouveler nos excursions.

Le subrécargue et le capitaine s'étaient hâtés de faire opérer le débarquement de la cargaison; dès qu'il fut terminé, les mandarins du Hopoo vinrent à bord pour mesurer la capacité du navire et évaluer la quotité du droit qu'il devait payer. Un grand bateau les amena; d'autres l'accompagnaient, et l'un d'eux transportait les présens destinés au capitaine et au navire. Les Chinois ont la prétention de paraître généreux; ils mettent de l'ostentation dans le moindre don, pour en relever la valeur sans doute, et certains qu'on le leur rendra au centuple.

Un grand escalier apporté par les bateaux chinois fut posé le long du navire; les mandarins s'en servirent pour monter à bord; ils auraient sans doute cru déroger à leur dignité en employant celui dont nous nous servions habituellement. Arrivés sur le pont, le capitaine les accompagna dans la chambre, où une collation était servie; immédiatement après on procéda au jaugeage du bâtiment.

Voici la méthode pratiquée par les autorités de ce pays :

Lorsqu'il s'agit d'un trois-mâts, ils prennent pour base de leurs calculs la distance du mât d'artimon au mât de misaine, pour la longueur; et celle du grand mât au plat-bord pour la largeur. L'un des mandarins crie à haute voix le nombre de pieds que l'on a mesurés, et un écrivain les inscrit en présence de deux autres mandarins d'un rang supérieur. C'est avec ces bases qu'ils calculent la capacité d'un navire. Pour un brick ils prennent la distance de la tête du gouvernail au mât de misaine. Il est aisé de voir qu'un trois-mâts a toujours plus d'avantage; c'est ce qui a sans doute donné lieu à une petite histoire, plus ou moins authentique, que l'on met sur le compte d'un capitaine américain. Il commandait un grand brick; et pour obtenir quelques modifications au tarif exorbitant des droits, il imagina de faire placer un faux mât d'artimon très rapproché du grand mât. Lors de la visite, les mandarins manifestèrent leur surprise de ce que la capacité du navire avait éprouvé une pareille réduction depuis son précédent voyage; mais le capitaine leur expliqua que le navire ne manœuvrant pas bien, parce qu'il était trop long, il l'avait fait couper par le milieu pour le raccourcir. Cette raison, bonne ou mauvaise, dut être admise, car en Chine le texte de la loi est formel et n'admet ni modification, ni interprétation.

L'opération terminée, les mandarins se retirèrent avec le même cérémonial qui les avait accompagné à leur arrivée. L'on monta à bord les présens qu'ils offraient avec tant d'apparat, et qui consistaient en une petite et chétive génisse, deux moutons à grosse queue, quelques pots de confitures de gingembre, et deux ou trois jarres de mauvais vinaigre. Ce présent, qui représentait une valeur d'environ 40 à 50 piastres, nous coûta au moins 10,000 piastres (55,000 fr.), en y comprenant de 7 à 8,000 piastres pour les droits, et 1,000 à 1,200 piastres au comprador.

Wampoa était alors le théâtre de la contrebande de l'opium, dont nous parlerons tout-à-l'heure, et de celle du cuivre blanc. Quoique cette dernière se fasse sur une moins grande échelle, elle offre pourtant beaucoup plus de difficultés, à cause du poids et du peu de valeur relative de cette marchandise. La manière d'opérer ce trafic est d'ailleurs la même que pour l'opium.

La rade et le fleuve étaient couverts d'une multitude innombrable de bateaux et de bâtimens chinois de toute dimension ; les uns reposaient sur leurs ancres ; les autres se croisant dans toutes les directions, semblaient voler sur les eaux. La forme de ces embarcations varie à l'infini, selon l'usage auquel elles sont destinées ; mais toutes ont des formes si bizarres, sont si différentes des nôtres, que je crois devoir entrer à ce sujet dans quelques détails, les abrégeant cependant le plus qu'il me sera possible, pour ne pas fatiguer l'attention du lecteur.

J'ai déjà parlé plus haut des bateaux pêcheurs, je vais jeter un coup-d'œil sur les autres genres de construction.

Les jonques de commerce, nommés aussi *champans*, sont des bâtimens aux formes massives; les plus grandes servent aux voyages de long cours. Elles diffèrent de forme et de grandeur; et avec un peu d'attention on distingue facilement, après quelque temps de séjour, la province où elles ont été construites. Les jonques d'Emoy et généralement celles des provinces du Nord sont ordinairement très grandes, et leurs équipages se font remarquer par un teint plus blanc et une taille plus élevée. Il est de ces jonques qui portent jusqu'à 1,200 tonneaux et de cent à cent vingt-cinq hommes d'équipage, sans compter de deux à quatre cents passagers, parmi lesquels il en est un grand nombre qui, pendant la traversée, travaillent comme matelots à la manœuvre pour gagner leur passage. Il faut en effet une multitude de bras pour mettre en mouvement des embarcations aussi lourdes. Les Chinois n'ont point recours aux inventions de l'Europe, destinées à multiplier les forces; il les ignorent et affectent de s dédaigner. La coupe de ces énormes bâtimens est très cintrée; le centre n'a pas plus de 4 ou 5 pieds au-dessus de l'eau, tandis que l'arrière est élevé de 20 à 30 pieds, et l'avant de 15 à 20. Les cabines des matelots et des passagers sub-

alternes sont installées les unes au-dessus des autres
sur la plateforme de l'avant; celles du capitaine, des
propriétaires du navire et des passagers de distinction sont placées à l'arrière, où elles s'élèvent par
étages groupés l'un sur l'autre. Le gouvernail, d'un
bois très dur, est d'une dimension extraordinaire;
six à huit hommes sont nécessaires pour le mettre en
mouvement. Il tourne dans un enfoncement pratiqué
à l'arrière du bâtiment, et que, vu sa dimension, l'on
ne peut pas appeler rainure; il descend jusque sous la
carène, en se prolongeant sur l'arrière en forme de
trapèze. La pelle est percée d'un nombre infini de petites losanges, afin qu'une machine de cette longueur
éprouve dans ses mouvemens une résistance moins
forte de la part de la masse d'eau qu'elle déplace. Les
ancres sont de bois dur et pesant, leurs pattes sont
garnis de fer, et le centre de grosses pierres pour les
faire couler plus promptement. Les câbles sont généralement composés de rotins, quelquefois de bambous ou de bastins de l'Inde, ou enfin de bois noir
des Moluques. Ces jonques ont trois mâts : l'un à
l'avant sur la plateforme de la proue; l'autre, presqu'au centre, deux fois plus gros que le premier;
enfin, un troisième sur l'arrière, d'un tiers moins
grand que celui de l'avant. La Chine ne produisant
pas d'arbres propres à la mâture et même à la construction de la coque des grandes jonques, ceux de
ces bâtimens qui partent pour Manille, Batavia, Sin-

gapour ou autres ports de la Malaisie, ont des mâts construits de plusieurs morceaux; et rendu à destination, on les remplace par des mâts d'une seule pièce qui coûtent de 800 à 1,200 piastres (4 à 6,000 fr.). Le Bengale envoie aussi très souvent à Canton des cargaisons de bois de teck, pour les constructions navales.

Les mâts des jonques ne portent qu'une voile de nattes, tendue au moyen de bambous placés de distance en distance, parallèlement à la vergue supérieure. Ces voiles sont d'un poids énorme; et lorsqu'il s'agit de les hisser, cette opération dure souvent une demi-journée. Quelquefois dans les beaux temps on place une espèce de hunier de toile de coton au-dessus de celle du centre. Lorsqu'une jonque est en mer et que le vent augmente, on ouvre un sabord pratiqué dans la voile, qui, en donnant une issue au vent, diminue son action; si le vent devient encore plus fort, on amène une portion de la voile.

La partie supérieure des mâts est surmontée d'un ornement à deux branches peint en rouge; de leur centre s'élève un bâton auquel sont suspendus des girandoles et des flammes rouges ou jaunes. Le pavillon est hissé au mât d'artimon, sur un bâton auquel il est adapté, et qui forme un angle aigu avec le mât. Ce pavillon est carré et blanc, avec une gaîne bleue, large de quatre à six doigts. Ce sont les couleurs des navires marchands.

Les jonques sont peintes noir et blanc; les bordages qui s'avancent des deux côtés de la partie supérieure de la proue et qui ressemblent aux antennes d'un insecte, sont peints en jaune, rouge ou vert, selon les provinces : le rouge appartient à la province de Canton, le vert à celles du Nord et de l'Est, et le jaune à celles du Sud et du Sud-Ouest. Ces navires portent à leur extrémité du côté de la proue, un grand rond blanc et noir, que les Chinois veulent bien appeler un œil, et dont l'embarcation a besoin, disent-ils, pour se guider.

L'intérieur est distribué en compartimens bien calfatés et indépendans les uns des autres, de sorte que si la jonque vient à toucher sur un récif et qu'elle fasse de l'eau, cette eau ne pénètre que dans un seul compartiment, d'où l'on peut facilement la vider.

L'on conçoit que ces bâtimens ne peuvent naviguer qu'avec des vents faits, car il leur est impossible d'aller contre le vent; aussi, partant avec la mousson favorable et revenant avec la mousson opposée, ils ne peuvent exécuter qu'un seul voyage et pour un seul point. Les Chinois sont un peuple immuable et essentiellement ennemi de toute innovation; j'ai connu un négociant chinois qui, faisant construire une jonque, voulut introduire quelques changemens dans la disposition de l'arrière du bâtiment. Ces modifications consistaient simplement à diminuer l'immense volume de la poupe et à soutenir le gouvernail par des ferremens ; et pourtant elles parurent aux mandarins d'une telle énormité, qu'ils taxèrent la jonque à l'égal d'un navire européen, et firent éprouver tant de vexations au malheureux armateur, qu'ils finirent par le ruiner.

Les jonques de guerre destinées à la police des côtes et des rivières ne portent au plus que cent à cent cinquante tonneaux, et sont par conséquent bien moins grandes que celles de commerce. Plus élancées et beaucoup moins élevées à leurs extrémités, au lieu d'avoir plusieurs étages sur l'arrière, elles n'ont qu'une espèce de pavillon, construit sur le modèle des maisons des gens riches, à toits relevés, peintes de diverses manières et à ornemens dorés : ce pavillon sert de logement aux officiers. Vers le milieu du pont sont rangées en batterie six à huit pièces de calibres divers, ayant leur volée barbouillée de rouge, et qui sont composées de cercles et de morceaux de fer rapportés. Les Chinois passent pour avoir découvert la poudre bien avant nous ; mais pour son application ils n'ont pas fait de grands progrès, si ce n'est cependant pour les feux d'artifice. L'art militaire est encore dans l'enfance chez eux ; leur artillerie se compose, ainsi que je viens de le dire, de pièces de fer rajustées ; et ils en sont toujours aux fusils à mèche. Les pavillons de guerre et ceux des mandarins sont des guidons triangulaires de diverses couleurs, entourés de festons à dents de loup ; le jaune est la couleur distinctive des mandarins. Les jonques de guerre portent aussi sur leur arrière le pavillon blanc des jonques marchandes, mais toujours surmonté d'un guidon.

Les bateaux de mandarins, ou plutôt les bateaux de la douane, servant à la poursuite des contrebandiers, sont élancés, montés de trente à soixante hommes et armés de deux canons, dont un sur l'avant et l'autre à l'arrière. On les reconnaît au guidon triangulaire dont les couleurs diverses indiquent le rang du mandarin. Il y en a de très grands, mais en général leurs équipages sont plus faibles que ceux des contrebandiers.

Les bateaux contrebandiers sont de deux espèces : les uns destinés à naviguer sur les fleuves, et les autres sur les côtes; leurs formes sont les mêmes, et ils ne diffèrent que par leurs dimensions. Les premiers sont cependant plus plats et plus étroits, et les seconds ont plus de tirant d'eau. Il y en a qui ont jusqu'à cent pieds de long. Le pont est distribué par panneaux, de manière que chaque nageur tire sans presque se déranger son panneau devant lui et embarque ou débarque sa contrebande. Ils ont souvent soixante ou quatre-vingt nageurs accouplés : que l'on juge de l'impulsion que cent-soixante bras vigoureux doivent imprimer à ces embarcations.

Il existe encore une infinité d'autres bateaux adaptés à divers usages. Ainsi ceux destinés au chargement et déchargement des navires dans la rivière de Canton sont de fortes embarcations plates, qui portent souvent deux cents tonneaux dans un grand roufle.

Les bateaux à thé sont d'une dimension encore plus considérable, et ressemblent à de grands magasins.

Les bateaux-citernes servent à porter de l'eau aux navires.

Les bateaux à fleurs, nommés *floor-boat* par les Anglais, à cause des peintures et des ornemens dont ils sont surchargés, sont de véritables maisons, où l'on trouve salons, chambre à coucher et boudoirs, et qui sont parfois surmontés de belvédères.

D'autres bateaux, pareils aux précédens et à demeure dans la rivière, forment par leur agglomération une ville sur l'eau, avec des rues parallèles au courant et en travers du fleuve. Ces bateaux sont habités par une multitude de femmes très recherchées par les négocians et les habitans de Canton, qui vont causer avec elles, les entendre chanter et faire de la musique.

Les bateaux où l'on élève les canards, ont la forme d'une cage; un petit pont-levis s'abaisse le matin, et les canards sortent pour aller chercher leur pâture dans la prairie voisine; le soir on les rappelle et le pont se relève. Les éleveurs changent de place à volonté, à mesure qu'ils épuisent un pâturage.

Les matelots chinois sont plus dévots que tous les autres marins du monde. Dans chaque jonque, champan ou bateau, on trouve toujours une niche garnie de son idole, devant laquelle des bougies de couleur, des mèches et de petites lampes sont allumées jour et nuit. Jamais la plus petite embarcation ne passe devant une pagode sans brûler du papier doré ou colorié avec force génuflexions et contorsions sacramentelles de quelques-uns des gens de l'équipage. Les grands bateaux tirent des pétards et frappent sur leurs tamtams d'une manière assourdissante ; et si un mandarin vient à passer, ils ne manquent jamais de le régaler de cette agréable harmonie.

Pendant notre séjour sur la rade de Wampoa, nous étions à portée de voir et d'entendre à chaque instant ces explosions de la piété et du respect des Chinois pour leurs dieux et pour leurs mandarins.

CHAPITRE DIXIÈME.

CANTON. — PRODIGIEUSE ACTIVITÉ DE LA NAVIGATION SUR LE FLEUVE. — BATELIERS CHINOIS — LES FAUBOURGS. — VILLE FLOTTANTE. — LES FACTORERIES EUROPÉENNES. — LE HONG. — ASPECT DE CANTON. — RUES. — POPULATION. — PROFESSIONS AMBULANTES ET EN PLEIN VENT. — ÉTALAGISTES. — POIDS. — COSTUMES DES HOMMES. — FOURRURES.

Le capitaine et le subrécargue étaient retournés à Canton; je ne tardai pas à aller les rejoindre avec quelques-uns de nos officiers.

Pour se rendre de Wampoa à Canton, il existe à la vérité des bateaux-maisons destinés aux passagers, mais on y rançonne trop rudement les Européens pour qu'ils soient tentés d'employer souvent ce moyen de transport. Les bateliers chinois n'exigent pas moins de cinq à six piastres ; aussi préfère-t-on se servir des embarcations des navires, mode de navigation qui dans la saison pluvieuse où nous étions alors, avait son inconvénient.

Aux approches de Canton, le fleuve s'anime de plus en plus; il se couvre d'une innombrable quantité de bateaux très variés dans leurs formes, qui montent ou descendent la rivière, chargés de fruits, de poisson, de denrées de toute espèce. Tous ces bateaux se croisent et se dépassent sans jamais s'aborder; un seul homme les conduit à la godille. Cette méthode a dû naturellement s'établir sur une rivière aussi surchargée d'embarcations, et où l'usage des avirons de côté est devenu incommode à cause de l'espace qu'il exige.

La physionomie de ces bateliers, désignés sous le nom *d'hommes d'eau*, décèle l'insouciance et la gaîté; souvent en passant ils nous apostrophaient du nom de *frankoaï* (diables blancs), ou par le mot *quoaïsay*, juron ordinaire des basses classes. Si ces mariniers se distinguent par leur robuste complexion et leur gaîté railleuse, parfois impudente, ils ne sont pas moins remarquables par une longue queue, qui leur bat les reins, leur immense chapeau pointu, et la capote de paille dont ils se couvrent lorsqu'il pleut : accoutrement qui leur donne un air tout-à-fait grotesque.

En arrivant à Canton l'on est frappé de surprise par l'étrangeté de tout ce qui vous entoure. Les faubourgs bordent la rive pendant plusieurs lieues, et la longue file de leurs maisons bâties sur pilotis, en s'avançant dans le fleuve, semble devoir en intercepter le cours ; un nombre infini d'embarcations, conduites pour la plupart par des femmes ou de jeunes filles, se croisent dans tous les sens ; et les cris de cette multitude animée se mêlent au fracas plus ou moins rapproché des gongs et des tamtams. Ce qui saisit surtout d'étonnement, c'est cette ville flottante avec ses rues alignées, ses milliers de barques habitées et construites sur le modèle des maisons de la ville. Ce mouvement, ce tumulte, ce fracas, l'aspect de ces édifices aux toits bizarres et cornus, de ces bateaux aux banderoles de toutes couleurs, ces boutiques qui glissent sur l'eau avec leurs enseignes flottantes, en un mot cet appareil si extraordinaire, si étourdissant vous jette dans une véritable stupéfaction, et il faut s'aider de la raison pour se rappeler qu'on n'est point le jouet de quelque illusion fantastique. Les bateaux y sont en si grand nombre, qu'à chaque instant nous étions obligés de lever les avirons pour ne pas les accrocher ; à peine reste-t-il un étroit chenal pour le passage.

En face des premiers faubourgs on voit une île avec une forteresse ; elle a appartenu autrefois aux Hollandais, du moins c'est là qu'au commencement de leur arrivée à la Chine ils avaient établi leurs comptoirs ; mais ayant débarqué des armes cachées dans des tonneaux, ils furent découverts par les Chinois, qui les dépossédèrent.

14.

Les factoreries européennes se développent ensuite sur le quai de la rive gauche. Pour s'y rendre, on passe près de bateaux remplis de courtisanes à la figure fardée, aux sourcils arqués et très noirs, aux lèvres d'un grenat vif : leur lèvre inférieure, également peinte, forme un des traits les plus caractéristiques de leur physionomie : beaucoup plus petite que leur lèvre supérieure, elle détruit toute l'harmonie de leur visage lorsqu'elles ouvrent la bouche pour parler. Ces dames prodiguent le blanc et le rouge pour embellir leur figure; elles se servent aussi habilement du noir pour rehausser l'éclat de leur teint naturellement blafard. Tout cela contraste avec leur belle chevelure noire comme du jais, entrelacée de fleurs artificielles et d'ornemens dorés.

Les factoreries sont de vastes et beaux édifices construits d'après notre ordre d'architecture, et d'un style élégant et noble à-la-fois, la factorerie hollandaise sur le quai se fait d'abord remarquer par son pavillon à colonnes en saillie. Celle des Anglais a un pavillon suspendu encore plus vaste; puis vient une suite de bâtimens habités par les négocians américains et par les marchands parsis de Bombay. Ces dernières constructions portent le nom de *factorerie américaine*. Un peu plus loin est celle d'Espagne, où la Compagnie royale des Philippines avait ses comptoirs. L'aspect de tous ces édifices frappe agréablement la vue, et il est assez probable que l'intérieur de Canton n'a rien à leur comparer. Ils renferment un grand nombre d'appartemens d'une propreté excessive; les grandes galeries suspendues des factoreries anglaise et hollandaise forment un asile délicieux pendant les chaleurs de l'été, lorsque leurs côtés ouverts et garnis seulement de jalousies interceptent les rayons du soleil et laissent pénétrer la fraîche brise de la mer. Elles sont chaudes et commodes pendant l'hiver, quand on les tient closes; elles servent de salon et de lieu de réunion; c'est là que les employés des compagnies viennent prendre le thé et se reposer du tracas des affaires.

Le marchand chinois Chonquoa fut le haniste choisi par notre subrécargue. Quoique l'institution du hong soit bien connue, je ne puis me dispenser d'en dire quelques mots.

Les terribles invasions que la Chine a subies, et sa facile conquête par des hordes sauvages et indisciplinées de Tartares, ont inspiré au gouvernement et au peuple de cet empire un sentiment profond d'aversion et de méfiance contre les autres nations, qu'ils affectent de mépriser pour déguiser peut-être ainsi la crainte qu'elles leur inspirent. Lorsqu'après bien des hésitations la Chine consentit à établir avec les Européens des relations commerciales dont elle comptait recueillir les avantages, elle voulut en même temps se prémunir contre les effets du contact de ses nationaux avec ces étrangers, et elle entoura la concession qu'elle venait de faire d'une foule d'entraves et de restrictions.

Le port de Canton leur fut seul ouvert, mais en même temps on leur défendit d'acquérir des immeubles, de pénétrer dans l'intérieur du pays, de séjourner dans la ville au-delà du temps nécessaire à la traite du thé, de faire venir leurs femmes et leurs enfans ; et d'un autre côté il fut rigoureusement interdit aux Chinois d'entretenir la moindre relation avec eux, si ce n'était pour leurs affaires commerciales. Pour mieux assurer le maintien de ces restrictions, il fut décidé que les transactions ne seraient point directes, et l'on institua la fameuse compagnie du *hong hang*, qui fut placée sous la surveillance du Hopoo, directeur de la douane. Le *hong* est formé de la réunion de douze négocians de Canton, jouissant du privilège exclusif de commerce avec les Européens ou autres étrangers ; ses membres sont désignés sous le nom de *hanistes* par les Français, *janistas* par les Espagnols et *hong-merchant* par les Anglais. Tous sont solidaires les uns des autres envers les Européens ; et si l'un d'entre eux vient à faire faillite, les créanciers sont payés par les onze restans, en perdant seulement les intérêts qui cessent de courir du jour de l'ouverture de la faillite. A l'arrivée d'un navire à Wampoa, le capitaine fait choix d'un haniste qui demeure chargé de la vente de la cargaison ainsi que de l'achat de celle de retour. Le haniste est garant envers l'empereur du paiement des droits d'importation et d'exportation, et en outre de la conduite de l'équipage; le gouvernement, de son côté, répond de l'exécution des contrats du haniste avec les Européens. Au surplus ces négocians sont tous fort riches, il en est même qui possèdent des fortunes colossales.

Indépendamment du haniste, le navire subit encore l'imposition d'un employé privilégié: c'est le *comprador*, dont j'ai déjà parlé, et qui est à-la-fois un intendant et un surveillant délégué par le mandarin. Dès qu'un capitaine ou un subrécargue s'établit à Canton, il trouve son logement préparé par les soins du *comprador*, qui a fait choix d'une douzaine de coulis ou domestiques prompts à obéir au moindre signe, actifs, zélés et pleins d'intelligence, mais payés pour rendre compte de ses moindres actions. Ces hommes ne dérobent rien dans la maison, mais ils s'en dédommagent amplement dans les achats qu'ils font, seuls ou en votre présence : dans le premier cas, ils volent autant qu'ils peuvent ; dans le second, ils sont assurés d'un droit de commission, qui leur sera payé, à vos dépens bien entendu, par le marchand chez lequel il vous ont conduit. Le domestique partage ses profits avec le comprador, et celui-ci avec le mandarin. On voit que la morale a de l'élasticité en Chine, et que les mandarins ne craignent nullement de compromettre leur dignité lorsqu'il s'agit de friponner des tsiang-jyin ou hommes de l'Occident.

Canton est une ville immense, dont la population est diversement évaluée : il est probable qu'elle contient au moins huit cent mille habitans, dont trois cent mille habitent sur la rivière. Le Tigre est bordé d'un quai large d'environ cent pas et parfaitement pavé ; c'est la seule promenade des Européens ; et quoique les seuls Anglais attachés à la Compagnie aient le droit de s'établir dans cette ville, d'après la charte passée avec le gouvernement, néanmoins quelques négocians de cette nation s'étant fait nommer consuls par divers états de l'Europe, y résident à ce titre. Les plus puissantes de ces maisons étaient à cette époque celles de MM. Magniac, Dent et Fergusson.

Plusieurs rues aboutissent aux factoreries. Les principales : *Canton-street*, *China-street*, sont avec deux ou trois autres moins considérables, garnies de magasins et de boutiques, séparées par leur genre de profession qui à peu de chose près sont les mêmes que chez nous. Ainsi on voit des joailliers qui fabriquent toutes sortes d'ouvrages d'or et d'argent, et sont remarquables par la perfection avec laquelle ils imitent les bijoux et l'orfèvrerie de l'Europe ; des tablettiers, qui excellent dans ces jolis ouvrages en ivoire, nacre ou écaille ; des marchands de soieries, de thé, de laques d'un travail exquis, de porcelaines, de nattes, de bambous, de papiers ordinaires ou peints, d'éventails, de parasols, d'encre de Chine, et d'un infinité d'autres objets sur lesquels s'exerce leur industrie.

Dans presque tous ces magasins on trouve en outre un assortiment de cette foule d'objets si essentiellement différens des nôtres, et que les Européens aiment à rapporter dans leur pays.

A l'exception de *China-street* et de *Canton-street* les rues sont étroites, pavées de dalles et closes à leur extrémités par des portes. Si un vol se commet ou s'il survient le moindre tumulte, on ferme ces portes à l'instant, et l'on parvient aisément à s'emparer du coupable. Les boutiques, généralement obscures à l'entrée, sont éclairées intérieurement par des fenêtres fort hautes; une galerie supérieure, communiquant avec les appartemens, règne autour du magasin, à l'extrémité duquel on voit le comptoir où se trouve toujours un petit instrument, servant à compter; la pierre où l'on frotte l'encre de la Chine, et les pinceaux dont on se sert au lieu de plume pour écrire sur le papier brouillard ou sur le bois. L'instrument pour compter consiste en un tableau large de cinq à six pouces et long de huit à dix; il est séparé dans sa longueur en deux compartimens inégaux, et traversé par deux petites branches de fil de fer contenant dans leur partie la plus étroite cinq petites boules, et dans la plus large dix. Les Chinois exécutent au moyen de cet instrument les calculs les plus compliqués avec une promptitude sans égale, en avançant ou en reculant ces boules, dont les unes désignent les unités et les autres les dixaines.

Il existe aussi beaucoup de marchands ambulans, qui transportent leurs boutiques à l'aide d'un bambou plat et élastique placé sur leurs épaules; les fardeaux se suspendent aux deux extrémités, et en marchant, le porteur leur imprime un mouvement qui en allège le poids : ainsi un vendeur de poissons porte, d'un côté, le poisson vivant dans un baquet, et de l'autre, dans un panier, celui qui est mort. Les cuisiniers ambulans ont d'un côté leur fourneau, et de l'autre le buffet aux comestibles; le barbier en plein vent transporte toute sa boutique de la même manière. Nous nous amusions quelquefois à voir au détour d'une rue, un Chinois, assis sur une escabelle, se faire raser la tête et la barbe, et épiler le nez et les oreilles : le barbier promène son rasoir partout, enlevant cheveux et barbe, à l'exception des moustaches et de la queue, dont il refait la tresse. Leur rasoir diffère complètement des nôtres: c'est un triangle long de deux pouces, que le barbier tient par un des angles. Chaque opération exige un instrument spécial; ainsi il y en a pour épiler le nez, un autre pour les oreilles et un troisième pour les yeux. Lorsque le barbier a terminé ses séances dans un quartier, il se rend dans un autre; il en est de même des cordonniers et d'un grand nombre d'autres artisans.

On rencontre encore des étalagistes comme chez nous, et il est fort difficile à un Européen nouvellement débarqué de se défendre d'en approcher, d'y entrer, d'acheter et d'être trompé. Chaque marchand vous obsède de ses sollicitations ; et comme de raison demande le double de la valeur de l'objet qui vous plaît. Le détail de leurs friponneries serait interminable; il n'est pas rare qu'ils vous rendent des piastres sous le prétexte qu'elles sont de mauvais aloi, et si vous n'y prenez garde ils substituent adroitement une pièce de cuivre à la pièce d'or que vous venez de leur donner. Ces piastres sont poinçonnées, quelquefois percées, ou même en morceaux; aussi l'usage est-il de les peser toutes. L'on se sert à cet effet d'une petite romaine de bois dur ou d'ivoire, munie d'un petit plateau suspendu par des fils de soie, qu'il est facile de faire pencher plus ou moins, en appuyant sur le support d'un côté ou de l'autre.

Voici les principaux poids dont on se sert à Canton :
Le picle ou 125 demi kil. ou 133 livres anglaises.
Un picle = 100 cattis.
Un catti = 16 taëls.
Un taël = 16 amas.

Dans les contrées méridionales de la Chine, les hommes du peuple sont habillés d'étoffes de coton de différentes couleurs. Les principales nuances sont le blanc, le nankin, le bleu et le brun; cette dernière surtout est en usage parmi les marins et les pilotes, dont le costume consiste en deux ou trois larges pantalons, d'étoffe lustrée, portés les uns sur les autres suivant la saison, et retenus au corps par une ceinture de soie de couleur tranchante; et en une ou plusieurs vestes, également les unes sur les autres, sans col, croisées sur la poitrine, ouvertes sur les côtés et agrafées par un rang de boutons d'étoffe, de cuivre doré, ou d'or; leurs chapeaux sont de paille, larges et pointus; quelques-uns, pour la forme, rappellent ceux des femmes du Valais. Leur tête est rasée, sauf la longue tresse partant du sommet du crâne et tombant sur le dos, souvent avec l'addition de quelques onces de fil de soie. Parfois en place de chapeau, ils ont la tête couverte d'une calotte noire, et tiennent à la main un éventail, un écran ou un parasol; on les voit aussi dans la rue avec une pipe à la turque. Les gens aisés et des hautes classes portent une espèce de redingote, qui ne diffère de la veste que par la longueur. Souvent on met par-dessus le pantalon une espèce de guêtres, ou plutôt de bas, en étoffe, et montant jusqu'aux genoux. Les souliers ont le bout large, relevé, et une semelle de l'épaisseur de près d'un pouce. On en voit de jonc, d'étoffes de toutes sortes, et de cuir. Ceux d'étoffes sont les plus communs. La bourse, placée sous la veste, est suspendue à la ceinture. Quelquefois les hommes ont les doigts garnis de bagues; et s'ils portent des montres, ils en ont toujours deux.

Les gens riches se vêtissent d'étoffes de soie ou de drap. Les premières sont généralement damassées ou ouvragées, de couleur foncée. La chemise est d'une toile faite avec les fibres d'une plante, toile aussi fine que la batiste et qui prend facilement un blanc éclatant. Quoique serrée, cette toile est fort transparente, et les Européens l'emploient pour leur habillement d'été. Mouillée, elle a l'inconvénient de se coller sur le corps et de laisser apercevoir la peau.

Les fourrures sont très recherchées. La Russie en fait un grand commerce au moyen de ses caravanes qui arrivent par la Tartarie. Elles fournissent aussi une branche importante de commerce pour quelques navires américains qui les achètent des Indiens de la côte N. O. de l'Amérique, dans la Californie ou aux établissemens russes de Nootka et du Kamtschatka.

Dans toutes les maisons, et même dans les bateaux, il y a toujours une boîte où l'on place les pipes et le tabac, avec une petite lampe ou des *pevetés* allumés.

CHAPITRE ONZIÈME.

CANTON. — FEMMES CHINOISES. — GRANDS ET PETITS PIEDS. — CONDITION DES FEMMES. — MARIAGE. — COSTUME DES FEMMES. — ÉDIFICES. — INTÉRIEUR D'UNE MAISON. — MEUBLES. — USAGE DU THÉ. — INHOSPITALITÉ CHINOISE. — ONGLES. — MUSIQUE, ORGANISATION PEU HARMONIQUE. — LANGUE CHINOISE; SA CONSTRUCTION EST UN OBSTACLE AUX RÉFORMES SOCIALES. — LANGUE ÉCRITE. — CLASSES DE LA SOCIÉTÉ: MANDARINS, NÉGOCIANS ET AGRICULTEURS. — RELIGION, PAGODES, BONZES.

On pourrait diviser les femmes chinoises en deux classes distinctes, d'après la grandeur et la forme de leurs pieds. Les femmes aux petits pieds n'appartiennent pas exclusivement, comme on le croit d'ordinaire, à la classe élevée; on les trouve dans toutes les conditions. Dès l'enfance on courbe les doigts de leurs pieds, on les comprime dans d'étroites ligatures (1); on les chausse de souliers de plomb, pour les empêcher de se développer; aussi la jambe devient-elle difforme : des ulcères se forment sous les doigts mutilés ou dans des articulations des pieds; ces plaies deviennent purulentes et s'agrandissent avec l'âge, elles durent souvent toute la vie, alors tous les parfums, toutes les essences dont les dames chinoises font un grand usage neutralisent à peine l'odeur qui s'en exhale.

Cette odieuse coutume donne une triste idée de l'humanité de cette nation. Le supplice long et cruel que l'on fait subir dès la plus tendre enfance à de faibles créatures, a quelque chose d'atroce qui révolte, et quels que soient les motifs qui ont donné naissance à cette infâme pratique, qu'elle dérive d'une crasse ignorance ou d'une barbare précaution, elle inspire le dégoût et l'horreur. Il faut que l'empire des préjugés soit bien puissant pour étouffer dans le cœur d'une mère des sentimens qui partout ailleurs font leur gloire, leur orgueil et leur bonheur.

Les peuples qui sont encore dans l'enfance, comme les Caffres, les Peaux rouges, les Nouveaux-Zélandais et les autres peuples sauvages, n'ont pas le triste courage de suivre pendant de longues années les douloureux progrès de ces souffrances, de ces

---

(1) J'ai vu des souliers de femmes de trois pouces de long sur deux de largeur.

tortures. Non, il faut venir en Chine pour trouver des mères qui consentent à être les impassibles témoins et souvent les complices de ces froides cruautés.

Un Chinois, quel que soit son rang, prend presque toujours, lorsqu'il se marie, une femme à petits pieds. C'est l'épouse en titre, et comme la polygamie lui est permise, il a encore plusieurs autres femmes à grand pied, autant qu'il peut en nourrir. Mais ces dernières restent dans un état d'infériorité et même de domesticité; elles sont soumises à la volonté de la première, qui seule commande dans le ménage.

Les femmes à grand pied descendent presque toutes des Tartares, qui cependant ont subjugué le pays, et appartiennent en grande partie à la classe inférieure; car la race des conquérans a été absorbée par la population chinoise; elle s'est fondu dans la masse, et ne possédant ni la même intelligence, ni le même esprit mercantile et industrieux, elle est en général tombée dans l'abjection. Il existe cependant un grand nombre de familles tartares très puissantes, qui ont su conserver les hauts emplois, de grandes fortunes, et par conséquent de l'influence dans le gouvernement et dans les affaires du pays. Leurs femmes ont repoussé cet usage affreux et ont toutes de grands pieds. Dans la famille impériale et chez plusieurs mandarins supérieurs, elles ont fait de même.

Toutes celles qui habitent sur l'eau et qui ont besoin d'une existence active et laborieuse, conservent leurs pieds tels que la nature les leur a donnés. Il paraît que cette mutilation est particulièrement réservés aux femmes destinées à mener une vie sédentaire dans leur ménage.

Dans le céleste empire les femmes sont vendues comme du bétail ; les pères et les mères trafiquent de leurs filles dès leur plus bas âge ; il existe même une loi barbare, basée sur l'excès de la population, qui autorise les parens à les noyer. Lorsqu'un homme veut se marier, il marchande sa future souvent sans l'avoir vue, chose étonnante pour des gens aussi avisés que les Chinois ; mais l'usage l'emporte dans ce cas comme en tant d'autres. Une fois tombé d'accord, le contrat est dressé et l'acquéreur conduit chez lui sa femme en grande pompe, dans un palanquin fermé. J'entrerai à ce sujet dans de plus grands détails en rendant compte de mes voyages ultérieurs.

Le costume des femmes se rapproche beaucoup de celui des hommes ; elles portent comme ces derniers le pantalon et la large redingote, taillée sur le même modèle. La ceinture destinée à soutenir le pantalon est plus ample, plus étoffée ; leurs cheveux, relevés sur la tête, sont ornés de fleurs et de longues aiguilles en or ou dorées ; elles ont des boucles d'oreilles et quelquefois des colliers ; à leurs bras sont des anneaux d'or, d'argent, de jade ou d'ivoire. Les femmes du peuple portent aussi ces anneaux aux jambes.

Les maisons sont bâties en briques ou en bois, et recouvertes de tuiles. Leurs toits, relevés aux extrémités, se terminent souvent sur l'arête supérieure par un ornement en forme de gondole, par un croissant, ou par des cornes d'animaux; pour les palais de l'empereur et des mandarins supérieurs, cet ornement est une figure de dragon. Des briques de deux couleurs, rouge et gris-bleu, et de petits carrés de porcelaine servent à revêtir et à orner les murailles, qui souvent aussi sont simplement blanchies. La peinture chinoise est renommée pour ses vives couleurs et pour ses images étranges et fantastiques; on les prodigue dans l'ornement des maisons, en y mêlant la dorure. Les appartemens sont généralement petits : la salle d'entrée, dont les murs sont recouverts d'inscriptions morales, est habituellement meublée de quelques petites tables, de tableaux grossièrement peints, de sièges en porcelaine et d'un divan où l'on s'asseoit les jambes croisées. Dans toutes se trouve une niche où est placée l'image d'une divinité indigène. A l'entrée de l'appartement est toujours l'inévitable boite à pipes, qui sert à la famille et aux visiteurs. Un meuble tout aussi indispensable est la table couverte d'un plateau de bois verni, de porcelaine ou de métal, sur lequel est placé la théière et quelques petites tasses qui ne peuvent contenir au plus que deux cuillerées de thé. C'est la boisson habituelle des Chinois; ils en prennent toute la journée par petites

15.

doses et sans sucre. Les pièces intérieures sont destinées à la famille. Les lits, garnis de rideaux et souvent placés dans des alcoves, n'ont point de matelats, les Chinois s'en servant peu, du moins dans les classes ordinaires, si ce n'est dans le nord de l'empire; des nattes les remplacent. Les oreillers sont en rotins tressés ou en cuir verni, ce qui les rend excessivement durs. Les diverses pièces sont éclairées le soir par des lanternes de papier gommé ou de gaze de couleur.

Il est dangereux de trop s'aventurer dans les rues de Canton sans être accompagné par un couli ou domestique, car l'on se verrait exposé à être insulté par le bas peuple et les enfans : nous en fîmes l'expérience, le docteur Genu et moi. Étant sortis pour faire quelques emplettes, allant de magasins en magasins, de rues en rues, nous ne nous apercevions pas du chemin que nous faisions; nous ne vîmes que nous étions égarés que lorsqu'il fallut songer à notre retour. Fort en peine pour retrouver notre route, toutes les rues se ressemblant, nous nous adressâmes à plusieurs marchands, mais pour toute réponse ils nous rirent au nez ou fermèrent leurs portes. Fatigués de tourner sans cesse et de revenir toujours au même point, nous finîmes par être harassés de lassitude, et ne savions plus à quel expédient recourir. Déjà nous avions traversé plusieurs ponts suspendus sur des canaux, et parcouru une infinité de quartiers, lorsque nous arrivâmes dans une rue dont les maisons, pompeusement tapissées d'étoffes de soie avec des draperies tendues d'un mur à l'autre, annonçaient quelque fête. Bientôt des enfans qui nous suivaient, et dont le nombre s'augmentait à chaque instant, commençaient à nous tirer par les basques de nos habits ; pour nous en débarrasser, le docteur s'avisa de prendre dans sa poche une piastre qu'il montra à l'un d'eux, en répétant à plusieurs reprises : *factoria*, ce qui, selon lui, devait se traduire par la demande du chemin qui conduisait à la factorerie. L'un de ces petits drôles fit mine de comprendre ; et, allongeant le bras, saisit la piastre que le docteur lui abandonna trop facilement, puis il disparut dans la foule qui ne cessait de grossir de minute en minute, et nous suivait comme des bêtes curieuses. Notre position devenait très critique, lorsqu'un vieillard vénérable, à la barbe blanche, et que nous reconnûmes à son bonnet pour un mandarin, s'avança vers nous ; à son approche, la foule se dispersa comme par enchantement, tant est grand le respect ou plutôt la crainte du peuple chinois pour ses magistrast. Il nous parla anglais ; le docteur répondit en mauvais espagnol, qu'il ne comprit pas ; alors nous hasardâmes quelques mots de français, et nous fûmes agréablement surpris de l'entendre s'exprimer assez bien dans notre langue. L'ayant informé de notre embarras et du hasard qui nous avait conduits aussi loin dans l'intérieur de la ville, il nous félicita d'en être quittes à si bon marché, et nous assura que nous étions heureux de n'avoir pas été maltraités ou volés. Il se hâta de nous apprendre qu'autrefois il était interprète de la Compagnie française des Indes, mais que depuis trente ans aucun bâtiment de notre nation n'étant venu à Canton, il n'avait pas eu occasion de parler notre langue. L'arrivée d'un navire de France l'avait réjoui, et il se proposait d'aller voir notre *taïpan* ou subrécargue. Il demanda si nous n'étions pas accompagné d'un couli, et il l'aurait fait châtier, ajouta-t-il, pour nous avoir abandonnés ; enfin, appelant un homme dans la foule, il lui parla quelques secondes et lui ordonna de nous conduire. Il était temps, car nous étions excédés, autant par la fatigue que par l'escorte désagréable qui suivait nos pas. Dès que je me vis en route pour la factorerie, j'oubliai ma lassitude; jamais je ne m'étais trouvé aussi léger ; j'aurais fait, je crois, dix milles à l'heure. Notre conducteur nous eût bien vite ramenés, et nous fûmes ébahis du peu de distance qui nous séparait de notre demeure, n'ayant pas mis une demi-heure à la franchir, tandis qu'il y avait bien quatre heures que nous marchions, tournant toujours, à ce qu'il paraît, dans le même cercle. Dans nos courses nous avions remarqué plusieurs dames portées en palanquin, d'autres assises sur leurs portes derrière des espèces de claies ou des paravens, s'occupant de musique ou d'ouvrages de leur sexe. Je fus frappé de l'excessive longueur de leurs ongles, que les Chinois riches laissent croître jusqu'à ce qu'ils atteignent des proportions démesurées, qui souvent vont à cinq ou six pouces, communément à trois ou quatre, ce qui est déjà une fort jolie dimension ; il en est d'une longueur tellement exagérée, que leurs possesseurs sont parfois obligés de les renfermer dans une gaîne de bambou ou d'argent. C'est une des marques distinctives de l'aristocratie chinoise, et il serait en effet difficile de travailler avec de pareils ongles. L'embonpoint aussi est regardé comme l'apanage de l'opulence et de la beauté.

La musique est dans l'enfance, ou pour mieux dire dans la barbarie ; leurs airs sont d'un rhythme monotone et traînant. Parmi leurs instrumens, peu susceptibles de donner tous les tons, il en est un à cordes, qui ressemble aux mandolines du moyen-âge ; sa forme est une moitié de calebasse surmontée d'un manche de trois pieds, dont les cordes, au nombre de trois, sont touchées avec un archet. Parmi les instrumens à vent, figurent une espèce de hautbois à quatre ou cinq trous, des flûtes de Pan et des harmonicas de bois sonore ou de bambou ; le gong est toujours le principal instrument, surtout pour les cérémonies, saluts, marches, etc. Les Chinois chantent en parlant, ce qui ne veut pas dire que ce chant soit mélodieux, il s'en faut ; rien, au contraire, n'est plus discordant, pour des oreilles européennes, que ces tons criards et nasillards : on dirait, lorsqu'ils chantent, que les Chinois ont l'organe harmonique dans le nez.

La construction obscure, aride et barbare de la langue chinoise est l'image de l'état social de cette contrée. La langue écrite ou savante ne reproduit point la langue parlée ou vulgaire. Cette seule circonstance suffit pour concentrer ou arrêter le progrès des lumières. L'esprit de réforme et d'amélioration ne peut atteindre cette nation, chez qui, depuis vingt siècles, les bases élémentaires de la science sont restées immuables comme ses institutions, ses mœurs et ses usages. Cet état stationnaire est-il un bonheur ou un malheur ? C'est ce que j'examinerai plus tard. La langue écrite, seule, exige déjà des études longues et pénibles; et lorsqu'un Chinois est parvenu à déchiffrer un épineux alphabet, il prend place parmi les lettrés. Les quatre-vingt mille signes qui le composent, aidés de deux cent treize autres qui leur servent de clé, ne représentent pas des mots, mais des idées. La langue parlée, privée en revanche de cette stérile richesse, est réduite à un vocabulaire de trois cent cinquante mots; et par suite de cette indigence, le même mot signifie une infinité de choses disparates, au moyen de diverses inflexions qu'une oreille étrangère ne saurait saisir. L'étude de cette langue, soit écrite, soit parlée, offre donc par ces motifs des difficultés insurmontables.

Les Chinois écrivent du haut en bas, perpendiculairement, en commençant leur ligne à la droite de la page, et ainsi de suite. Il en est de même dans leurs livres, qu'ils commencent par les feuillets de droite, et finissent par où nous commençons ; aussi leur écriture est-elle absolument le contraire de la nôtre : nous écrivons horizontalement, en commençant par la gauche, et tournant la page de droite à gauche, tandis que les Chinois vont de droite à gauche, et tournent la page de gauche à droite. L'imprimerie est connue depuis des siècles, et long-temps avant que Guttemberg l'eût découverte parmi nous ; mais elle est restée dans cet état d'imperfection qui atteste le peu d'importance que l'on attache à l'essor de la pensée, dont cet art merveilleux est l'instrument. Les caractères sont de bois dur, mobiles dans quelques occasions ; dans d'autres, les idées sont représentées par des planches gravées ; aussi le nombre des livres est fort restreint, mais celui des manuscrits est, comme chez nous dans le moyen-âge, fort considérable ; quelques-uns sont de vrais chefs-d'œuvre de calligraphie.

La nation chinoise peut être considérée, sous le rapport social, comme partagée en trois classes bien distinctes :

1° Les *lettrés*, ou gens instruits : c'est parmi eux que l'on choisit les mandarins ;

2° Les *négocians*, qui se subdivisent en autant de classes qu'il y a de professions ;

3° Les *cultivateurs*.

On ne peut donner une idée plus juste de la manière d'opérer des marchands qu'en les comparant aux commerçans juifs; c'est le même caractère, le même genre d'affaires, la même manière de les traiter. Le haut commerce travaille largement et avec exactitude; mais le petit commerce est rapace, brocanteur et de mauvaise foi; s'il ne trompe pas, c'est qu'il ne le peut; les humiliations glissent sur lui sans l'émouvoir; il les accepte en riant, et s'en console en vous volant.

Il conserve ce caractère indélébile, non-seulement dans sa patrie, mais aussi dans les autres contrées où il va porter ses pénates. L'étranger qui achète chez un Chinois, doit toujours s'attendre à être scandaleusement trompé : si ce n'est sur le poids, c'est sur la qualité ou sur le prix; il vous attire, vous invite à entrer dans sa boutique, vous fait toutes sortes d'avances avec la même ténacité, la même impudence persévérante que ces brocanteurs juifs qui, chez nous, vous arrêtent et vous forcent, pour ainsi dire, à acheter leurs marchandises.

Le commerce est exposé à une foule d'avanies. Le négociant le plus opulent a une peur effroyable du plus mince employé du fisc; il craint les exactions; car plus il est riche, plus il est rançonné, surtout s'il est connu pour entretenir des relations d'affaires avec les Européens; aussi un haniste, qui fait des millions d'affaires, tremble-t-il à la vue d'un pion de mandarin qui entre chez lui, certain que cette visite ne peut être désintéressée, et qu'il lui sera impossible de l'éconduire mécontent, sous peine d'avoir à s'en repentir amèrement.

J'ai dit que les cultivateurs forment la troisième classe. Ce peuple, si éminemment agriculteur chez lui, néglige cet art dès qu'il s'expatrie. Dans les diverses contrées de l'Inde, où il va tenter fortune, jamais il ne devient cultivateur en grand; parfois seulement il se livre au jardinage. Cette circonstance s'explique par l'amour du sol natal qui accompagne le Chinois dans ses émigrations. A Batavia, à Manille, il travaille péniblement pendant de longues années, conservant constamment l'espoir d'un retour dans son pays, retour qu'il ne manque pas d'effectuer dès le moment où son pécule lui assure les moyens d'une existence indépendante.

Le peuple a de la superstition, mais pas de religion; du moins il serait fort difficile de le considérer comme religieux. Les lettrés suivent les dogmes de Con-fu-tzé, d'autres sont livrés à un commode spiritualisme, tandis qu'un fort grand nombre professe en secret l'athéisme le plus absolu. Les classes inférieures appartiennent généralement au culte de *Fo*, le Bouddha chinois, surchargé de l'adoration d'une multitude d'idoles représentant les dieux de leur imagination. Les bonzes, ou prêtres de cette religion, sont innombrables, mais ils n'ont ni influence, ni crédit, même parmi le peuple. Chargés de desservir les temples, qu'on appelle *Tas* en chinois et que les Européens désignent sous le nom de *pagodes*, revêtus d'une robe blanche, signe de deuil en Chine, ils ont la tête rasée et gardent le célibat; ceux réunis par confréries, dans des couvens, portent la robe grise. Il n'est pas rare de les voir dans les rues, poursuivis et hués par les enfans; et la Chine est peut-être le seul pays du monde où les ministres du culte ne jouissent d'aucune considération. Il est assez probable que l'amour des Chinois pour l'argent est la source de ces sentimens irrévérencieux; tout ce qui donne l'apparence de la richesse a droit à leurs respects, ainsi que tout ce qui la procure, comme l'industrie, l'activité, l'intelligence : les bonzes n'étant que des moines mendians et paresseux, il n'est donc pas étonnant que la dose de considération qu'on leur accorde soit réduite à des proportions aussi mesquines chez un peuple bien connu pour aimer beaucoup à recevoir et fort peu à donner. Je visitai la pagode, située de l'autre côté de la rivière de Canton; c'est un grand bâtiment lourd, massif et sans élégance, garni intérieurement de statues de bois, grossières et hideuses, placées dans chaque angle de l'édifice, et autour desquelles brûlent des cierges colorés. Une grande cour attenante à la pagode est entourée des cellules des bonzes : c'est là qu'ils couchent; quant à leurs repas, ils les prennent en commun dans une grande salle.

Les dévotions pratiquées par les Chinois en passant devant une pagode, ou vis-à-vis la niche de leurs dieux, ne sont qu'une chose de forme passée en habitude, parce que le père l'a transmise à ses enfans. Par suite de cette indifférence, ils ne trouvent point étrange qu'on regarde leur idole, qu'on ouvre ou qu'on ferme sa niche, qui ne contient qu'une effigie, à laquelle ils n'attribuent aucun des caractères religieux que nous attachons à nos images.

CHAPITRE DOUZIÈME.

CANTON. — POLITESSE ET SERVILITÉ CHINOISE. — PASSION DES CHINOIS POUR LE JEU, LES FEMMES ET L'OPIUM. — CONTREBANDE DE L'OPIUM. — EFFET DE L'OPIUM SUR L'ORGANISME. — ÉVALUATION DE LA CONTREBANDE. — ALIMENS ANTI-PSORIQUES. — TRIPANG ET NID D'OISEAUX. — SUPPLICES ET CHATIMENS DES CRIMINELS. — INVITATION CHEZ UN HANISTE; THEATRE CHINOIS.

L'on connaît les coutumes fastidieuses de la politesse des Chinois; ils ne font point un pas, un mouvement qui ne soit commandé par des règles de civilité inscrites dans leurs lois; on dirait une race d'automates dressée dès le berceau à la servilité la plus abjecte. Que peut-on attendre de grand, de noble, d'élevé, d'énergique d'une pareille nation? Et faut-il s'étonner qu'avec tant de bassesse elle soit devenue la proie des hordes tartares qui ont bien voulu se donner la peine de la subjuguer ? Les Chinois s'abordent toujours le sourire sur les lèvres; tantôt ils se jettent à genoux l'un en face de l'autre; d'autres fois ils courbent leur tête vers la terre, ou croisent leurs mains, ou bien les portent à la hauteur de leur front, ridicules simagrées, qui cependant sont loin d'être aussi multipliées qu'on s'est plu à le dire. Cette servilité, dans laquelle ils sont élevés, contribue à en faire un peuple qui ne se distingue guère par sa bravoure; tout se passe tranquillement en Chine; les haines sont aussi envenimées qu'ailleurs, mais elles se satisfont sans violence; les Chinois peuvent bien se disputer quelquefois, mais se battre presque jamais. Il est extrêmement rare de les voir ivres; leur principales passions sont les jeux de hasard, les cartes, les dés, l'opium et les femmes, pour lesquelles ils font une grande dépense dans tous les pays.

La contrebande de l'opium, qui se faisait autrefois à Macao, avait passé à Wampoa, où nous la trouvâmes établie. Depuis, et peu de temps après notre arrivée, elle commença à se transporter à Linting, île de l'embouchure du Tigre, où elle est devenue l'objet d'un immense commerce, bien que les lois de l'empire en aient ordonné la prohibition sous des peines sévères, qui se graduent depuis la bastonnade et la cangue jusqu'à la peine de mort. Lorsque nous arrivâmes à Wampoa, nous y trouvâmes deux navires qui, depuis 1842, servaient d'entrepôt à cette denrée; l'un était un petit trois-mâts du Bengale, et l'autre un navire américain, *le Levant*, bien connu de tous les navigateurs qui ont fréquenté la Chine, et qui servit au même usage, plus tard, à Linting, jusqu'en 1830, époque où il fut obligé, dans un typhon, de couper ses mâts pour se sauver d'une perte presque certaine.

Les contrebandiers opéraient ouvertement, et la manière dont ils s'y prenaient mérite d'être citée. Dans l'après-midi, leurs barques, d'une construction légère, élancée, et montées de soixante à quatre-vingts rameurs, rôdaient le long de la côte, épiant le moment favorable; habiles à le saisir, elles partaient comme l'éclair et arrivaient aborder les navires de dépôt; en un clin-d'œil, l'opium était extrait des caisses, et les boules ou morceaux, selon leur provenance, passés de mains en mains aux matelots chinois, qui les transbordaient avec une merveilleuse prestesse. Ces boules ou morceaux, du poids d'environ trois livres, étaient assez petites pour être cachées et débarquées avec facilité. Tous ces contrebandiers, à l'exception des chefs, qui se tenaient debout dans les bateaux, avaient le haut du corps entièrement nu et la figure couverte d'un mouchoir de soie noire, tant pour la voiler que pour se préserver de la fumée de la poudre à canon que leur envoyaient les douaniers. L'opium à bord, le contrebandier s'élançait, rapide comme la flèche, et ne tardait pas à être poursuivi par les bateaux de la douane, qui n'avaient voulu le saisir qu'avec sa cargaison. La lutte qui s'engageait alors avait tout l'intérêt d'une joûte des plus animées; des deux côtés les rameurs rivalisaient de force et d'adresse; les embarcations semblaient voler sur les eaux; mais malgré ses coups de canon, le bateau de la douane ne parvenait jamais à ralentir la marche des fraudeurs, qui échappaient à sa poursuite. A la vérité, ces coups de canon étaient tirés à poudre et presque à bout portant; car il était défendu de les charger à balles. L'on prétend que cette chasse si animée n'est ordinairement qu'un vain simulacre; les mandarins, fumant eux-mêmes de l'opium, sont peu disposés à se priver de cette douce jouissance qui devient chez eux une véritable passion; ils ne croyaient pas avoir le droit, disaient-ils, d'en faire la recherche à bord des navires européens; ils passaient enfin pour être le plus souvent intéressés à cette contrebande, ou du moins à la favoriser, en mettant un haut prix à cette tolérance, conjecture que la cupidité nationale et l'avidité des mandarins rendent très probable. Il arrivait cependant quelquefois que des fraudeurs étaient saisis; alors on les punissait rigoureusement; et lorsqu'il y avait plusieurs récidives, ils avaient la tête tranchée; mais aussi, malheur au mandarin qui avait assuré cette capture, s'il venait à tomber entre les mains des contrebandiers : il disparaissait pour toujours.

Autrefois les classes riches seules fumaient l'ol'opium; mais il s'en fait maintenant une consommation si grande, que presque toutes se servent de ce narcotique. L'importation a donc toujours été en croissant. A l'époque de mon premier voyage, en 1819, on l'évaluait à 3,500 caisses, représentant treize à quatorze millions de francs; et en 1837 elle dépassait 34,000 caisses, ou cent millions de francs, à sept cent cinquante piastres par caisse (3,800 fr. à peu près).

Je trouve dans la *Bibliothèque universelle de Genève* un article signé Alph. de Candolle, que je crois devoir reproduire en entier, quoique je ne partage point du tout l'opinion de M. Crawfurd, à qui il est emprunté, relativement à l'effet de l'opium sur la santé. J'ai vu tant d'exemples de ses funestes conséquences, que je suis convaincu que M. Crawfurd s'abuse, par suite de l'intérêt tout naturel qu'il porte comme Anglais à l'une des branches les plus importantes du commerce de la Grande-Bretagne entre l'Inde et la Chine.

Sur les causes intérieures de la prohibition de l'opium par le gouvernement chinois.

« La violence que le gouvernement chinois vient de
« déployer à l'égard du commerce de l'opium est un
« fait grave, dont tous les journaux ont parlé, que tous
« ont expliqué et commenté dans le même sens. L'opi-
« nion s'est établie en Europe, que les buveurs d'o-
« pium tombent dans un état nerveux très extraordi-
« naire et meurent jeunes; que les Chinois sont avides

« de ce poison, et que leur gouvernement, dans des
« vues de pure moralité, s'oppose à son introduction
« illicite.

« Nous trouvons maintenant dans un journal heb-
« domadaire (1), spécialement consacré aux colonies
« anglaises, des articles qui renferment une opinion
« tout opposée. Ils ne sont pas signés, mais nous
« savons qu'ils ont été écrits par un voyageur célèbre
« qui connaît parfaitement l'Inde anglaise, l'archipel
« Indien et la Cochinchine. Ce voyageur est M. Craw-
« furd, ancien ambassadeur de la Compagnie des
« Indes auprès des Birmans, lors de la conclusion de
« la paix, envoyé depuis en mission à la Cochinchine,
« gouverneur de Singapore pendant quelques années
« et auteur de l'*Histoire de l'Archipel indien*, ouvrage
« classique dont il prépare maintenant une nouvelle
« édition, après un séjour de dix années à Java. Nos
« lecteurs seront curieux de savoir comment un homme
« aussi bien placé pour parler des affaires orientales,
« envisage le commerce de l'opium. Rarement les
« questions relatives aux pays éloignés sont traitées
« par des juges compétens, qui aient étudié les faits
« ailleurs que dans les livres. Lorsque cela se présente,
« ne devons-nous pas suspendre toute discussion et
« écouter ?

« M. Crawfurd est convaincu qu'on a beaucoup

---

(1) *The colonial Gazette*, août 1839.

« exagéré l'effet de l'opium sur la santé. Il cite les
« phrases du rapport d'une autorité chinoise, le vice-
« président de la cour des sacrifices, qui parle des
« buveurs d'opium comme on le fait en Europe des
« buveurs d'eau-de-vie et même des buveurs de vin.
« Ce sont des gens paresseux, vagabonds, qui ne s'at-
« tachent à aucun travail, et quoique quelques-uns
« d'entre eux atteignent l'âge de la vieillesse, ils
« vivent en général moins que les autres hommes. »

« Marsden dit dans son *Histoire de Java* : L'usage
« de boire de l'opium étant coûteux, les habitans ne
« peuvent s'y livrer complètement, malgré la liberté
« qui leur en est laissée. Il est très probable que cette
« habitude est pernicieuse pour la santé, mais j'in-
« cline à croire qu'on en a beaucoup exagéré le fait.
« Les *Bugis*, les soldats et autres que nous voyons s'y
« livrer dans les bazars des Malais et qui en abusent,
« sont ordinairement amaigris, mais ils ont d'ailleurs
« des mœurs très relâchées. Les marchands d'or *Li-*
« *mun* et *Battang-Assai*, au contraire, sont une classe
« active et laborieuse, qui boit beaucoup d'opium, et
« qui présente, plus qu'aucune autre dans l'île de
« Sumatra, l'aspect de la force et de la santé. Telle
» est, dit M. Crawfurd, l'opinion d'un homme qui a
« vécu dix ans sur les lieux, et dont le caractère froid
« et impartial est bien connu.

« Quant aux motifs qui poussent les Chinois à pro-
« hiber la vente de l'opium, eux qui ne prohibent

« nullement la vente et l'abus des liqueurs fermen-
« tées, M. Crawfurd les voit dans l'horreur du gou-
« vernement de la Chine pour toute espèce de change-
« ment, dans sa crainte des étrangers et dans cer-
« taines idées d'économie politique. Le commerce de
« l'opium a grandi énormément depuis quelques
« années. En 1795, la Chine recevait mille caisses
« d'opium de l'Inde. On payait alors un droit d'en-
« trée modéré. En 1796 commença le régime de la
« prohibition. En 1816, la Chine recevait 3,210 cais-
« ses, valant 1 1/2 million sterl.; en 1836, 27,000
« caisses valant 3,700,000 liv. st.; en 1837, environ
« 34,000 caisses, valant environ 4 millions (cent
« millions de francs). Le commerce de l'opium se fait
« par contrebande; il est donc nécessaire de payer les
« vendeurs en argent. D'ailleurs, les importations en
« Chine ont augmenté bien plus que les exportations,
« d'où est résulté naturellement que la différence est
« soldée en numéraire. Par ces deux causes il est
« sorti de la Chine, dans chacune des dernières
« années, environ 50 millions de francs en argent.
« Or, les Chinois partagent une opinion qui a régné
« long-temps en Europe et qui, dans beaucoup de
« pays, n'est pas encore considérée comme un pré-
« jugé, savoir que l'argent est la richesse, que l'ex-
« portation du numéraire contre les marchandises est
« une perte. Le gouvernement chinois est effrayé : il
« croit le pays près de sa ruine, parce qu'il exporte le

« métal appelé argent, lui qui autrefois le recevait
« des étrangers. La valeur de ce métal s'est accrue
« dans l'intérieur de la Chine (1). Si cela continue, il
« est clair que l'exportation en diminuera, que
« même ou pourra voir importer les métaux précieux
« comme autrefois; mais en Chine, l'économie poli-
« tique en est au point où elle était en Angleterre il y
« a vingt ans, et Confucius, dont on suit toujours les
« doctrines, n'a pas écrit la *Richesse des nations*.

« La preuve que le gouvernement chinois pour-
« suit l'opium des Anglais par des motifs tout autres
« que la moralité de ses sujets, se trouve dans un fait
« curieux que M. Crawfurd a vérifié dans les écrits
« du céleste empire. L'usage de l'opium existait en
« Chine il y a trois siècles, lorsque les Européens y
« arrivèrent pour la première fois, et maintenant l'o-
« pium de l'Inde *n'est qu'une petite partie de celui qui est*
« *produit en Chine*. Il est venu, dit le conseiller Chou-
« Tsun, des demandes des provinces de Fuhkeën,
« Kwangtung, Chekaëng, Shantung, Yunnan et Kwei-
« chow, pour que la culture du pavot soit empêchée,

(1) Un mémoire de M. Heu Naetse, fonctionnaire chinois, qui proposait en 1836 des réglemens pour la vente de l'opium, moyennant un droit, four- nit des preuves de la rareté de l'argent. Le *tael* d'argent fin valait autrefois environ mille de ces petites pièces de zinc dont les Chinois se servent comme de billon ; maintenant, il en vaut 12 à 1300. M. Crawfurd voit, avec raison, dans ce fait, une conséquence éloignée de ce que l'argent est devenu plus rare dans le monde depuis que les mines d'Amérique produisent moins. Il est clair aussi que l'augmentation énorme des importations en Chine a tourné le change contre ce pays.

« conformément aux édits; mais elle n'en a pas moins
« continué. Je ne puis parler que de la province Yun-
« nan, mais je soutiens que, dans ce pays, le pavot
« est cultivé sur les montagnes et dans les plaines,
« et que la quantité d'opium qui en est extraite ne
« peut pas être inférieure à *plusieurs milliers de caisses.*
« Cependant, continue Chou-Tsun, nous ne voyons
« aucune diminution dans l'exportation de l'argent :
« il en sort de la province de Yunnan le double de ce
« qu'il en sortait autrefois. A quelle cause doit-on
« l'attribuer, si ce n'est que les consommateurs d'o-
« pium sont très nombreux, et que ceux qui sont dé-
« licats sur cet article préfèrent toujours l'opium
« étranger?

« Plusieurs milliers de caisses dans une seule pro-
« vince, dit M. Crawfurd, doit s'entendre de 4 à 5,000
« caisses au moins ; ce qui, pour six provinces, ferait
« une production plus grande que la quantité importée
« pendant long-temps; et comme ces provinces sont
« éloignées les unes des autres, il est probable que les
« intermédiaires cultivent aussi le pavot, et que la pro-
« duction en est énorme dans l'intérieur de la Chine.
« Sans doute elle est défendue, et rien n'est plus ap-
« parent qu'un champ de pavots; mais la non-exécu-
« tion des lois, par suite de négligence ou de corrup-
« tion des autorités, est un fait encore plus réel en
« Chine.

« Ainsi, la rigueur du gouvernement contre l'opium

« indien peut être comparée, sous un point de vue,
« à la guerre de la betterave contre la canne à sucre
« dans l'intérieur de la France ; à celle des propriétaires
« de vignes, en Allemagne, contre les vins de France.
« Seulement, les cultivateurs de pavot, en Chine,
« étant en pleine contravention, ne peuvent pas éle-
« ver la voix pour demander la prohibition de l'opium
« étranger, comme le font certains agriculteurs en
« Europe, à l'égard de tel ou tel produit. Ils se con-
« tentent de pousser en secret du côté des prohibi-
« tions. Le gouvernement, de son côté, ne cache pas
« que l'exportation des métaux précieux et le contact
« avec les étrangers sont les motifs essentiels de sa
« politique.

« Dans cet état de choses, et après la saisie de l'o-
« pium pour 75 millions de francs entre les mains des
« négocians anglais, on se demande si le commerce
« avec la Chine sera interrompu et si le gouverne-
« ment anglais interviendra de quelque manière. Les
« rapports des autorités chinoises font comprendre
« l'impossibilité d'arrêter l'introduction de l'opium.
« Il sera facile de déposer les caisses dans les petites
« îles voisines du continent, et les Chinois iront les
« y chercher. On pourra toujours gagner des agens
« dans les ports principaux, surtout ailleurs qu'à Can-
« ton. Le gouvernement chinois ne peut pas désirer
« long-temps une rupture qui ferait cesser, si elle
« était complète, l'exportation du thé et de la soie. On

« peut donc admettre que le commerce de l'opium ne
« peut être annihilé. Cependant il peut être restreint,
« il peut être contrarié, ainsi que le grand commerce
« de Canton, en soie, thé et autres marchandises. Dans
« ce cas, dit M. Crawfurd, l'Angleterre fera bien d'a-
« gir avec vigueur, pour ramener le gouvernement
« chinois à ce qui doit être son intérêt bien entendu.
« Il a la prétention de faire quelque chose de sembla-
« ble à ce que serait la prohibition totale de l'impor-
« tation des eaux-de-vie en Angleterre, prohibition
« contre laquelle les autres pays auraient tout lieu de
« se fâcher, et qui d'abord serait une perte de revenus
« et une folie de la part de l'Angleterre. La Chine est
« le pays le plus faible du monde entier ; ses habitans
» sont aussi peu militaires que possible. Ils ont tou-
« jours été soumis par des pâtres tartares qui les tien-
« nent encore dans un état de sujétion, malgré leurs
« mœurs étrangères à celles du pays. Rien ne pré-
« serve aujourd'hui la Chine d'une conquête que les
« déserts qui la terminent au nord, l'état barbare des
« peuples limitrophes et l'absence d'attaque du côté
« de la mer : celle-ci nous est ouverte. Agissons avec
« résolution, vigueur et promptitude. L'occupation
« momentanée de deux des plus grands ports de mer
« suffirait pour ramener le gouvernement chinois à
« son bon sens. On peut le faire aisément, sans grande
« dépense, avec une flotte montée de trois mille sol-
« dats européens, et accompagnée de deux bateaux à

« vapeur. Canton et Tchaa-tcu-Fu, dans la baie d'A-
« moy, seraient les meilleurs points à saisir, parce
« que ce sont des villes riches, populeuses, ayant de
« bons ports et proches de nous. Un autre moyen,
« plus court encore, serait de remonter avec une flotte
« dans la mer Jaune, d'entrer à Pei-ho, et de marcher
« de là sur Péking, où l'on serait en deux journées, et
« où le palais impérial ne se défendrait pas plus que
« la barraque en bois d'un planteur américain. L'ar-
« mée chinoise est un ramassis nombreux de gens ar-
« més de fusils à mèches, de lances, et la plupart
« d'arcs et de flèches seulement. Une troupe discipli-
« née d'Européens ne s'en inquiéterait pas plus que
« d'une nuée de grenouilles. Le gouvernement fait
« toujours beaucoup de bruit, mais il cède à la pre-
« mière résistance sérieuse. Un commerce de douze
« millions sterling, la vente d'un article de six à sept
« millions par an, et un revenu de cinq millions pour
« l'Inde et l'Angleterre ne peuvent pas être exposés
« aux caprices de barbares résidant à Péking, gens
« aussi ignorans des intérêts de leur pays que des nô-
« tres. Nous devrions insister sur la cession d'une île
« près de la côte, ayant un bon port, afin qu'à l'ave-
« nir notre commerce pût être continué sans danger,
« et considérablement accru.

« Une chose remarquable dans le conseil donné
« ici à l'Angleterre, c'est qu'il est conforme à l'opi-
« nion bien décidée des négocians anglais établis à

« Canton. On peut en juger d'après la volumineuse
« enquête faite par le parlement, en 1829, au sujet
« du commerce de la Chine. Plusieurs Anglais qui
« avaient vécu à Canton, questionnés alors sur la force
« des Chinois, répondirent qu'une armée européenne
« de 30,000 hommes, partant de Canton, arriverait à
« Péking sans résistance; il en faudrait beaucoup
« moins en débarquant près de la capitale.

« Quoiqu'il en soit de la politique à suivre à cet
« égard, dans l'intérêt européen, il n'est pas douteux
« que les opinions de M. Crawfurd ne jettent un
« grand jour sur les ressorts qui font agir le gouver-
« nement chinois. Nous ne sommes pas convaincus re-
« lativement au peu d'effet de l'ivresse de l'opium,
« mais nous regarderons cependant comme exagérées
« les peintures faites par quelques voyageurs. Pre-
« nons une moyenne entre Crawfurd et Pouqueville,
« alors l'usage de l'opium nous paraîtra quelque
« chose d'analogue à l'abus de l'eau-de-vie, abus dont
« les tristes effets sont bien connus dans tous les pays.
« Les gouvernemens prussien, anglais, et ceux de
« quelques-uns des Etats de l'Amérique, ont pris des
« mesures restrictives de l'abus des liqueurs distil-
« lées, et cela dans un intérêt purement de moralité.
« Gardons-nous de croire que le gouvernement chinois
« soit mû par les mêmes principes. Il ne poursuit pas
« l'abus, mais l'usage de l'opium, sans en excepter
« même les emplois purement médicaux. Les raison-

« nemens des autorités dans leurs pièces officielles, la
« tolérance d'une culture étendue du pavot à l'inté-
« rieur, sont des preuves palpables. D'ailleurs ce n'est
« pas en Chine, où l'infanticide est pratiqué ouverte-
« ment, où les prisonniers ne sont pas même nourris
« par l'Etat, où la charité publique n'existe pas, où
« les supplices barbares et la grossièreté la plus cra-
« puleuse dans les plaisirs des sens frappent tous les
« jours les voyageurs européens, ce n'est pas dans
« un tel pays que les lois ont pour principe une idée
« de moralité. Perdons cette illusion sur le *céleste*
« *empire*, et ne voyons dans tout cela qu'une guerre
« brutale de douanes, déterminée par un intérêt
« exclusif et par la haine de l'Europe. »

Le démêlé de l'Inde anglaise avec la Chine va peut-être porter coup au traité conclu à Londres en 1815 par M. le comte de la Châtre, et par lequel l'Angleterre s'est obligée à payer à la France un million pour que cette dernière s'interdise le commerce de l'opium et du sel dans ses possessions de l'Inde.

Les capitaines et armateurs des navires qui servaient d'entrepôt à l'opium, faisaient d'excellentes affaires; il était alloué : premièrement, quatre, ensuite deux piastres par mois pour magasinage, et cinq piastres par caisse débarquée, aux capitaines qui ont fini par partager avec l'armateur. Ces bâtimens d'entrepôt furent long-temps tolérés par les mandarins de Wampoa, qui avaient probablement, comme on vient de le dire, des motifs péremptoires pour fermer les yeux sur cette infraction aux ordres supérieurs; mais lorsque le nombre de ces bâtimens vint à augmenter avec l'accroissement de la fraude, des ordres de plus en plus sévères arivèrent de Pékin; la surveillance redoubla d'activité, les jonques armées de la douane devinrent plus nombreuses; ce fut alors, vers 1821, que les navires se retirèrent à Linting, dont la rade est demeurée depuis le théâtre de ce commerce.

Le pavot, dont on extrait la substance résineuse et concrète connue sous le nom d'*opium*, est cultivé en grand dans tout l'Orient, depuis la Natolie jusqu'au Bengale. On connaît trois espèces d'opium : la première est celle qui s'obtient au moyen d'une incision pratiquée dans la tige de la plante; il en découle une sorte de gomme ou de sève, que l'on enlève dès que l'action de l'air l'a durcie : c'est l'opium en larmes, le plus rare, le plus précieux de tous, et celui qui, en raison de l'élévation de son prix, est réservé pour l'opulence. La seconde qualité, l'opium ordinaire du commerce, provient de la partie supérieure du pavot; on en forme une pâte dont on extrait le suc, dont on forme des petits gâteaux pesant environ une livre (seize onces). La dernière et troisième qualité est produite par la plante mise en ébullition. L'opium de l'Inde est infiniment plus cher que celui de Turquie.

Avant d'être livré aux fumeurs, l'opium est préparé et mélangé ; celui de Malwa, qui est d'une qualité inférieure, est mêlé à celui de Patna, de Bénarès ou de Turquie. Cette préparation est mise dans un petit réservoir de la grandeur d'un dé. Au moyen d'une aiguille d'argent, pointue d'un bout et aplatie de l'autre, on place sur l'orifice de la pipe, d'une forme particulière et adaptée à cet usage, un grain d'opium de la grosseur d'un pois ; une mèche de moelle de jonc, nommée *tinsin*, imbibée d'huile brûlant sur un petit plateau de porcelaine ou de métal, est destinée à allumer la pipe ; le fumeur, toujours couché, l'approche de l'opium, qui est consumé en deux ou trois aspirations ; il continue ainsi jusqu'à ce que l'extase s'empare de ses sens. J'ai essayé de l'opium, et je dirai les sensations qu'il m'a fait éprouver.

L'usage de l'opium a les conséquences les plus funestes pour les fumeurs. On les reconnaît à leur maigreur, à leur démarche chancelante ; ils ont les lèvres violettes, le teint livide, le regard incertain, les yeux égarés. Si on leur parle, ils n'ont pas l'air d'entendre ; leur tête retombe toujours sur leur poitrine ; s'ils ont quelque chose d'important à faire, il faut qu'ils se mettent à fumer ; les idées ne leur arrivent qu'excités par l'opium. La perte de la mémoire, une désorganisation et une caducité précoce sont les suites fatales de cette passion portée à l'excès ; passion qui, je l'ai dit, est le partage du riche ; car non-seulement cette substance est fort coûteuse, mais il est encore bien plus coûteux de réparer ses ravages. Lorsque le fumeur voit sa santé détruite par ce poison terrible et lent, il est obligé d'avoir recours aux alimens les plus substantiels et les plus puissans pour renouveler ses forces perdues et rétablir son corps délabré.

Au nombre des alimens propres, ou du moins supposés tels, à faire recouvrer les forces épuisées par l'usage immodéré de l'opium, on met au premier rang les nids d'oiseaux de l'archipel malais ; le tripan ou *bitche de mer* (holoturies), les nerfs et les pieds de cerfs et de bœufs, les ailerons et la queue des requins, l'agal-agal, plante marine dont on fait une sorte de gelée ; ensuite viennent les gelées de toute espèce, les viandes les plus substantielles, enfin tout ce qui peut réconforter et raffermir l'estomac.

Les Turcs mâchent l'opium, les Chinois le fument, les Malais le fument et le boivent. L'on sait l'exaltation furieuse, cette soif de sang qu'il produit chez les naturels de Java, de Sumatra et des autres îles de l'archipel Indien. Il est à présumer que c'est pris à l'état liquide, qu'il produit ces funestes effets.

En Chine, le sang est puni par le sang : la peine du talion existe dans toute sa plénitude ; et si un homme a été tué, le meurtrier paie de sa tête. A Wampoa, un matelot américain puisant de l'eau à bord de son navire, laissa tomber un seau plein sur la tête d'un Chinois qui était dans un petit bateau, et le tua.

Bientôt le navire fut entouré d'une multitude de bateaux chinois faisant un vacarme épouvantable; l'officier qui commandait, craignant un coup de main, tira le canon et mit son pavillon en berne; tous les navires envoyèrent aussitôt une embarcation armée, ce qui, peu-à-peu, éloigna la plupart de ces barques; mais bientôt des mandarins vinrent à bord demander le coupable, qui leur fut refusé; et, de crainte de surprise, chaque navire laissa quelques hommes de garde à bord de l'Américain. La nouvelle en parvint bientôt à Canton, où toutes les transactions cessèrent aussitôt, le vice-roi exigeant absolument qu'on livrât le meurtrier involontaire.

Cet accident suspendit les affaires pendant plus de quinze jours, les Chinois ne voulant pas se relâcher de leurs prétentions. A la fin, le commerce voyant augmenter ses dépenses, fut obligé, pour en finir, de recourir à un stratagème qui le tira d'embarras, mais qui faillit ne pas avoir d'effet. Un matelot américain mourut dans cet intervalle à bord d'un des navires de Wampoa; on livra le mort à la place du vivant. Les mandarins se refusèrent à le recevoir, disant qu'il leur fallait un homme vivant pour le punir, et non un homme mort; mais il leur fut répondu que la peur avait fait mourir le coupable; et celui qui avait commis l'homicide ne leur étant pas connu, ils ne purent pas prouver qu'on les trompait. Plusieurs Européens, à Canton, étaient d'avis de ne rien livrer du tout, et de ne pas souffrir que les Chinois missent la main sur un Européen. Je me sers du mot d'*Européen*, afin de distinguer la classe des blancs, qui font cause commune dans ces contrées éloignées. Cependant, il fallut que les Chinois se contentassent du corps qu'on leur livrait; et, ce qu'il y eut d'affreux pour les blancs, il fut exécuté et eut la tête tranchée.

Les châtimens sont rigoureux, et les supplices très variés dans leurs formes, ce qui semble confirmer ce que j'ai déjà dit des mœurs cruelles de ce peuple, et cependant il est en général d'un naturel assez doux; mais, dans les pays despotiques, les châtimens ne sont plus une dette que le coupable paie à la société, c'est une vengeance qu'elle exerce. Ainsi, en Chine, le moindre châtiment, celui qui accompagne même tous les autres, ce sont des coups de bambou administrés sur le dos ou sur la plante des pieds du patient.

La peine de la cangue, appelée *tcha*, s'applique au moyen d'un instrument formé de deux pièces de bois, ayant chacune, au milieu, une échancrure semi-circulaire. On engage le cou du condamné dans ces deux échancrures, en réunissant les deux pièces de bois, puis le sceau du mandarin est apposé sur la jointure, ainsi que sur une large bande de papier où est écrite la sentence, ce qui met le surveillant dans l'impossibilité de se laisser séduire pour adoucir le sort du coupable. Dans l'angle de cette machine sont deux autres trous où passent les poignets. Le poids du tcha varie de cinquante à deux cents livres, suivant la gravité du crime. Un préposé de la police, armé d'un fouet, mène en laisse le malheureux condamné, lorsque celui-ci peut porter l'instrument de son supplice. La sentence indique toujours la durée du châtiment : c'est un, deux ou trois mois, plus ou moins, selon la gravité du délit. Quelquefois, cependant, le conducteur permet au patient, en payant toutefois ; car en Chine l'humanité a son tarif, de s'appuyer contre une muraille ou de s'asseoir par terre.

Un autre supplice, qui a de l'analogie avec le précédent, consiste à enfermer le coupable dans un tonneau, de manière à ce que la tête et les poignets dépassent par le haut, et comme le tonneau est loin d'avoir la hauteur de l'homme, il a le corps ployé et se trouve dans une position excessivement pénible ; ses parens sont obligés de lui donner à manger, car il lui est impossible de se servir de ses mains. Les criminels sont aussi emprisonnés dans des cages de fer, et transportés ainsi d'un endroit dans un autre. Certains criminels sont éventrés ; avant de les mettre à mort, on leur arrache les ongles, les nerfs des pieds et des bras, et même les entrailles, ou on leur broie les os ; d'autres sont crucifiés ou ont la tête tranchée d'un coup de coutelas. Les Européens sont rarement témoins de ces affreux supplices.

CHAPITRE TREIZIÈME.

DINER CHINOIS. — CÉRÉMONIES QUI L'ACCOMPAGNENT. — THÉA-
TRE. — OFFICIERS DE POLICE. — PRÉPARATIFS ET DÉPART
DE CHINE. — DÉTROIT DE LA SONDE. — COTE NATALE. —
MORT D'UN MATELOT.

Notre haniste, Chonquoa, celui que le subrécargue, M. Duboisviolet, avait choisi pour les affaires du navire, manifesta l'intention de lui donner à dîner, ainsi qu'aux officiers qui étaient à la factorerie. Nous acceptâmes avec empressement, comme on peut le croire, et nous le fîmes prier de nous traiter entièrement à la chinoise : il s'y prêta de bonne grâce, et nous demanda seulement la permission d'inviter quelques convives chinois; c'était nous servir à souhait; aussi M. Duboisviolet témoigna-t-il le désir que tout se passât suivant les usages du pays. Or, voici ce dont nous fûmes les témoins :

La veille, Chonquoa nous fit parvenir un *titsée* ou billet sur papier rose, orné de fleurs dorées, et plié en éventail : c'est la forme des invitations chinoises. Nous répondîmes que nous acceptions avec empressement, et que nous n'y manquerions pas. Le matin, un second message nous fut adressé, par lequel il nous demanda respectueusement si nous n'avions pas oublié l'invitation; le soir, troisième missive annonçant que tout était prêt, et que nous étions attendus avec la plus vive impatience. Pour réponse, nous nous acheminâmes vers la maison, où nous vîmes arriver, l'un après l'autre, presque tous nos convives chinois, assis avec beaucoup de gravité dans des chaises à porteur, escortées de chaque côté par un serviteur tenant un éventail d'une dimension telle, qu'ils leur interceptaient la vue de la rue. A mesure qu'ils en descendaient, commençait un cérémonial dont notre qualité d'Européens nous avait dispensé; tous traversèrent à pas lents la première cour, puis la seconde, où se trouvaient deux portiers richement habillés, armés de parasols et d'énormes éventails. A l'approche des invités l'éventail était abaissé, et le parasol élevé au-dessus de la tête des arrivans; alors le maître de la maison s'avança à leur rencontre à pas lents et mesurés, puis vinrent les complimens. Aux salutations réciproques, accompagnées d'une multitude de gestes, succédèrent les paroles, les belles phrases, les titres que mutuellement l'on se donna ; puis Chonquoa prononça deux fois le mot *tchin-tchin*, à quoi les autres répondirent : *poucan* (je ne saurais passer le premier). Ils entrèrent cependant ; l'on s'achemina vers une grande salle ornée de hautes colonnes peintes en vert et parsemées d'ornemens en or; des fleurs, placées de distance en distance dans de riches vases, répandaient un doux parfum dans cet appartement.

Déjà plusieurs convives s'y trouvaient réunis ; à notre approche tous se levèrent et firent quelques pas vers nous. Nous rendîmes politesse pour politesse, et les salutations recommencèrent de plus belle à chaque nouvel arrivant; Chonquoa accompagnait chacun à sa place, en lui faisant un profond salut, et en ayant soin d'essuyer avec le bas de sa robe, comme pour en faire disparaître la poussière, le fauteuil sur lequel il le faisait asseoir.

On servit du thé sans sucre en attendant que la réunion fût complète; enfin un couli (espèce de maître-d'hôtel) entra, annonçant qu'on était servi ; à ces mots tout le monde fut debout. L'on passa, selon l'ordre des places que l'on venait d'occuper, dans une magnifique salle, mieux décorée encore que celle que nous venions de quitter, et éclairée par un nombre considérable de bougies de couleur et des lanternes de gaze et de papier peint. Les parois étaient surchargées de lambris sculptés à jour, d'un riche travail, et qui, bien que d'un goût bizarre, annonçaient la splendeur et l'opulence. Des sièges de porcelaine en forme de barils, des fauteuils en soie brochée et brodée; plusieurs sophas de rotins adossés à la muraille, et des sièges à profusion et dans un désordre peut-être calculé, donnaient à cet appartement un air de luxe somptueux.

Les convives prirent place à diverses tables de quatre et de six couverts. Ces tables, de formes différentes et disposées en demi-cercle, n'étaient occupées par les convives que du côté extérieur, afin de laisser libre l'intérieur du demi-cercle pour la facilité des gens de service. Un quart-d'heure encore s'écoula en complimens, nul ne voulant s'asseoir au-dessus de l'autre.

Il s'en fallait que la salle fût chaude; aussi chacun, excepté nous, avait eu le soin de s'envelopper d'une riche douillette de soie, garnie de fourrures, et avait à ses pieds de larges bottes de satin brodé, également fourrées.

Je remarquai que les quatre ou cinq premières tables n'étaient pas sur la même ligne que les autres, mais qu'elles avançaient un peu; les fauteuils placés devant celles du premier rang étaient de satin violet, brodés de dragons à trois griffes; les autres, au lieu de dragons, avaient des cigognes. À côté de chaque table je vis un petit guéridon orné de peintures de fleurs, sur lequel s'élevait une pyramide de viandes et de fruits, uniquement pour la symétrie, car en un instant tout disparut et fut livré aux porteurs de chaises et aux domestiques. Il ne resta sur le guéridon qu'une cassolette d'argent, une boîte à encens, une fiole d'eau de senteur et une petite pincette pour remuer la braise et y jeter les parfums.

Sur ma table figurait une tablette représentant une allégorie dont je cherchai vainement le sens, un verre pour convier à la gaîté, divers plats d'argent contenant des fruits ou des herbes au vinaigre, et des tasses également d'argent, en nombre égal aux personnes assises. La porcelaine, presque toute à figures dorées et en relief, était d'un grand prix. L'argenterie, d'un travail précieux, consistait en plats, corbeilles et trépieds massifs ou en filigrane.

Mon appétit, aiguillonné par toutes ces lenteurs, me faisait attendre impatiemment le commencement du repas; aussi vis-je avec plaisir arriver le dîner, qui fut véritablement splendide. Les tables étaient servies avec luxe; des faisans dorés et argentés auxquels on avait conservé leur superbe plumage, des nids d'oiseaux en potage, mêlés de blancs de volailles, d'autres au sucre candi et aux épices, des nerfs et des pieds de cerfs, des bitches de mer (holoturies) (1),

---

(1) Les holoturies, nommés par les Espagnols et les Portugais *bichos de*

entiers ou réduits en gelée, des ailerons de requin, sans compter ce que ma mémoire ne peut se rappeler, formaient les dix ou quinze premiers services. Parmi les nombreux coulis, plusieurs étaient occupés à couper en morceaux fort menus les faisans et canards-mandarins. Nous avions tous devant nous une petite carafe de verre de couleur contenant le cham-chou, espèce d'alcool chaud fait avec du riz fermenté et distillé; un bol de riz cuit, une cuiller en porcelaine, et deux baguettes d'ivoire, dont nos Chinois se servaient avec une dextérité merveilleuse. A l'aide de ces baguettes, placées dans leur main droite, ils prenaient, ou plutôt pinçaient dans un des plats le morceau qu'ils désiraient; puis, approchant de leur bouche le bol de riz, ils y en introduisaient la quantité qu'elle pouvait contenir. La cuiller les aidait à pren-

---

mar, sont des vers de mer longs de cinq à huit pouces, que l'on trouve en abondance sur certains points des côtes des Philippines, de Java et de la plupart des récifs de l'archipel malaisien. Leur pêche est l'objet d'un commerce étendu : on les expédie en Chine, où la vente en est assurée, les Chinois recherchant beaucoup ce mets, qui a la réputation d'être un des plus puissans stimulans pour les plaisirs des sens. Ces vers ressemblent beaucoup à ceux que l'on trouve sur nos côtes : on les sert quelquefois sous leur forme naturelle, ce qui permet de voir leur peau et leurs anneaux. On les fait simplement bouillir dans quelque préparation culinaire dont je suppose que mes lecteurs me pardonneront de ne pas connaître la recette, ou on les sert le plus souvent coupés par morceaux et assaisonnés comme des pieds de bœuf. La vue de ces mets et la manière dont les Chinois, qui paraissent les savourer avec délices, les mangent, étaient loin de former pour nous, Européens, la partie la plus intéressante d'un repas chinois; cependant on s'y habitue avec facilité et on finit par les trouver fort bons.

dre les bouillons, les sauces et les gelées. A part cette manière de puiser au plat commun, je trouvai qu'ils mangeaient avec assez de propreté. Quant à nous, notre maladresse excita d'abord quelque hilarité; cependant au bout d'un quart-d'heure, nous parvînmes, à l'aide de leçons répétées, à saisir passablement nos morceaux.

Les autres invités étaient des hanistes et de riches marchands de Péking et de Tonking, parlant un mauvais anglais, que la plupart de nous comprenaient assez bien; deux ou trois d'entre eux, accoutumés à traiter avec les marchands d'opium de Macao, parlaient aussi le portugais. Ils se montraient fort affables, très gais, et répondaient avec une extrême obligeance à toutes les questions dont nous les accablions.

Le repas fut interminable, et cependant le dessert ne paraissait pas; enfin l'on nous apporta des vases d'argent pour nous laver; nos ablutions terminées, nous espérions toucher au terme de nos travaux, il n'en fut pas ainsi : Chonquoa nous fit passer dans une nouvelle salle, où un dessert magnifique nous attendait. Nous nous assîmes sur des sofas adossés à une muraille, et les coulis placèrent devant chacun une petite table. Alors se succédèrent sans interruption une foule de plats, dans lesquels nous prenions ce qui pouvait nous être agréable. C'est ainsi que l'on nous fit passer en revue du gingembre, des lechis, des oranges confites ou tapées, des confitures de ginseng et autres friandises du pays. Tout nous était présenté dans des assiettes de filigrane ou vermeil. En dernière analyse, et pour la clôture, on nous servit un grand bol de thé, toujours sans sucre.

Alors vinrent les pipes, à foyer très petit, et le tabac, aussi doux que le tabac turc; on roule ce dernier entre les doigts, et on le place dans la pipe ou dans le trou qui existe à l'extrémité inférieure du tuyau; car beaucoup de pipes ne sont que des tuyaux de bambous ou de roseaux; on y met le feu et l'on aspire. Quelques gorgées suffisent pour le consumer, puis l'on recommence. Nos convives, stimulés par notre gaîté, se déridèrent facilement, et nous aidèrent à passer une soirée agréable, que nous terminâmes par des chansons françaises et chinoises.

Après quelque intervalle de causeries et de repos, Chonquoa annonça le spectacle. Nous vîmes arriver cinq comédiens richement vêtus, qui, après avoir touché quatre fois la terre de leurs fronts, s'approchèrent respectueusement du premier convive, en lui présentant un long rouleau, et le priant de choisir entre cinquante ou soixante pièces de théâtre, celle qu'ils devaient jouer. Ce premier convive le renvoya à son voisin, celui-ci au troisième, et le rouleau circula de main en main jusqu'à ce qu'il fût revenu au premier, qui se décida enfin à choisir un drame. De jeunes garçons remplissaient les rôles de femmes. Il s'agissait, autant que je puis m'en souvenir, de l'*Histoire du bon Mandarin,* car, pour nous, ce ne fut qu'une pantomime.

A chaque entrée en scène, un acteur s'avançait un tam-tam à la main, faisait un ou deux tours en le frappant en cadence, prononçait quelques mots, puis se retirait. D'abord, nous nous demandâmes ce que venait faire sur le théâtre cet homme qui nous empêchait de suivre l'action ; puis, nous rappelant l'usage adopté dans l'ancien théâtre grec, nous finîmes par comprendre que c'était l'annonciateur. La vivacité des mouvemens des acteurs contraste d'une manière choquante avec leur déclamation, qui n'est qu'un récitatif monotone. Ils abaissent ou élèvent la voix pour exprimer et nuancer leurs sensations. Entre chaque entrée, outre l'annonciateur, l'orchestre cherchait à en reproduire la situation, ce qui me rappelait les mélodrames de nos théâtres secondaires. Le tam-tam, les gongs, les flûtes chinoises, et tous les instrumens criards, à vent, à cordes ou en cuivre, faisaient un tintamare effroyable ; des chansons ou des déclamations destinées à exprimer la gaîté, la haine, la peur ou le désespoir précèdent et suivent tout ce charivari. L'unité d'action est pourtant observée ; les changemens de décorations se font à vue ; l'acteur chargé de ramener un personnage en reproduit le simulacre : il se promène sur le théâtre, a l'air de le chercher, disparaît, et revient en conduisant celui qu'il a été prendre. Dans le cours de la pièce, on apporte successivement des chaises, des tables, des paravens, qui doivent figurer les maisons, les villes, les paysages : il faut aider à l'illusion ; mais, pour ne pas trop embrouiller le spectateur, chaque acteur, en entrant en scène, a soin de décliner ses qualités respectives, et s'annonce, selon l'occurrence, comme prince, soldat, pêcheur, domestique ou matelot.

Les Chinois, outre les drames, ont des vaudevilles et des farces, sans compter des bouffons qui les font rire, et des bateleurs qui les amusent par leurs tours de gymnastique, de force et de dextérité.

Le spectacle se prolongea fort avant dans la soirée, et Chonquoa ne voulut pas nous laisser partir sans nous offrir de nouveau le thé, et nous forcer à manger quelques confitures, après quoi les cérémonies recommencèrent de plus belle, et l'on remonta dans les chaises à porteur, ornées de lanternes de couleur bleues, vertes et jaunes, sur lesquelles étaient inscrits les titres et qualités de leurs propriétaires.

Au retour d'une fête, la civilité exige d'un Chinois qu'avant de songer au repos, il écrive un *titsée* (billet de remercîment), surtout si l'amphytrion est un homme d'un rang élevé.

A quelque temps de là, Chonquoa nous donna un autre dîner ; mais cette fois entièrement à l'européenne. Il déploya à ce repas tout le luxe de table anglais ; le Porto, le Madère et le Claret (Bordeaux) n'y furent point épargnés. Ce fut un festin somptueux, où les plats délicats de la France figuraient à côté des grosses pièces de la Grande-Bretagne. Nous fîmes, comme de raison, beaucoup plus d'honneur à ce second dîner qu'au premier, mais nous nous amusâmes beaucoup moins.

Il y a peu de chevaux à Canton; le petit nombre de Chinois que je rencontrais se promenant à cheval, paraissaient être des officiers de police, mais je ne me rappelle pas avoir vu des particuliers se livrer à cet exercice. Les voitures étant inconnues, le seul moyen de transport pour les gens riches consiste dans le palanquin ou la chaise à porteur, qui peut recevoir quelquefois deux personnes, mais ordinairement n'en contenait qu'une, assise sur un coussin, les jambes croisées à la turque, ou bien sur un tabouret, les jambes étendues. Ces palanquins sont portés par deux, quatre ou six hommes. Doublés, à l'intérieur, de drap, de velours ou de satin, ils sont, à l'extérieur, vernis, laqués, dorés, ornés de festons, de dessins et de glands de soie de couleurs variées, selon le rang et la richesse du propriétaire. Les palanquins des hommes sont ouverts; ceux des femmes sont généralement fermés, ces dernières n'étant pas dans l'usage de se montrer en public.

Le moment du départ de Canton approchait; la cargaison du *Fils de France* était achetée et presque entièrement embarquée; on fit des provisions pour le voyage. Des légumes salés, qui s'emploient comme la choucroûte, de petits biscuits pour la table, de la farine en caisse, des œufs qui, placés dans de l'eau de chaux, se conservent fort long-temps ; une grande quantité de canards et de poules, des paniers de *le-chis* (1), d'oranges, de citrons, et cent autres fruits conservés, du sucre candi et des confitures, telles furent à-peu-près les provisions de table qu'on fit pour l'état-major. M. Duboisviolet, voulant rapporter en Europe quelques plantes et fleurs rares, envoya à bord une vingtaine de caisses de jolis arbustes, de plantes et orangers de diverses espèces. Enfin, la cargaison était tellement complète, que la charge du navire était estimée à neuf cents et quelques tonneaux. Notre subrécargue, pour avoir plus de place, prit à loyer les chambres des officiers, et les remplit de marchandises, ne laissant que l'espace nécessaire pour se coucher.

Nous appareillâmes de Wampoa dans les derniers jours de janvier. Le temps, durant notre séjour, avait été presque toujours pluvieux et froid, à-peu-près comme à la fin du mois d'octobre à Paris.

Avant d'appareiller, nous réglâmes nos comptes avec le hopoo, afin d'obtenir un pilote et notre *chap*

---

(1) Fruit délicieux de la Chine, de la grosseur d'une cerise, et couvert d'une enveloppe délicate qui se brise facilement sous la pression du doigt. A l'état de maturité sa chair est blanche, et rose clair en séchant. Le goût en est exquis et ne peut être assimilé à celui d'aucun fruit de nos zônes tempérées.

de sortie, sans lequel aucun navire ne peut franchir les dernières barres. Nous descendîmes le fleuve avec des vents de N. E., et nous eûmes beaucoup moins de peine qu'en le remontant. Nous passâmes devant Linting, dont la rade allait bientôt devenir le rendez-vous des bâtimens qui se livraient au commerce de l'opium; et laissant à notre droite Macao, et la grande Ladrone, où nous déposâmes notre pilote, à gauche nous entrâmes dans la mer de la Chine.

Une bonne brise nous accompagna constamment et nous conduisit promptement au détroit de Gaspard; de là, vis-à-vis Anière, dans le détroit de la Sonde, où, ayant mis en panne pour donner quelques lettres adressées à Batavia, nous sortîmes par la grande passe, entre l'île du Prince et la côte de Sumatra. Le navire continuait à bien marcher, et des vents de S. E. le portèrent rapidement à la hauteur de Madagascar, vers l'extrémité S. de cette île. Les baleines abondaient par le travers du canal; on ne les pourchassait pas alors aussi vivement qu'à l'époque actuelle : elles étaient si nombreuses, qu'il y avait du danger à heurter de nuit contre quelques-uns de ces énormes cétacés, morts ou endormis. Cet accident nous arriva une fois : nous filions de neuf à dix nœuds avec toutes voiles dehors, lorsque nous en abordâmes une, heureusement en la prolongeant, car si nous l'eussions prise en travers, nous courions le risque de perdre une partie de notre mâture; le choc fut cependant si violent, que tout le monde accourut sur le pont, pensant que nous avions touché sur un récif.

Deux jours avant d'apercevoir la partie de la côte d'Afrique, appelée terre de Natal, nous eûmes de forts vents contraires de S. O., qui nous obligèrent à prendre des ris. J'étais sur le petit hunier, et j'allais me mettre à l'empointure, ce que nous, pilotins, ambitionnions de faire par amour-propre du métier, lorsque le gabier de misaine, nommé Tual, homme marié à Paimbœuf, passa par-dessus moi en me disant qu'il allait placer des contre-rabans. Il s'assit sur la poulie de bras, et, dans un mouvement que fit le hunier en fouettant sur le mât, l'estrope de cette poulie cassa ; et ce matelot, qui était un homme de cinq pieds huit pouces au moins, tomba ; je l'accrochai par le pan de sa veste, mais je dus le lâcher presque aussitôt, me voyant entraîné avec lui. Il tomba la tête sur le joal de l'ancre, qui était au bossoir de tribord ; on le releva et on le transporta sur l'arrière, le crâne ouvert et une cuisse cassée, il survécut à peine une heure à cette chute. C'était la première catastrophe que nous eussions éprouvée dans notre voyage ; car malgré l'inconduite de nos matelots à Cavite et les accidens inséparables de la vie maritime, nous n'avions eu, jusqu'à ce jour, aucun événement funeste à déplorer, ni un seul homme sérieusement malade. Cette perte nous fut d'autant plus sensible, que cet homme était un des plus raisonnables de nos matelots, qui auraient fait le plus bel équipage de corsaire que l'on eût pu trouver, tant ces hommes étaient braves, courageux, infatigables; mais, en revanche, ils étaient fort difficiles à conduire. Le malheureux Tual, enveloppé dans son hamac, avec quelques boulets aux pieds, fut déposé sur une planche, vis-à-vis le grand mât; l'équipage et les officiers, formant cercle autour de lui, récitèrent avec recueillement les prières des morts. Cette lugubre et douloureuse cérémonie terminée, on le fit glisser sur sa planche et les flots l'engloutirent pour jamais. Le reste de la journée et la suivante s'écoulèrent tristement.

CHAPITRE QUATORZIÈME.

CÔTE D'AFRIQUE. — BAIE DE LA TABLE. — CAP DE BONNE-ESPÉRANCE. — DESCRIPTION GÉOGRAPHIQUE, HISTORIQUE ET MARITIME. — COMMENT L'ON DOIT VENIR AU MOUILLAGE. — DÉMARCATIONS. — VENTS. — PHÉNOMÈNE.

Le lendemain, la pointe d'Afrique apparut à l'horizon; nous nous trouvions un peu dans le nord de False-Baie, du cap de Bonne-Espérance. Les vents étaient devenus assez favorables pour nous permettre d'aller mouiller dans la baie de la Table, et de renouveler notre eau, attendu qu'à notre départ de Chine nous n'en avions pris que la quantité absolument nécessaire à la moitié du voyage, voulant laisser, ainsi que je l'ai dit, plus de place aux marchandises. La batterie où couchait l'équipage fut dégagée, afin d'étalinguer les câbles et de prendre les bittures convenables; enfin, le 26 mars, après une traversée de cinquante jours, nous mouillâmes dans la baie de la Table, vis-à-vis la ville, où nous trouvâmes un brick anglais chargeant des provisions et du bétail pour la maison de Napoléon à Sainte-Hélène, un bâtiment français et plusieurs navires de la Compagnie des Indes.

La baie de la Table est tellement remarquable, qu'il est impossible de se tromper. On la reconnaît aux hautes terres dont elle est environnée, et qui, vues de très loin, apparaissent comme une île. La partie la plus élevée est située directement au-dessus de la ville du Cap : c'est la *Montagne de la Table*, qui a donné son nom à la baie; sa hauteur est de 3,500 pieds, et son sommet est plat. Coupée à pic à l'E., elle se relève ensuite pour rejoindre le *Mont-du-Diable*, montagne raide et escarpée, d'une hauteur presque égale à celle de la première, dont elle n'est séparée que par un espace étroit. Vers l'O., la montagne de la Table est presque à pic, puis elle prend une déclivité abrupte et va rejoindre le *Pain-de-Sucre* ou *Tête-du-Lion*, montagne rocailleuse et conique, de 2,400 pieds d'élévation. A son sommet, on trouve une mare d'eau excellente, près de laquelle est dressé le mât sur lequel on arbore un pavillon, pour signaler les navires en mer qui ne viennent pas au mouillage. En divers endroits, l'ascension est tellement difficile, qu'on a été obligé de tailler des marches dans le roc. Du côté N., la Tête-du-Lion touche à une autre montagne oblongue, haute de 1,000 pieds, appelée la *Croupe-du-Lion*. Ces noms, de *Tête* et de *Croupe-du-Lion* dérivent de la ressemblance qu'ont ces deux montagnes avec le corps de cet animal. Le Lion est sur le côté O. et S. O. de la baie; les montagnes de la Table et du Diable, sur le côté S. Vers la partie E. de la baie et de ces montagnes, est un petit isthme, bas et sablonneux, placé entre la ville du Cap et False-Baie. De la pointe du Cap de Bonne-Espérance à la montagne de la Table, la terre est haute et inégale.

Lorsque, dans les mois d'été, la montagne de la Table se couronne de nuages blancs, c'est un indice certain de vents violens du S. E. et de l'E. S. E. En janvier, février et mars, ces vents soufflent quelquefois avec une égale furie sur la montagne de la Table, sur celle du Diable, et par l'espace qui s'ouvre entre elles. Des nuages, semblables à des toisons de laine blanche, descendent de la crête de la montagne, et, se déroulant en flocons sur ses flancs, forment un coup-d'œil admirable. Un capitaine expérimenté fait alors amarrer son navire avec de bons câbles et de fortes ancres, et amène sur l'avant les deux ancres d'affourche, car la violence des rafales fait chasser les bâtimens. Il en est qui ont entraîné toutes leurs ancres, et qui, obligés d'appareiller, n'ont pu revenir au mouillage que cinq ou six jours après. Quand la montagne de la Table est balayée de nuages, les vents d'E. sont doux, ou une jolie brise de mer souffle ordinairement de l'O. de la baie pendant une grande partie de la journée.

Durant les mois d'été, l'atmosphère est parfois si transparente, que les étoiles de *Vénus* et de *Jupiter* sont perceptibles en plein midi.

Les navires qui entrent dans la baie de la Table doivent passer dans le canal, entre la Pointe-Verte et l'île Pingouin; mais le canal au N. de cette île est préférable pour ceux qui en sortent, parce que les forts vents de S. E., soufflant de la baie, produisent un courant qui débouche entre l'île et la côte N., tandis qu'au-delà de la Pointe-Verte, le courant porte dans la baie.

La petite île Pingouin, basse et plate, à environ cinq milles au N. de la Pointe-Verte, forme avec cette dernière un canal pour entrer dans la baie. Il ne faut pas l'approcher à plus de deux milles, à cause d'un rocher sous l'eau, désigné sous le nom de *la Baleine*, qui gît à environ un mille et demi de son extrémité S., et sur lequel la mer se brise lorsqu'elle est houleuse. Le bon mouillage, dans la baie, est en face de la ville, sur un fond de sable. Dans les mois d'été, un navire peut s'amarrer par sept, six et cinq brasses. La Pointe-Verte restant au N. O. 1/2 N., le corps de la montagne est au S. O. 1/4 S., le mât de pavillon sur la Croupe-du-Lion à l'O. 1/2 S., d'un demi-mille à un mille de terre.

Lorsqu'on attend les vents de N. O., on ne doit pas ancrer par moins de six ou six brasses et demie, la lame étant beaucoup plus régulière par cette profondeur que par une moindre. A cette époque de l'année, les navires doivent filer leurs câbles à bout, et même mouiller deux ancres, l'une au bout de l'autre, car ils sont sujets à chasser, si leurs ancres ne sont pas bien fixées dans le sable ; et quand un bâtiment chasse, il lui est bien difficile de faire tête, car les ancres labourent le fond sans prendre tenue.

La ville du Cap est située par 33° 58' de latitude S., et 16° 8' 30" de longitude E., méridien de Paris, carte du capitaine Owen. La marée monte rarement à plus de cinq pieds de hauteur, les jours de pleine et nouvelle lune. L'établissement du port est à 2 heures 30'. D'après nos compas, nous trouvâmes que la variation était de 26° N. O.

Depuis notre passage, on a établi un fanal à double lumière sur la pointe de terre qui se prolonge de l'entrée de la baie, entre la batterie des Moulins et la baie des Trois-Ancres, sous la Croupe-du-Lion ; il sert aux navires qui veulent venir au mouillage pendant la nuit. Pour tous les autres détails nécessaires à un marin qui fréquente ces parages, on ne peut mieux faire que de consulter Horsbourg, *India directory*.

La vue de la ville a quelque chose de frappant et de caractéristique : cette haute montagne, si plate à sa partie supérieure et qui fait le fond du tableau, ces navires, les montagnes environnantes, semblables aux ouvrages avancés d'une forteresse; les maisons de campagne éparses sur les falaises ; les blanches habitations de ville se déroulant aux pieds de la montagne, tout cet ensemble offre un aspect saisissant, surtout quand des masses de nuages blancs viennent se suspendre en flocons aux flancs de ces terres élevées.

Les Portugais ont eu la gloire de pénétrer les premiers dans les mers des Indes, en doublant la pointe d'Afrique ; mais, ainsi que la plupart des inventeurs, ils n'ont pas recueilli les fruits de leur découverte. Lorsqu'en 1484 Barthélemy Diaz tenta de doubler le Cap, la haute latitude vers laquelle il s'éleva ne lui permit pas de l'apercevoir ; il vint attérir à la côte occidentale d'Afrique, à quarante lieues environ au N. de sa pointe méridionale; il y débarqua des nègres revêtus de brillans costumes, et leur remit divers objets qu'il avait apportés de Lisbonne et qu'il supposait propres aux échanges. Ces tentatives furent inutiles ; le naturel farouche des indigènes opposa des obstacles insurmontables à l'établissement de toute relation pacifique. Diaz s'avança jusqu'à Groote-Visch-Rivier ; il aurait pénétré plus loin, si les révoltes multipliées de son équipage ne l'eussent obligé à revenir sur ses pas ; ce ne fut qu'à son retour qu'il aperçut le Cap, objet de ses recherches : il y débarqua, y éleva une croix, et lui donna le nom de Cap des Tempêtes, à cause des terribles ouragans dont il avait été assailli dans ces parages. A son retour à Lisbonne, le roi de Portugal, François II, qui comprenait tout l'avenir de cette grande découverte, substitua à ce nom celui de Cap de Bonne-Espérance. Mais ce ne fut qu'en 1497 que *Vasco de Gama* eut l'honneur de le doubler et de montrer pour la première fois des navires européens dans l'océan Indien. Les Portugais ne formèrent point d'établissement sur ce point si important.

Lorsque les Hollandais commencèrent à porter leur pavillon dans les mers de l'Inde, leurs navires relâchaient fréquemment au Cap; mais ce ne fut qu'en 1652, c'est-à-dire cent soixante-six ans après la découverte de Barthélemy Diaz, qu'ils s'y fixèrent. Van Riebeck, accompagné de quelques mauvais sujets exilés de la Hollande, de soldats et de matelots congédiés du service, fut le fondateur de la ville du Cap. L'établissement prit un nouvel essor en offrant asile à un grand nombre de familles protestantes, qui, persécutées ou chassées de France à cause de leur religion, vinrent s'y établir, vingt-trois ans après sa fondation. Le gouverneur, Van der Stel, les accueillit et leur fournit les moyens de se livrer à l'agriculture; ils fondèrent un canton français, que l'on nomma et que l'on nomme encore *Franske-Hoek*; mais, avec le temps, ils perdirent les habitudes de leur patrie, ils en oublièrent jusqu'à la langue, et aujourd'hui leurs noms de famille, encore français, sont les seules traces qui rappellent leur origine.

Voici ce que dit, au sujet de cette petite colonie d'origine française, le voyageur Labillardière, attaché comme naturaliste à l'expédition envoyée, en 1792, à la recherche de La Peyrouse, et qui, lors de sa relâche au Cap, alla visiter l'établissement fondé par ses compatriotes : « Il nous fallut marcher la nuit pendant près de
« deux heures avant d'arriver à Franske-Hoek, chez
« Gabriel Deprat, pour qui j'avais une lettre de recom-
« mandation. Comme il était absent, un de ses voi-
» sins, Jacob de Villiers, vint nous inviter à descen-
« dre chez lui : nous y fûmes très bien reçus. Les
« noms des colons nous faisaient espérer que nous al-
« lions trouver avec qui parler notre langue ; mais ces
« Français d'origine, obligés de parler hollandais,
« n'ont conservé de leur langue maternelle que le nom
« de leurs pères. La seule personne qui sût encore le
« français, était une femme âgée de quatre-vingts ans.
« On ne sera pas fâché, ajoute Labillardière, de con-
« naître les familles françaises qui vivaient au milieu
« de ces montagnes ; voici leurs noms : Lombart,
« Faure, Rotif, Blignant, Duplessis, Marée, Ponté,
« Naudé, Cronier, Hugo, de Villiers, Marais, Du-
« buisson, Leroux, Deprat, Rousseau, Terron, Hu-
« bert. »

Depuis cette époque un grand nombre de colons irlandais et allemands sont venus s'établir aux environs de Franske-Hoek ; ils y ont contracté des alliances avec les familles originaires de France, et les diverses races se trouvent maintenant mêlées et confondues.

L'oubli de la langue maternelle, malgré le sentiment pénible qu'il inspire, est pourtant un fait plus ordinaire qu'on ne le pense. Le général Miller, dans ses Mémoires sur la guerre de l'indépendance de l'Amérique du Sud, raconte qu'un Français (que j'ai connu aussi), établi depuis vingt-cinq ans dans l'intérieur du Pérou, ayant appris l'arrivée, à la côte, d'un navire de sa nation, s'empressa de s'y rendre; mais lorsqu'il fut à bord, il s'aperçut, à sa grande surprise, qu'il lui était impossible de s'exprimer en français, quoiqu'il le comprît encore. Dans son *Voyage en Suède*, M. Alexandre Daumont cite un soldat français, prisonnier dans la campagne de Russie, qui parvint à s'échapper en Suède, où il entra dans les hussards de Scanie; au bout de quinze ans de séjour, il avait presque complètement oublié sa langue.

La baie du Cap est très poissonneuse. On y retrouve plusieurs variétés de poissons analogues à celles de nos mers, et d'autres qui lui sont particulières : parmi les premières sont les maquereaux, les soles, les lubines, les chiens de mer et autres; les homards et les langoustes sont tellement abondans, qu'on les vend de 20 à 25 centimes la pièce. Parmi les espèces locales, on compte le poisson romain, sorte de perche qui tire son nom des roches romaines de la baie Simon : c'est un des meilleurs et des plus communs. Le turbot à écaille argentée, d'une qualité exquise; le ratteur, poisson plat très estimé des Hollandais; la torpille, le vagré, que l'on retrouve dans beaucoup de baies de l'Amérique et de l'Inde; les épines latérales de ce dernier, et celles qui forment sa nageoire dorsale sont très venimeuses, et leur piqûre fait horriblement souffrir : parfois même elle occasionne le tétanos. Les dauphins ou dorades, les bonites et les loups marins s'y montrent de temps à autre.

Les oiseaux océaniques sont également en grand nombre; on y voit des albatros, des damiers, diverses espèces de pétrels et de cormorans, ainsi que des pingouins, qui ont donné leur nom à diverses roches.

Sur les montagnes et dans les forêts de cette péninsule, on trouve les antilopes, les hyènes, les loups, les chacals, les lions, les panthères, et presque toute la famille des singes. Le gibier consiste en perdrix, faisans, cailles, bécassines, canards sauvages, pigeons ramiers et tourterelles, et une sorte d'oies également sauvages. En fait de reptiles, l'on y trouve quelques serpens.

Le climat est celui des latitudes australes, et l'année se divise en saison sèche et humide; la première a lieu de septembre à mars : elle comprend quatre mois de printemps, de septembre à décembre, et trois mois d'été. La plus grande chaleur arrive en janvier et février, où le thermomètre monte jusqu'à 100° de Fahrenheit. L'automne se compose d'avril et de mai, enfin juin, juillet et août forment la saison d'hiver : ce sont des mois orageux accompagnés de torrens de pluie, de tonnerre et d'éclairs répétés; le thermomètre tombe alors souvent à 40°. Le plus grand froid se fait sentir en juillet et août, et apporte un peu de neige sur les montagnes, sans cependant être assez intense pour exiger l'usage du feu.

Quelquefois la montagne de la Table présente un phénomène accidentel qui, pour être connu, n'en est pas moins singulier; on le désigne sous le nom de *nappe de la Table*. Il s'annonce par un petit nuage blanc qu'on prendrait pour de la neige, et qui commence à se condenser sur la Croupe-du-Lion, d'où, s'étendant graduellement, il finit par couvrir en entier la partie supérieure de la montagne; son centre est alors d'un gris foncé, tandis que ses bords restent blancs. Après être demeuré ainsi quelque temps suspendu, il se dissipe dans l'atmosphère sans se résoudre, ainsi que cela devrait être selon les lois de la physique, soit en pluie, soit en brouillards. On le considère comme un pronostic à-peu-près certain d'un fort coup de vent du S. E.

Les vents impétueux, presque continuels, qui règnent sur cette pointe de terre, ont leur explication dans sa position maritime, que l'on peut comparer à un môle gigantesque qui s'avancerait de l'Océan austral pour affronter les tempêtes ; mais ce qui est digne d'attention, au milieu de ces imposans phénomènes, c'est la sagesse et la prévoyance de l'auteur de la nature, qui a pris soin de revêtir toutes les feuilles des arbustes de cette région éolienne, d'un duvet d'autant plus épais qu'ils sont plus exposés à l'action de l'air.

CHAPITRE QUINZIÈME.

VILLE DU CAP. — DÉBARCADÈRE. — FORTIFICATIONS, PROMENADES. — POPULATIO . — VINS DE CONSTANCE ET DU CAP. — VALEURS MONÉTAIRES. — HOTTENTOTS. — LEURS MŒURS. — SABBES.

La ville du Cap est bâtie dans l'angle S. E. de la baie, au pied de la montagne de la Table, dans une petite plaine qui se dirige en pente douce du pied de la montagne à la mer. Du centre de la ville, le milieu de la Table reste au S., la montagne du Diable au S. E., la Tête-du-Lion au S. O., et de la montagne du Diable, à la pointe S. E. de la baie, une plage de sable borde la côte.

Le débarcadère est une jetée en bois qui s'avance dans

la mer, et est munie de plusieurs chèvres pour hisser les marchandises. Des tuyaux de plomb et des manches en cuir conduisent l'eau dans les tonneaux à bord des chaloupes; sans ces précautions, le débarcadère et l'aiguade seraient excessivement difficiles, car il y a presque toujours du ressac à la côte. A l'époque de notre relâche, cette jetée était en très mauvais état. Vis-à-vis le débarcadère est la place d'armes, entourée d'une allée d'arbres, et dont de belles casernes pouvant contenir 5,000 hommes et faisant face à la mer, forment le principal ornement.

La ville est très régulière et fort propre dans la saison sèche : ses rues sont coupées à angles droits; dans toute la longueur de celles perpendiculaires à la montagne règnent des canaux bordés d'arbres, et, de distance en distance, des fontaines publiques fournissent l'eau pour la consommation des habitans; mais qu'arrive la saison des pluies, toutes ces rues, qui ne sont point pavées, deviennent horriblement sales, tandis que pendant celle d'été, des vents de S. E. font surgir des tourbillons de poussière. De jolis perrons, des colonnes, des statues, des urnes, des vases et d'autres ornemens architectoniques ornent les frontons et les plates-formes des maisons, et leur donnent l'apparence d'édifices publics. Une petite place, au centre de la ville, sert de marché aux légumes. Outre ce dernier, il existe un grand marché où l'on apporte toutes les denrées de l'intérieur, et qui souvent est encombré par plus de cent charrettes traînées par quatre, cinq ou six paires de bœufs, que le conducteur dirige avec un grand fouet. L'hôtel-de-ville, bâti sur la petite place, est d'une construction assez lourde; parmi les autres édifices remarquables, se trouvent deux temples : l'un calviniste, l'autre luthérien; la maison du gouverneur et un théâtre élevé par les Anglais.

Les fortifications consistent en plusieurs travaux détachés, dont le principal est la citadelle du château; c'est un pentagone régulier flanqué de bastions et d'ouvrages avancés, et entouré d'un fossé quelquefois plein d'eau. Ce fort commande la ville et une partie du mouillage, mais lui-même est dominé par la montagne du Diable, qui s'élève au-dessus, hérissée de redoutes. A l'E. du château est le fort Knocke, et un rempart armé d'un grand nombre de canons de gros calibre; l'on nomme ce rempart les *Lignes marines*, et il lie les deux citadelles. Au N. O. de la ville, trois grandes batteries commandent directement l'ancrage, et plusieurs autres, d'une moindre force, défendent les points où l'on pourrait attérir.

La population du Cap se composait, à l'époque de notre arrivée, de 3,500 à 4,000 blancs, et de 13 à 14,000 esclaves, indépendamment de la garnison. Les blancs descendent d'un mélange d'Européens : Hollandais, Allemands, Anglais, Français; les esclaves sont des naturels du pays et de la Cafrerie. Entre ces derniers et les blancs, il est une classe intermédiaire de métis de toutes les nuances, qui comprend aussi des hommes libres; c'est dans cette partie de la population que l'on range les banians, les marchands, les revendeurs et les ouvriers.

A l'une des extrémités, dans le haut de la ville, on trouve le jardin public, désigné aussi sous le nom de *Jardin de la Compagnie*, dont plusieurs voyageurs ont parlé avec enthousiasme. Cette promenade n'est autre chose qu'un vaste enclos où l'on voit quelques allées d'assez beaux chênes; des carrés entourés de fortes haies de myrthes, qui les préservent de la violence des vents, sont consacrés à la culture des légumes de l'Europe et des fleurs et plantes étrangères. Dans l'enceinte du jardin, le gouvernement entretient une ménagerie, où sont réunis des oiseaux et des animaux rares, tels que des lions mâles et femelles, des zèbres, des chacals, des tigres, des panthères, des singes de la grande espèce, des autruches et un oiseau appelé le *secrétaire*; cet établissement possède aussi une bibliothèque et un cabinet d'histoire naturelle.

La ville est entourée de jardins particuliers, où l'on cultive à-la-fois les plantes de l'Europe et celles de l'Asie; on y rencontre le bananier à côté du châtaignier et du pommier de nos latitudes, et des légumes de toute espèce; l'orge, l'avoine, le blé, le chanvre et même le lin donnent deux récoltes par an.

La flore du Cap est des plus intéressantes, et cette

contrée attire depuis long-temps l'attention des naturalistes. Le Hollandais Kolbe, l'abbé de la Caille, les Suédois Sparmann et Thunberg, Paterson, Le Vaillant, Barrow, lord Maccartney et une infinité d'autres en ont fait le théâtre de prédilection de leurs recherches scientifiques. Les plus belles plantes, les fleurs et les arbustes les plus rares de nos jardins et de nos serres viennent du Cap.

Le zèbre, la gazelle, la girafe, presque inconnues avant Buffon, sont communes dans les campagnes; les bœufs et les moutons se vendent à bas prix; mais, comme aliment, leur chair est loin d'être bonne; celle du mouton a un goût fort, qui lui est communiqué par les plantes aromatiques dont cet animal se nourrit. Ces moutons sont de race africaine; au lieu de laine, ils sont couverts de poil, et leur énorme queue, recouverte de graisse, pèse quelquefois jusqu'à douze livres.

Les maisons de campagne, entourées de jardins, de bosquets, de petits chênes et de protea, offrent un coup-d'œil agréable; mais la haute végétation manque dans ce paysage, et le bois de chauffage y est très cher. Comme la zône végétale de cette contrée correspond à celle du midi de l'Europe, on y a depuis long-temps introduit la culture de la vigne; ce fut le gouverneur Van der Stel qui eut cette heureuse pensée : il acheta une vaste étendue de terrain, et donna à cette propriété le nom de Constance, qui était celui de sa femme. Là, on planta la vigne avec des ceps de Bourgogne et du Rhin; depuis on y ajouta des plants de Chypre, de Madère, de Malaga, de Frontignan et de Bordeaux. Les vins récoltés dans la colonie y sont consommés en très grande partie; la huitième partie seulement du produit est destinée à l'exportation. Le clos de Constance se divise en deux parties distinctes, dont chacune forme une propriété considérable; le Grand-Constance fournit ce vin si célèbre dans toute l'Europe; le Petit-Constance, quoique du même terroir, ne fournit que des vins inférieurs, sans doute à cause de l'exposition du sol. La production des deux vignobles est évaluée à 3,000 veltes de vin rouge et 5,400 veltes de blanc.

Le Grand-Constance est reconnaissable à une allée de grands arbres et à l'inscription *Groot Constancia*, écrite sur la porte d'entrée; une autre allée de chênes conduit au Petit-Constance, propriété de M. Collin. Les ceps, espacés de quatre en quatre pieds, ne sont pas étayés par des échalas; ils poussent sans supports et s'étendent sur le sol comme les vignes de quelques parties du centre et de l'Ouest de la France. Le seul travail de culture consiste à les tailler et à piocher le terrain sablonneux au pied de chaque cep. Les diverses qualités de vin sont : le Constance proprement dit, le vin de Pontac, de Pierre, de Frontignan, puis une sorte plus commune, qui porte le nom générique de vin du Cap, et qui se recueille au Petit-Constance. Dans la colonie, on préfère le Frontignan à tous les autres ; mais le Constance a toutefois des qualités plus réelles. Pour faire ce dernier, on égraine le raisin en le frottant sur une espèce de claie à jour ; les grains tombent dans un baquet et sont portés dans le pressoir, où des hommes le foulent avec les pieds. Le moût est mis dans un tonneau où il reste environ quinze jours ; puis, dans des barriques, où on le laisse fermenter pendant un espace de temps à-peu-près égal ; enfin, on le soutire trois ou quatre fois. Après deux années de futailles, il est mis en bouteilles et demi-bouteilles, avec le cachet du propriétaire, et s'expédie en Europe, en caisses, accompagnées d'un certificat d'origine. Dans ces dernières années, les Anglais ont encouragé, par toutes sortes de moyens, l'extension de la culture de la vigne au Cap, et si ces tentatives réussissaient selon leurs désirs, leur nation serait, dans quelques années, affranchie de la nécessité de s'approvisionner des vins de Portugal, de France et d'Espagne.

Le signe représentatif des valeurs et le moyen d'échange et de circulation consistait dans le papier-monnaie émis par le gouvernement, en billets de un à soixante rixdalers. La monnaie courante est la piastre espagnole, l'écu de six livres français, la couronne et la demi-couronne anglaise. La piastre varie de 12 à 16 escalins, à peu près 12 sous de la colonie ; 8 escalins font environ un rixdaler de papier. Lors de la création des rixdalers de papier, on a voulu leur donner la valeur de la piastre espagnole. La monnaie d'or est la quadruple espagnole, qui vaut de 26 à 32 rixdalers de papier; quelques souverains et des napoléons, d'une valeur de 7 à 8 rixdalers, se rencontrent aussi dans la circulation.

Les objets d'exportation consistent en vins du Cap et de Constance, en eaux-de-vie, cuirs secs et salés, laines de mauvaise qualité, huiles de baleine et de loup de mer, fanons de baleine, plumes d'autruches, extrait d'aloès, ivoire, tabac, et fruits secs pour l'Inde, tels que pommes, raisins, abricots et amandes. La race des moutons s'est considérablement améliorée par les croisemens; on élève des bestiaux en plus grand nombre, et le commerce des laines et des cuirs est destiné à un grand accroissement; celui des plumes d'autruche et de l'ivoire tend au contraire à diminuer de jour en jour, parce que les gens de la campagne détruisent les nids d'autruches pour en vendre les œufs aux équipages des navires qui fréquentent la baie de la Table; et que les éléphans, se retirant dans l'intérieur en proportion de l'augmentation des cultures et de la population, deviennent de plus en plus rares.

L'extrémité de l'Afrique ou territoire du Cap, est habité par les Hottentots, qui semblent être les aborigènes de cette région. Ces peuples diffèrent entièrement des autres races africaines, soit au physique, soit au moral : ils constituent une exception remarquable du caractère des noirs ; c'est une variété à part de l'espèce humaine. A la chevelure laineuse des nègres ils joignent le crâne et la configuration de la tête des Malais, tandis qu'ils se rapprochent des Mogols par l'absence de la barbe et la couleur de la peau. Ils diffèrent surtout des noirs sous le rapport moral. Le Hottentot n'est ni féroce, ni traître, ni malfaisant ; il est au contraire doux, docile, honnête, et surtout sincère et naïf. Ce qui obscurcit ces belles qualités, c'est son indolence extrême et sa gloutonnerie invincible ; il dévore sans préparation toute espèce d'intestins d'animaux et une foule d'objets dégoûtans qu'il trouve sous sa main ; une fois repu, il se couche et s'endort. Cependant ces vices natifs s'adoucissent par la civilisation, et l'on remarque que les naturels qui font partie des régimens formés de ces indigènes, par les Anglais, non-seulement ont montré souvent de l'énergie, mais se tiennent d'ordinaire fort proprement.

J'ai dit que la conformation de la tête du Hottentot ressemblait à celle du Malais ; je dois ajouter que cette ressemblance consiste dans l'aplatissement de la figure et dans la proéminence des pommettes des joues. Le cartilage du nez étant déchiré dès l'enfance, il en résulte qu'il est extrêmement plat. La couleur de la peau est d'un jaune sale ; leurs yeux, sans expression, sont d'un noir roux ; ils n'ont point de barbe, et quelques touffes de laine couleur de suie garnissent leur tête. Les femmes sont remarquables par le volume de leur sein, la forme de leurs hanches, et les dimensions exorbitantes dont on a tant parlé et que tout le monde connaît. Cette exubérance d'appas donne à l'ensemble de leur personne la configuration d'un S ; celles qui s'en rapprochent le plus excitent parmi leurs compatriotes, le plus haut degré d'admiration, et obtiennent sans conteste la palme de la beauté. La nature a doté très libéralement les femmes hottentotes de ce genre d'attraits, tandis qu'elle en a complètement déshérité celles du nord de l'Europe ; on dirait qu'il existe une échelle de dégradation dans ces formes, qui deviennent moins prononcées à mesure que l'on avance de l'Afrique australe vers le pôle boréal. Je ne parlerai pas du fameux tablier naturel dont le beau sexe hottentot est, dit-on, pourvu ; on l'a décrit assez souvent avant moi, et l'on a fait assez de contes sur cette bizarre parure, pour que je me dispense d'en entretenir le lecteur.

La malpropreté des Hottentots est devenue proverbiale ; ils s'enduisent le corps d'un mélange de graisse et de suie, quelquefois de bouse de vache, et ne se lavent jamais. Leur costume se borne à fort peu de chose : l'habillement des hommes consiste en deux peaux de chacals, l'une devant, l'autre derrière, formant un vêtement à peine suffisant pour cacher leur nudité. Lorsque la saison l'exige, ils jettent sur leur dos une peau de mouton, appelée *kros*. Les femmes ne sont pas plus décemment vêtues : elles portent trois tabliers de peaux graisseuses, dont la plus grande, placée intérieurement, a un pied de largeur; les deux autres vont en diminuant et se portent l'un sur l'autre ; tous les trois sont arrêtés par un lien autour de la taille. Ces tabliers sont pour ces femmes un habillement complet, s'ils sont ornés de verroteries ; et, lorsqu'elles sont dans leurs huttes, elles les quittent. Hommes et femmes portent autour du cou et à la ceinture, des boyaux séchés et des peaux de langues d'animaux, et autour des poignets et des jambes, des bracelets de fer ou d'acier. Leurs habitations ne sont guère plus somptueuses que leur toilette; ce sont des cabanes de branches d'arbres d'une forme conique et ressemblant à une ruche; elles sont si basses, qu'ils ne peuvent s'y tenir qu'accroupis. Le feu s'allume au centre, et la nuit toute la famille s'étend pêle-mêle à l'entour. Ces misérables bouges ne servent d'ordinaire que pour le temps du repos ; au jour, leurs habitans les quittent et se tiennent aux environs, couchés nonchalamment sur la terre, ou se chauffant aux rayons du soleil. La réunion de plusieurs huttes disposées en cercle, forme un village, que l'on nomme *kraal*.

Les armes offensives sont la hassagaie ou javelot armé d'une pointe de fer, qu'ils lancent avec une grande adresse; de grosses massues ou casse-tête, des arcs et des flèches, de petits dards et des lances ; la pointe de ces armes est souvent empoisonnée avec le jus de certaines plantes ou le venin extrait de la tête des serpens.

La langue hottentote est un mélange de sons tellement étranges et durs, que non-seulement il est difficile de la comprendre, mais qu'il est presque impossible de la parler. A l'entendre, on dirait une sorte de gloussement.

Leur amusement favori est la danse, accompagnée de la voix et de quelques instrumens de leur invention; les femmes sont généralement les musiciennes et les hommes les danseurs. Ils ne paraissent avoir aucune religion; seulement, ils croient à la magie, et, dans la plupart des tribus, les sorciers sont en même temps les médecins; cependant, depuis l'arrivée des missionnaires, le christianisme a fait des progrès parmi ces peuples.

J'eus occasion d'entendre parler d'une tribu particulière d'indigènes vivant sans villages, sans hameaux; race mendiante, pillarde, lâche et cruelle, fléau de cette contrée; ce sont les Sabbes. Le Sabbe est le monstre de la race humaine; son regard est incertain et farouche, ses traits vagues et confus; son teint jaunâtre et terreux; sa maigreur ferait honte à un squelette. Les femmes, plus hideuses encore, ont le sein flasque, allongé et pendant; des hanches d'une grosseur énorme, sur lesquelles semble s'être amassée toute la graisse qui manque à leurs corps décharnés. Armé d'un arc et d'un carquois, à peine couvert d'une peau de mouton, le Sabbe rôde isolé ou par bandes au milieu des déserts, poursuivi par un besoin famélique qui le réduit à la condition des brutes; il se nourrit de racines, de sauterelles, de crapauds, de lézards, de souris; ses flèches sont empoisonnées; il se cache pour tirer sur les passans. Comme les animaux carnassiers, il aime la vue du sang et des cadavres. Les Caffres et les Hottentots sont sans pitié pour ces abominables parias, et les tuent lorsqu'ils les rencontrent; les colons qui vivent dans les fermes, loin des villages, sont souvent obligés d'acheter par des présens la paix avec ces horribles et incommodes voisins.

CHAPITRE SEIZIÈME.

—

LE CAP. — SOCIÉTÉ. — POPULATION. — MOUVEMENT COMMERCIAL. — PROJETS DES ANGLAIS SUR L'AFRIQUE.

Le Cap ayant été possédé successivement par diverses nations, et ayant reçu une infinité d'émigrans des diverses contrées de l'Europe, on n'y trouve point l'uniformité d'origine des colonies qui ont appartenu à la même métropole; néanmoins, le type hollandais est toujours dominant, surtout dans la campagne. Les Anglais vivent au Cap en suivant, autant que les circonstances le leur permettent, les usages de leur pays; les colons hollandais conservent leur hospitalité antique; les manières franches et naturelles qui distinguent les jeunes dames hollandaises, contrastent avec la réserve et même l'affectation hautaine des dames anglaises, qui se considèrent toujours en pays conquis.

Dans la ville, la société est assez grave; quand on se réunit, les hommes fument et s'entretiennent de leurs spéculations. Les jeunes gens donnent, comme partout, beaucoup plus d'attention aux plaisirs qu'aux affaires; ils ne s'occupent que de courses de chevaux, ou de leurs exploits à la chasse. Admis dans la famille Dolfus, où MM. Duboisviolet et Collinet étaient descendus, j'eus l'agrément d'y voir des réunions de dames et de jeunes personnes chez lesquelles le plus beau type de notre Europe septentrionale s'était conservé et peut-être embelli; je pus, à mon aise, admirer ce teint rose et blanc, ces beaux yeux bleus et ces soyeuses chevelures blondes des nations européennes du nord; toutes parlaient français, et le léger accent avec lequel elles prononçaient notre langue ajoutait un nouveau charme à leur conversation. L'habitude des Hollandais de prendre le thé s'est conservé dans toute sa rigueur; la maîtresse de la maison en faisait les honneurs avec une grâce charmante.

Le dimanche nous allâmes au temple, et nous attendîmes à la porte pour voir défiler la population blanche : elle est d'un très beau sang, tant les hommes que les femmes. Ces dernières suivent le plus exactement possible les modes d'Europe, qui, par malheur, leur arrivent un peu tard.

J'assistai à une revue de la garnison ; elle se composait de régimens anglais, qui, comme toutes les troupes coloniales de cette nation, ont une tenue admirable. Des dames élégamment parées, les unes dans des calèches découvertes, d'autres à pied, se promenaient sur l'esplanade en attendant leurs maris, officiers, employés ou négocians ; quelques-unes, aussi, paraissaient attirées par la seule curiosité ; car au Cap, ainsi qu'en Europe, les dames ont ce penchant tout aussi prononcé. Cette solennité militaire nous procura l'occasion de voir les plus jolies figures et les plus beaux équipages de la ville. Quelques jeunes dandys, les uns en tilbury, les autres à cheval, parcouraient la place avec rapidité, peut-être uniquement pour faire admirer leur grâce et leur dextérité à conduire ou à manier leurs chevaux. La ville ne me parut pas aussi triste que la plupart des villes protestantes ; pendant les jours de la semaine elle est fort animée : l'on y voit de grands magasins d'objets d'Europe, de la Chine et de l'Inde ; d'autres de produits du pays, des ateliers de carrosserie, de sellerie, de brillantes boutiques de modes, de soieries, de bijouterie, des cabinets d'histoire naturelle, dont le plus beau et le plus complet était dirigé par un Français ; c'était là où l'on venait s'approvisionner de plumes d'autruches, de peaux de lions, de tigres et de panthères, et d'une infinité d'autres objets rares et curieux.

Le Cap, par sa position, peut être considéré comme une immense hôtellerie ; l'approvisionnement des navires en relâche y forme l'objet des spéculations les plus sûres et les plus lucratives ; on y fait les réparations de toute espèce pour les corps des bâtimens et pour leur gréement ; vivres, instrumens nautiques et médicamens, tout s'y trouve ; et l'on y rencontre à chaque pas des magasins où l'on peut sur-le-champ se pourvoir de tous les objets dont on a besoin. Mais tous ces articles d'approvisionnement sont aussi chers qu'à Sainte-Hélène et plus qu'à Maurice. Un grand nombre d'habitans de la classe moyenne louent des appartemens et offrent leur table aux étrangers ; mais ce genre d'hospitalité est fort onéreux. Les bords de la mer sont habités par une population qui forme, comme dans tous les ports, une classe à part ; elle se compose des taverniers, des blanchisseuses, et de toute cette caste de banians métis qui viennent à bord, et accaparent les matelots pour en tirer le plus grand parti possible, en les conduisant partout où ils désirent aller, et en leur servant de courtiers pour vendre ou acheter une pacotille.

Les Anglais, habiles à profiter de tous les évènemens de notre révolution, firent constamment tourner à leur avantage jusqu'à nos triomphes sur le continent. Aussitôt qu'en 1795 nous eûmes occupé la Hollande, ils s'emparèrent du Cap, qu'ils rendirent, en 1802, lors de la paix d'Amiens. Le sort des armes, en 1806, fit de nouveau tomber la colonie entre leurs mains; ils la conservèrent en dépôt pour la rendre à la paix; mais ils eurent soin de se la faire adjuger par les traités de 1814 et de 1815, quoique la Hollande fût entrée dans la grande croisade européenne contre la France.

Le Cap est peut-être le point du globe qui mérite le plus de fixer l'attention d'une nation commerçante, et surtout d'une nation maîtresse de l'Asie. Boulevard de l'Inde, dominant les mers australes, lieu de relâche pour ses flottes, refuge contre les corsaires, point de départ des croisières, qui y trouvent en tout temps les ressources abondantes que procure une contrée féconde; l'on comprend que des avantages d'une aussi haute importance ne pouvaient être dédaignés; aussi la Grande-Bretagne garda-t-elle le Cap, et s'y est-elle solidement établie.

Les possessions hollandaises égalaient, en superficie, l'étendue de l'Angleterre et de l'Écosse, mais ne dépassaient pas *Groote-Visch-Rivier*. Les Anglais ont reculé les limites de la colonie de plus de cent lieues au-delà; elle est arrivée ainsi à des contrées boisées où d'immenses forêts vierges fournissent un nouvel élément de puissance qui manquait au Cap, dont les campagnes sont entièrement dépourvues d'arbres.

L'Angleterre a toujours vu avec déplaisir l'émigration se porter vers l'Union américaine; elle a cherché à la diriger vers le Cap; des facilités, des avantages ont été offerts à ceux qui ont voulu s'y fixer; et, depuis 1819, quatre à cinq mille individus, la plupart Irlandais, partent année commune des ports de l'Angleterre pour l'Afrique méridionale. La population de la colonie, du temps des Hollandais, était de 80,000 habitans; en 1819, elle s'élevait à 200,000, et maintenant elle dépasse 800,000.

La cafrerie a été entamée; elle sera conquise si sa possession offre quelque avantage. Les peuplades qui se trouvent envahies par le torrent de la civilisation, subiront leur sort : elles seront absorbées, refoulées ou détruites. Long-temps les Caffres ont opposé une énergique résistance; mais vers l'époque à laquelle je me trouvais en relâche au Cap, le gouverneur avait eu le talent de s'emparer de l'esprit du fameux *Gaika*, le plus brave et le plus entreprenant chef de cette nation; il lui persuada que le pouvoir dont il était investi ne lui suffisait pas, et qu'il devait se faire reconnaître pour chef suprême. L'ambition est naturelle au sauvage comme à l'homme civilisé : *Gaika* parvint au but de ses désirs et fit des traités avec les Anglais. Malheureusement, il ne garda pas long-temps le pouvoir, et les hostilités recommencèrent : elles se sont perpétuées jusqu'à présent.

Les Anglais cachent soigneusement tout ce qu'ils font dans leurs colonies; ils ont adopté la coutume des Phéniciens et des Carthaginois, qui couvraient leurs découvertes d'un voile épais, afin de ne pas s'exposer à la concurrence; et comme tous les peuples commerçans, ils s'étudient à cacher la source de leurs profits pour ne pas les partager.

L'Angleterre a sur le continent de l'Afrique des vues qu'elle poursuit silencieusement, lentement; elle se montre là comme partout, patiente, persévérante, adroite, entreprenante, infatigable et surtout admirablement inspirée dans le choix des moyens. D'un côté elle s'étend le long de la côte orientale jusqu'à aller bientôt toucher Mosambique et se rattacher plus tard à Aden, dont elle vient de s'emparer. Sur la côte occidentale elle possède d'immenses établissemens dont on ignore en France toute l'importance; il me suffira de dire que sur la seule côte des Esclaves et des Dents, elle possède treize forts; qu'à Sierra-Leone, à la Gambie et sur les autres points elle a, depuis vingt à trente ans, élevé plus de vingt villes, peuplées presque entièrement de noirs enlevés à bord des navires de traite, et qu'ils ont eu l'art de façonner au travail par la séduction de quelques jouissances. De belles et prospères cultures entourent ces villes; des bateaux à vapeur pénètrent dans les fleuves et vont répandre sur leurs rives les produits des fabriques anglaises; et ces villes ne sont pas des ramas de misérables chaumières décorées souvent de ce nom; grandes et ornées de somptueux édifices, la population de quelques-unes s'élève à 25,000 âmes; leur moyenne est de 3 à 6,000; les principales d'entre elles, que l'on voit à peine figurer sur nos cartes, sont Bathurst, Free-Town, Regent's-Town, Kisley, Sainte-Marie de la Gambie, Léopold, Charlotte's-Town, Glocester, Wilberforce, etc. Le génie colonisateur d'Albion semble avoir déployé toute sa puissance sur la côte de Guinée pour enfanter des prodiges et pour faire surgir de la terre des cités déjà florissantes avant que l'Europe ait connaissance même de leurs noms. Quant à l'Afrique centrale, l'Angleterre a commencé à l'explorer sous le prétexte de recherches scientifiques, et elle s'efforce d'arriver à la source mystérieuse des trésors qui depuis si longtemps ont éveillé sa cupide convoitise, et qu'une opinion générale et très accréditée place au centre de ce continent.

Mais revenons au Cap et laissons l'Angleterre poursuivre le cours de sa carrière envahissante; le jour viendra que celui qui a dit aux flots de la mer : « Tu « t'arrêteras là », mettra un terme à cette ambition effrénée.

CHAPITRE DIX-SEPTIÈME.

DÉPART DU CAP. — SAINTE-HÉLÈNE. — GRAINS SOUS LA LIGNE. — LEURS CAUSES. — RENCONTRE D'UN NAVIRE DE NANTES. — LES ILES AÇORES. — RETOUR EN FRANCE. — ORAGE EXTRAORDINAIRE — DÉBARQUEMENT.

Notre équipage était rafraîchi et remis de ses fatigues, le navire en état, les provisions faites, nous appareillâmes avec une jolie brise d'Est, qui, un peu plus au large, finit par se fixer au S. E., dans la région des vents généraux. Nous dirigeâmes vers Sainte-Hélène, sans intention d'y toucher; Napoléon l'habitait alors, et son infâme geôlier, sir Hudson Lowe, ne laissait débarquer personne; il ne fournissait même qu'avec peine de l'eau aux bâtimens qui en manquaient. Plusieurs navires de guerre croisaient autour de l'île et empêchaient l'approche de toute espèce de bâtiment, à moins qu'une nécessité absolue ne les contraignît d'aborder à Jame's-Town ; ils l'accompagnaient alors, et ne le quittaient que lorsqu'il était sous la volée des batteries de la place. La vue de cette île désolée nous inspira de douloureuses et mélancoliques réflexions. C'était donc sur ce triste rocher, au sein de l'Atlantique, que le génie dont l'éclat avait ébloui le monde, devait trouver le terme de tant de grandeur, de puissance et de gloire. Que l'Angleterre, dont le gouvernement eut le triste courage d'accepter cette odieuse mission, se rappelle que ses destinées, maintenant si brillantes, pourront bientôt finir d'une manière aussi fatale que celle de l'homme du siècle.

Nous perdîmes bientôt de vue cette île de triste souvenir ; le lendemain, nous aperçûmes l'île de l'Ascension, espèce de rocher aride, désert, ayant à peine une aiguade, mais où les Anglais avaient placé un fort détachement, afin d'empêcher toute tentative d'enlèvement de l'empereur. Les tortues font la célébrité de l'Ascension ; mais le nombre en diminue depuis qu'elles sont pourchassées avec tant d'ardeur par les équipages des navires.

De l'Ascension, nous nous dirigeâmes vers la ligne pour la couper par les 22 à 24 degrés. Dans ces traversées avec les vents généraux et alisés, on n'a d'ordinaire aucun événement remarquable, si ce n'est la vie répandue sur ces mers, dont nous avons déjà tracé le tableau, par cette phophsorescence des eaux pendant des nuits favorisées d'un ciel étincelant d'étoiles, par ces admirables levers et couchers du soleil aux nuages dorés et pourpres, variés de mille couleurs; par ces belles journées un peu chaudes, mais rafraîchies par une brise toujours constante. Le marin devient alors insouciant; l'officier est mollement penché sur son banc de quart; le matelot, occupé à divers travaux de gréement, ne pense plus à la vie active et tourmentée des vents variables; il fredonne quelques airs nationaux, il rêve un heureux retour; les quarts se succèdent, les officiers se changent, et pas un fil de caret n'a été remué à bord; toujours la même voilure : bonnettes hautes et basses, perroquet et cacatoès, tout est dehors; « Faites la tente! défaites la tente! » sont les seules manœuvres que l'on entende commander. Mais nous approchons de la ligne : les nuages commencent à s'amonceler, les vents deviennent variables, les grains se succèdent; les premiers sont peu forts; ils amènent peu ou point de vent avec quelque pluie; bientôt ils se forment dans toutes les directions du compas. Voyez sous le vent l'horizon se rembrunir : le point noir monte insensiblement; le temps est encore beau, le soleil brille dans la partie opposée, le tonnerre gronde derrière vous, et bientôt vous êtes environné d'un voile funèbre : la nue se déchire. L'officier, pendant toute cette commotion, n'est pas resté inactif : il avait le regard fixé sur le point noir ; en le voyant grossir, il a fait terminer l'ouvrage ; pilotins et novices ont rentré les bonnettes hautes et serré les petites voiles ; le maître a fait entendre son sifflet : tout le monde est à la manœuvre, les basses voiles carguées, les ris pris dans les huniers, et l'équipage à son poste se dispose à tout serrer au premier signal. D'autres préparatifs aussi avaient lieu ; chacun se débarrassait de sa chemise ; on bouchait les dalos ; les moques, les seaux et les bailles étaient apportés, les unes pleines de linge et les autres vides : il s'agissait de faire une provision d'eau douce pour la lessive. Le capitaine et le subrécargue appelaient le maître-d'hôtel ; une officiers, les mousses ; c'était un mouvement général, quant tout-à-coup on sent la brise ; le grain va éclater ; l'officier crie : « Tout le monde à son poste ! » Les sifflets des maîtres avertissent les causeurs, et l'on entendrait une mouche voler. Le navire, poussé par une jolie brise, commence à fendre les flots ; le temps devient de plus en plus noir ; le tonnerre, les éclairs et la pluie éclatent à-la-fois. Le navire penche sous le poids de la voile. Si le grain vient de la direction opposée, il masque le navire partout. La mâture craque, les manœuvres sifflent ; le bâtiment lui-même a éprouvé une secousse que chacun a ressentie par tout son corps : « Car-« gue les huniers ! » crie l'officier de quart ; « La

« barre au vent! » On se précipite sur les cargue-points et cargue-fonds ; au mot *cargue*, les voiles remontent vers leurs vergues, et la tempête déferle dans la toile détendue, qui, bientôt ramassée en un petit volume, ne lui donne plus de prise. Le navire a présenté la poupe à la bourrasque; les fauberts ont bouché les trous des pompes ; le charpentier a sa hache au pied du grand mât, pour couper la mâture dans le cas où la foudre tomberait à bord, et l'empêcher de s'introduire par les trous dans la câle. La pluie tombe à torrens; la foudre nous environne, les éclats du tonnerre nous font tressaillir, et cependant le matelot barbotte tranquillement dans la coursive, comme un canard dans une mare. C'est un étrange spectacle de voir tout ce monde occupé à se nettoyer et à laver son linge. Le grain vient de passer, le soleil reparaît, mais la brise n'est pas encore bien faite; on borde et l'on hisse seulement les huniers et les perroquets; la voile bat sur le mât et s'abîme; chacun alors paraît dans les haubans, sur les étais, un bout de fil de caret à la main, et bientôt le navire offre l'apparence du séchoir d'une grande buanderie, car les haubans et les étais sont couverts de linge de toutes les couleurs.

Des grains semblables se succèdent pendant plusieurs jours. L'on comprendra aisément que les parages de la ligne doivent être sujets aux tourmentes, car les vents soufflant toujours de la partie du N.E., depuis le tropique du Cancer jusqu'à 2 ou 5° de l'équateur, et toujours de la partie S. E., depuis le tropique du Capricorne jusqu'à cette même distance, ce qui forme une lisière de quelques degrés où vient se réunir la masse des nuages poussée obliquement des deux côtés, et qui est plus ou moins large, selon que le soleil est plus ou moins éloigné d'un côté ou de l'autre. Ces nuages s'amoncelant, font, dans cet espace, une révolution sur eux-mêmes, puis se déchaînent en grains et en bourrasques de tous les points du compas; cependant les vents tendent toujours à venir de l'O., et cela par une cause toute physique, qui provient de ce qu'ayant toujours été poussés à l'E. des deux côtés, ils ont besoin de prendre une direction contraire, afin de rétablir l'équilibre de l'atmosphère; c'est pourquoi ils soufflent plus particulièrement de l'Occident. Quand on a dépassé les vents généraux, soit du N., soit du S., au-delà du 30° degré de latitude, on se trouve dans la région des vents appelés *variables*.

En général tous les navires qui reviennent de l'Inde coupent la ligne à-peu-près par le même méridien : c'est donc un des points de la mer où l'on en rencontre le plus; aussi nous parlâmes à plusieurs, et nous en eûmes un bien plus grand nombre en vue. Le hasard nous fit rencontrer *l'Océan*, de Nantes, baleinier appartenant à nos armateurs; et comme il n'avait que cinquante et quelques jours de mer, il nous donna quelques barils de pommes de terre, légume qui cause toujours un excessif plaisir aux marins; car tout ce qui est frais a un attrait extraordinaire pour ceux qui n'ont que des vivres salés. Nous lui donnâmes en échange quelques caisses de bon thé, et chacun se sépara satisfait. C'est un grand bonheur que de trouver à la mer un navire du même port; l'on ne tarit pas de questions sur la santé de tel ou tel ami, sur la famille, sur les évènemens passés. Une des premières questions du matelot français est généralement le prix du vin : aussi avec quelle joie les nôtres apprirent-ils que la récolte de 1818 ayant été extrêmement abondante dans la Loire-Inférieure, les vins du pays ne valaient pas plus de 5 ou 6 francs la pièce. Nous demandions des nouvelles de nos familles, de la France, du gouvernement, de sa politique, du commerce et des armemens du port; enfin, après une heure de causerie, il fallut se quitter. Le capitaine de *l'Océan* nous avait prévenu qu'on parlait de pirates sous la ligne, et que nous eussions à nous tenir sur nos gardes. Nous aperçûmes effectivement, trois jours après, deux navires se faisant des signaux, et qui, de fort loin, nous tirèrent plusieurs coups de canon, comme pour nous dire d'attendre; mais nous voyant en compagnie de deux navires américains partis en même temps que nous de Chine, ils n'osèrent approcher; enfin nous doublâmes la région des vents variables de la ligne, et retrouvâmes les vents alisés du N. E., qui nous poussèrent pendant quelques jours avec leurs jolies brises et leur temps toujours beau sur une mer fourmillante de poissons, vers le tropique, où nous devions reprendre des vents variables. Notre traversée, jusqu'aux Açores, fut assez belle. Là, encore, nous eûmes connaissance d'un grand nombre de bâtimens, et nous pêchâmes deux barriques de vin, une tonne de biscuit parfaitement sec, et plusieurs très grosses billes d'acajou. Ces objets devaient être depuis bien long-temps à la mer, puisqu'ils étaient couverts de *grabans* (1) d'une très grande dimension. Le vin nous fit plaisir, car il commençait à manquer, et l'on était obligé de donner à l'équipage de celui de la chambre. Nous aperçûmes Corvo et Flores ; de là nous fîmes route à l'E. pour atteindre les côtes d'Europe. Quoique dans le mois de mai, nous essuyâmes un coup de vent de N. E., et la température était tellement froide, pour nous qui venions de passer une année presque constamment sous les tropiques, qu'elle nous obligea à prendre nos vêtemens de laine; enfin, nous vînmes sonder dans le golfe, et un jour après nous étions en vue des côtes de France.

Que de sensations, que de bonheur, que de craintes en même temps : retrouvera-t-on les objets chéris que l'on a laissés? Une mère, une sœur, des parens; vivent-ils encore? Pourtant la joie domine

---

(1) Le graban est une herbe marine qui croît sur les roches et plus particulièrenent sur les bois abandonnés à la mer, dans l'Océan.

toujours toutes ces sensations : l'espérance est là qui vous soutient.

Nous fûmes bientôt en vue de Belle-Ile, où nous prîmes un pilote. Le temps était magnifique, et les vents maniables. *Le Fils de France* voguait près des côtes de France avec autant de facilité qu'il l'avait fait dans les mers de la Chine, au milieu de leurs innombrables îles. Il y avait un an juste que nous avions quitté notre pays ; car, partis le 4 juin de notre dernier mouillage de Saint-Nazaire, à l'embouchure de la Loire, nous devions revenir y mouiller le 4 juin de l'année suivante. Nous étions fiers d'un retour aussi heureux avec *le Fils de France*, qui avait été construit pour faire ces voyages. Nous devions donc, pour ainsi dire, nous considérer comme des êtres privilégiés, puisque nous venions de faire le plus beau voyage sur un des plus jolis navires. Nous n'avions éprouvé aucune maladie : un seul homme avait été tué par accident ; chacun rapportait une petite pacotille, et le plaisir de donner entre pour beaucoup dans la vie d'un marin.

Le flot s'étant fait sentir, nous entrâmes en Loire et vînmes mouiller justement un dimanche, vis-à-vis l'église de Saint-Nazaire, dont la plate-forme était entourée de toute la population du pays. Le bureau de santé, après avoir pris toutes les informations nécessaires, nous admit en libre pratique ; la douane vint ensuite et nous donna ses gardiens. Nos voiles furent promptement serrées, chacun étant désireux de nouvelles ;

tout le monde voulait savoir si quelque évènement était survenu dans sa famille pendant son absence.

M. Duboisviolet et M. Ritter prirent de suite une barque qui les conduisit à Nantes. Il faisait déjà presque nuit, et nous parions les manœuvres, quand une embarcation accosta, et me remit une lettre : elle était de ma mère, qui avait appris notre arrivée, parce que la barge du pilote qui allait à Nantes annoncer l'arrivée du navire, en passant vis-à-vis Paimbeuf, avait dit que *le Fils de France* venait de mouiller au bas de la rivière. Ma famille en avait été de suite instruite, et ma mère s'était hâtée de rassembler tout ce qui pouvait m'être agréable; elle m'avait envoyé, toute une cargaison de crevettes, de fraises, de légumes, enfin, de toutes les primeurs de la saison; elle écrivait au capitaine, qu'elle connaissait, et lui demandait la permission de laisser venir son fils. Le bon M. Collinet me la donna aussitôt, et, profitant de la marée, je partis pour Paimbœuf.

Malgré tout le plaisir que l'on a d'un premier retour, la poitrine est tellement oppressée, que l'on éprouve un malaise presque insupportable, qui vous permet à peine de respirer. Je crois que si cet état durait long-temps, on finirait par en être dangereusement malade. Pour en donner une preuve, j'ajouterai que mes camarades, à qui j'avais laissé toutes les provisions que m'avait envoyé ma mère, m'avaient forcé cependant d'emporter quelques fruits avec moi, afin de trouver la route moins longue; mais qu'il me fut impossible d'en manger. Cette oppression me faisait mal; elle m'avait ôté tout autre désir que celui d'arriver. Cependant je n'avais aucune crainte; je savais que toute ma famille était en bonne santé; mais l'anxiété du premier embrassement n'en existait pas moins, et me le faisait pour ainsi dire redouter. Enfin nous arrivâmes sur les dix heures du soir à Paimbœuf, et nous vînmes débarquer à la Vieille-Chaussée, peu loin de la maison. Au détour de la rue, je me trouvai dans les bras de ma bonne mère, qui, accompagnée de la sienne et de ma sœur, était venue à ma rencontre, et qui, ne m'attendant plus, s'en retournait triste et chagrine. On devine les questions, les réponses, les joies d'une famille qui voit revenir un fils parti depuis une année, dont la longueur lui a paru d'un siècle; je n'en fatiguerai donc point le lecteur; si même j'en ai parlé, qu'il excuse un souvenir de jeunesse, souvenir d'un bonheur d'autant plus grand que ce fut l'unique voyage où le ciel m'accorda la faveur d'embrasser ma mère à mon retour.

Le capitaine m'avait chargé d'acheter des vivres frais. Le lendemain j'avais une embarcation à mes ordres, et je partis avec une ample provision de tout ce qui pouvait être agréable à un équipage fatigué par une longue traversée. Le navire, qui devait rester à

Saint-Nazaire, fut affourché, degréé et mis en état de débarquer sa cargaison. Quelques-uns des officiers quittèrent le bord peu de jours après ; pour moi, je restai avec MM. de Saint-Blain et Brislaine pour veiller au désarmement ; les autres pilotins eurent la mission d'accompagner les gabares qui transportaient le chargement à Nantes.

Quoique accoutumés aux orages, nous ne nous attendions guère à en éprouver un en France, d'une violence telle et accompagné de circonstances phénoménales si extraordinaires, que nous ne nous rappelions pas en avoir vu de semblable. Même aux Philippines, où nous avions séjourné pendant le changement de la mousson, époque et pays où ils sont très fréquens et très impétueux, et où la foudre tombe presque tous les après-midi, il s'en faut qu'ils soient aussi forts. Celui-ci gronda pendant près de trois quarts d'heure, puis éclata ; la foudre finit par tomber, semblable à une pluie de feu d'artifice : elle frappait nos mains et notre figure, sans les brûler ; la vue seule en était affectée, et sa lumière nous éblouissait au point de nous forcer à fermer les paupières. Elle nous causa une telle fatigue dans les yeux que, lorsque nous descendîmes dans la chambre, à peine pouvions-nous fixer une bougie. Le lendemain nos capotes étaient tachetées de rousseurs, ainsi qu'une embarcation récemment goudronnée, qu'on avait mise à sécher sur le pont, la quille en l'air.

Le déchargement du navire effectué, je demandai la permission d'aller à Nantes; de là je partis pour Angers, voir mon jeune frère encore au collège. Pauvre frère, c'était la dernière fois aussi que je devais le revoir. Officier de mérite, dans le 19e léger, il est mort de fatigue, en 1832, au retour de la deuxième campagne de Belgique. Cette mort prématurée me fut d'autant plus douloureuse, que tout le monde faisait l'éloge de ses brillantes qualités, de sa bonne mine, de son air noble et distingué, et que sans doute il eût fourni une brillante carrière; à l'époque dont je parle, il avait douze à treize ans : il était appliqué, intelligent, joli enfant et généralement aimé; nous passâmes deux jours ensemble, deux jours de bonheur bien grand, bonheur, hélas ! qui ne devait plus revenir.

CHAPITRE DIX-HUITIÈME.

CONSIDÉRATIONS GÉNÉRALES SUR LE COMMERCE DE L'INDE. — QUESTION DES MONNAIES. — MOYENS D'AUGMENTER LA NAVIGATION NATIONALE, DE FORMER DES OFFICIERS ET DES ÉQUIPAGES, ET DE SOUTENIR LA CONCURRENCE ÉTRANGÈRE. — QUESTION DES FRÊTS ET PAR CONSÉQUENT DES SUCRES COLONIAUX.

Avant d'entrer dans les développemens généraux sur le commerce de la France avec l'Inde, je crois qu'il est important de remonter un peu plus haut et de traiter la question de la monnaie, que les économistes, selon leur école, regardent trop exclusivement, soit comme la seule source de richesse pour un pays, soit comme une marchandise aussi nécessaire que les autres, mais qui ne doit pas être préférée.

La question de la monnaie, en économie politique,

a souvent été traitée, et plusieurs économistes distingués l'ont fait dans un sens diamétralement opposé. Dans ces derniers temps, Ricardo et Simonde de Sismondi ont fourni de longs argumens pour appuyer et faire prévaloir leurs opinions. C'est ainsi que presque toujours chaque créateur de système veut suivre une règle uniforme et invariable pour tous les pays, et que des systèmes opposés et extrêmes sont adoptés dans le même temps par des hommes fort remarquables d'ailleurs. Je crois que tous peuvent renfermer quelques élémens de vérité, et sinon arriver à la solution du problème, du moins en approcher beaucoup.

Ainsi, à l'exclusion de toute autre valeur, quelques-uns regardent la monnaie comme une nécessité dans les transactions, indispensable à tout pays commerçant et manufacturier; et tandis qu'ils disent que sans numéraire il n'est point de crédit, et que tout ce qui représente sa valeur véritable en papier et billets n'est que fiction, d'autres soutiennent qu'un état peut se passer d'espèces métalliques, et que l'on peut y suppléer par des représentatifs.

Un pays qui ferait toutes ses transactions avec du numéraire, et n'aurait aucun autre moyen d'échange, finirait bien vite par l'épuiser, à moins que son sol ne fût productif de cette valeur, comme le Mexique et le Pérou; mais celui qui en manquerait tout-à-fait, et n'aurait pas de représentatif invariable, ne pourrait augmenter ses moyens d'échange, privé qu'il serait de la facilité que l'argent apporte dans les transactions, surtout aujourd'hui que le commerce fait le tour du monde, et que ses relations s'étendent d'un point du globe à l'autre.

La monnaie ne dépérit point; sa valeur ne s'altère ni par l'usage ni par le temps; c'est en cela qu'elle diffère de la marchandise. Mais son représentatif en papier ne la vaudra que si réellement elle existe, et si l'on peut l'échanger contre elle; sans cela, que deviendra-t-il?

Sans numéraire, un pays ne saurait avoir de crédit au dehors. Chez tous les peuples, les crises commerciales sont toujours déterminées par sa plus ou moins grande rareté. Nous serons donc en droit de dire que la monnaie peut être considérée comme marchandise agissante, productive d'autres marchandises, et qu'un pays a toujours intérêt, non à prohiber l'extraction des espèces, parce qu'alors ce serait détruire l'équilibre de sa valeur, mais du moins à favoriser *son séjour*, si je puis m'exprimer ainsi, et à faire que, restant, elle puisse conduire à de grandes opérations et aider à extraire du sol les produits que plus tard le pays emploie à ses échanges.

Ces explications conduisent naturellement à deux questions :

Convient-il à un pays agriculteur et manufacturier de laisser sortir ses espèces pour payer chez les autres les marchandises dont il a besoin? ou bien lui sera-t-il plus profitable de donner en échange des produits, soit de son sol, soit de ses manufactures ?

Plusieurs économistes répondront que cela est indifférent, et que si le commerce trouve son intérêt à expédier de l'argent, il expédiera de l'argent de préférence. Cette réponse est incontestable pour le commerce privé qui, dans ses transactions, cherchera toujours le côté le plus avantageux. Mais le législateur fera-t-il bien de protéger l'un ou l'autre système, ou de laisser une liberté entière aux transactions ? Voilà toute la question, et c'est pour qu'on puisse bien la comprendre que je l'ai fait précéder de quelques considérations générales sur la monnaie.

Dans l'état actuel de notre civilisation, de nos besoins et de nos habitudes, les espèces sont indispensables dans un pays tel que la France ; elles sont créées pour faciliter la production des marchandises d'échange, mais non pour être elles-mêmes ce moyen. Avec elles, allez au loin chercher des cotons, du sucre, du café, de l'indigo, vous aurez fait un commerce plus ou moins avantageux; mais qu'elles fassent produire à votre pays des vins, des garances, des soies, des fers, des calicots, des toiles, etc., etc., vous aurez obtenu un résultat double ; car, avec ces productions, vous irez faire vos échanges : convenez qu'ainsi ces espèces auront rendu un bien plus grand service au pays. C'est de ce point que je vais partir pour indiquer au gouvernement le moyen de procurer à la France, moyennant les produits de son agriculture et de ses manufactures, ce qu'aujourd'hui elle va chercher dans l'Inde avec son numéraire.

En même temps, j'indiquerai le moyen d'augmenter la navigation, de produire des frets pour de longs voyages, de former des officiers et des équipages expérimentés, même de soutenir la concurrence des marchandises anglaises dans beaucoup de pays, et d'alimenter en France le travail par de nouveaux produits.

En 1833, M. Duchâtel, alors ministre du commerce, pour favoriser les transactions avec l'Inde, et conséquemment la grande navigation, fit signer au roi une ordonnance convertie depuis en loi dans une session suivante. Par cette loi, on accordait une remise du cinquième des droits sur toutes les denrées de l'Inde, les sucres exceptés, importées par navires français venant d'au-delà les détroits de la Sonde. L'intention du ministre était bonne, mais elle ne produisit pas l'effet qu'il en attendait. Quel bien en est-il résulté, autre que celui obtenu par les mesures adoptées dans le même sens par la restauration? Quelques opérations fructueuses, mais isolées, d'Europe pour les détroits. La remise accordée par la restauration sur les droits des denrées importées d'au-delà le Cap de Bonne-Espérance avait également imprimé un mouvement au commerce maritime, bientôt paralysé par la force naturelle des choses. Aujourd'hui la mesure de M. Duchâtel est restée presque aussi stérile que celle de la restauration.

Je vais en indiquer la cause; puis je chercherai à prouver l'efficacité du moyen que je crois devoir proposer.

Aussitôt cette mesure adoptée par la restauration, le commerce expédia, avec des piastres ou des traites, des navires pour aller dans l'Inde chercher des marchandises de retour, qui jouirent sur les marchandises des autres pays de cet avantage, lequel constitua leur bénéfice, moins l'excédant du fret et des intérêts qu'ils eurent à en déduire et à payer pour des voyages plus longs. Les premiers qui revinrent réalisèrent de beaux bénéfices, parce qu'ils avaient trouvé la marchandise abondante et à bas prix dans les pays de production. Cette réussite en engagea d'autres dans la même voie. Les produits augmentèrent de prix dans ces contrées en proportion des demandes, et baissèrent à l'arrivée en France à mesure qu'ils devinrent plus abondans. L'Inde seule y gagna, et la balance fut bientôt en notre défaveur; il ne nous resta que le désagrément d'avoir donné la préférence d'exportation à un pays qui ne reçoit rien de la France; je dis rien, car le nombre des articles français qu'on y consomme est tellement restreint qu'à peine peut-on les porter pour mémoire; et nous laissâmes languir nos transactions avec les pays consommateurs, tels que l'Amérique méridionale et septentrionale, côte Est et

Ouest, pays de consommation immense, où nous pouvons toujours introduire en marchandises françaises l'équivalent des produits que nous y achetons. Je compte ici comme production pour l'Amérique, les lingots d'or, d'argent, de cuivre, et même les espèces monnayées. Ajoutons que cette mesure ruine en partie le commerce d'Haïti, par la presque exclusion d'un de ses plus grands produits, LE CAFÉ, et déjà deux fois le savant rapporteur du budget du commerce, le député de Bordeaux, M. Wustemberg, en a signalé à la tribune le mauvais effet.

Il serait donc à désirer qu'une loi fût présentée pour accorder une remise du quart, même du tiers des droits d'entrée, les sucres exceptés, avec notre législation coloniale actuelle, sur toutes les denrées provenant de l'Inde, et introduites par navires français qui auraient fait le tour du monde pour se les procurer, en exportant une cargaison d'une valeur égale, en articles de fabrique française ou produits du sol.

Cette dernière mesure a déjà eu lieu deux ou trois fois et a produit quelque bien; mais si elle n'eût pas été exceptionnelle, elle eût donné un immense essor au commerce, à la marine, à l'agriculture et à notre industrie, car tout se lie dans un pays, lorsque le gouvernement sait favoriser les idées de travail qui y germent en si grande abondance (1); la renouveler serait

---

(1) En 1816, la maison Balguerie Junior, de Bordeaux, expédia à la côte Nord-Ouest d'Amérique le navire *le Bordelais*, sous le commandement de

créer de nouveaux débouchés pour l'exportation, et augmenter les droits à percevoir sur des matières premières qui viendraient à remplacer les marchandises françaises exportées. Pour cela, il faudrait qu'elle ne fût pas une faveur accordée à tel ou tel individu privilégié, mais qu'elle fût à portée de tout négociant qui voudrait en courir les chances; alors nous en ressentirons les bienfaits.

Il me reste à indiquer l'opération et à désigner les marchandises à exporter de France dans chacune des diverses contrées; chose que je ferai, non d'après une théorie plus ou moins fautive, mais d'après une pratique de plusieurs années de voyages commerciaux autour du monde.

M. de Roquefeuille, officier de marine distingué. Ce navire, dont l'armement fut très coûteux, trouva le marché de Canton encombré de pelleteries, et l'opération fut mauvaise. Mais qu'on lise la relation de M. de Roquefeuille, et l'on verra que l'inexpérience de voyages semblables a seule été cause de la non-réussite de celui-ci. Cette opération fut protégée par une remise de droits en retour.

En 1826, sous le ministère de M. de Villèle, un voyage semblable fut entrepris par M. Laffitte, du Hâvre, qui expédia le *Héros*, capitaine Duhaut-Cilly. Consultez la relation de ce capitaine, vous y verrez qu'un seul homme, qui avait été la cause principale de l'opération, fut aussi celle de sa mauvaise réussite.

Si ces deux voyages ne furent pas fructueux pour ceux qui les firent exécuter, il faut l'attribuer à des causes accidentelles, mais ils ont été utiles au pays par les notions qu'ils ont rapportées. Deux voyages de circumnavigation entrepris par des navires de l'État, eussent dépensé une somme beaucoup plus forte que les remises de droits qui furent faites à ceux-ci, et n'auraient pas enrichi le commerce, de l'expérience de leurs transactions commerciales.

Les opérations qui se font en général pour Calcutta, les côtes de Coromandel et de Malabar, Java, les îles de la Sonde, la Cochinchine, la Chine et les Philippines, ont lieu avec un faible noyau de marchandises, et des piastres ou traites dont nous payons les profits à l'Angleterre. En suivant mon plan, au lieu de cette fausse opération, nous nous procurerions les produits de ces pays sans exporter le numéraire du nôtre, et sans payer de tribut à qui que ce soit.

Nous portons aux États-Unis des soieries et nouveautés, des vins et eaux-de-vie, des draps, des toiles et des mousselines; mais comme nous avons un traité de commerce désavantageux, ce sont les Américains qui effectuent ces transports; là nos navires d'expédition iront prendre des farines, des cordages, des toiles à voiles, des goudrons, des cotons ordinaires, qu'ils transporteront au Brésil, à Buenos-Ayres, au Chili, au Pérou, à Colombie et au Mexique. Au Brésil, ils prendront des sucres pour le Chili.

Au Chili, au Pérou, à Guatémala et au Mexique, nous portons de riches cargaisons de tous nos articles; nous y prendrons de l'or, de l'argent et du cuivre, que nous transporterons en Chine, à Manille, à Sincapour, à Batavia, à Calcutta, où nous recevrons en retour des produits de l'Inde, tels que sucre, café, poivre, épices, etc.

La remise sur ces importations aura fait que des navires auront été construits, que des cargaisons fort riches seront sorties de France, et que de nombreux équipages se seront formés.

Une autre considération puissante militera encore pour nous.

Dans tous les ports de l'Amérique nous nous trouvons toujours en concurrence avec les Anglais pour les draps, les cotons blancs imprimés, le fer en barre ou travaillé, la quincaillerie, les soieries mêmes, et une infinité d'autres articles ; avec les Allemands, pour les toiles, les sucres raffinés, les soieries de Crevelt et de Suisse, la quincaillerie, la verroterie, etc.; avec les Américains, pour les farines, les vivres en général, les cordages, et presque tous les articles français, qu'eux-mêmes viennent acheter en France, et cela par l'économie de leur navigation.

Nos opérations se ralentissent dès que nous ne pouvons plus soutenir la concurrence, et les autres nations poursuivent les leurs, mettant nos fabriques dans un état de souffrance extraordinaire ; car l'Amérique est un grand marché pour la France, et surtout pour Paris, dont les articles y sont appréciés.

Pour soutenir cette concurrence, lors même que tous nos produits seraient vendus en Amérique un peu au-dessous de leur valeur, la remise sur les retours pris dans l'Inde avec les matières d'or, d'argent et de cuivre des Américains indemnisera des frais d'une opération de circumnavigation, et nos fabriques et notre agriculture auront trouvé un débouché, car ce ne sera plus avec du numéraire sorti de France que nous irons dans l'Inde et la Chine chercher les soies écrues, le thé, le café, l'indigo, le cuivre blanc, les épices, la nacre, l'écaille, le sagou, l'arrowroot, le benjoin, les bois et les drogues que nous ne trouvons que dans ces contrées; mais ce sera en y transportant nos vins et eaux-de-vie, nos huiles, nos chanvres, notre corroierie, nos sucres raffinés, nos draps, nos soiries et nouveautés, nos cotons tissés, nos tôles, notre tabletterie, notre bijouterie, notre quincaillerie, notre porcelaine, notre verroterie, notre parfumerie, etc. Toutes marchandises ayant payé l'impôt par les matières qui ont servi à leur fabrication, et favorisant par leur sortie une nouvelle importation équivalente qui donnera de nouveaux droits de douane. Je dirai que cette mesure, loin de réduire, augmentera les ressources du trésor, et que les primes accordées aux baleiniers devant diminuer chaque année, on pourra employer cette allocation à favoriser ces longues opérations maritimes.

Qu'on y réfléchisse bien; cette proposition intéresse toutes les localités. Il n'est pas un coin en France qui ne se ressente de la plus ou moins grande activité du commerce. Il faut se le persuader : la France n'est pas exclusivement agricole; elle consomme ses produits chez elle. Sous l'empire, nous approvisionnions l'Europe; nos armées nous ouvraient des débouchés immenses. L'industrie a marché, et une ligne de douanes germaniques nous enferme et restreint notre commerce qui demande une nouvelle extension. L'Allemagne est parvenue à recréer, mais à son profit, le système continental que Napoléon voulait imposer par ses armes, au bénéfice de l'empire.

Cette mesure ne devrait être que le prélude de dispositions plus larges que le gouvernement pourrait prendre successivement pour la liberté du commerce maritime; il en est une surtout qui n'est que la conséquence de la première : ce serait d'affranchir les sucres étrangers de ces droits exorbitans qui les prohibent sur nos marchés. La question est difficile et ardue, aussi ne la traiterai-je pas dans ce premier volume. Cependant, comme elle se rattache si fortement à l'intérêt de notre commerce, qu'il me soit permis de donner sur ce sujet un extrait de l'excellent ouvrage de M. H. Say :

« Les Français ont été les derniers à fonder des
« établissemens en Amérique, et ils paraissent vou-
« loir persister plus long-temps que les autres à y
« maintenir le régime colonial restrictif. Lors du ré-
« tablissement de la paix générale, il eût fallu adopter
« un système plus libéral pour développer le commerce
« maritime; mais le gouvernement de la restauration
« tendait vers un seul but : le rétablissement pur et
« simple de ce qui existait sous l'ancienne monar-
« chie; les colonies furent fermées, et le système res-
« trictif prévalut au grand détriment de développe-

« ment qu'aurait pu prendre le commerce maritime.
« Il a fallu, pour que l'on commençât à ouvrir les
» yeux, que la statistique des douanes vînt constater
« l'état d'infériorité dans lequel languit la marine
« marchande, comparée aux marines étrangères, dans
« le commerce de la France elle-même; il a fallu que
« la puissance toujours croissante de la betterave vînt
« mettre en péril tous les intérêts; et, malgré tout,
« aucun avertissement n'est écouté, et les Français
« des Antilles ne tarderont pas à devenir les plus mal-
« heureux de tous les habitans du Nouveau-Monde!
« Les colons, depuis si long-temps partisans du sys-
« tème exclusif, sont maintenant les premiers à ré-
« clamer la liberté du commerce.

« La réforme coloniale, comme toutes les réformes
« à faire, soulève sans doute de graves questions; mais
« plus ces questions ont de gravité, et moins on doit
« en ajourner l'examen comme la solution, puis-
« qu'une nécessité impérieuse vient à se faire sen-
« tir. Si le temps est dans certains cas un auxiliaire
« indispensable, il devient, dans d'autres circonstan-
« ces, un ennemi qui aggrave les maux et les rend
« incurables. Il conviendrait donc à la France de
« trouver pour ses colonies un système plus en har-
« monie avec les besoins et les convenances du com-
« merce et des colons eux-mêmes; il serait impor-
« tant, enfin, d'en faire l'application sans retard, bien
« qu'avec prudence.

« . . . Les difficultés ne sont peut-être pas aussi
« graves qu'on voudrait le faire croire ; elles pren-
« nent en général leur origine dans deux questions
« principales : 1° Comment garantir au commerce
« français la rentrée des avances qu'il a faites aux co-
« lons ? 2° Qu'adviendrait-t-il de l'esclavage des nègres,
« et des nègres eux-mêmes ? Quant aux avances faites
« aux colons, elles ont pour gage les propriétés colo-
« niales ; mais l'hypothèque se trouvera également
« illusoire si le gage est insuffisant ou s'il reste impro-
« ductif, et retarder une liquidation n'est point évi-
« ter une perte. En Amérique, comme en Europe,
« les propriétés donnent difficilement des produits
« complets lorsqu'elles sont exploitées par des pro-
« priétaires obérés, et il y a lieu de voir s'il ne serait
« pas urgent de modifier, pour les colonies, les lois
« qui s'opposent aux expropriations.

« En ce qui conserne les esclaves, cette question
« ne se rattache pas précisément à l'établissement de
« la liberté commerciale ; mais l'émancipation des
« nègres devenant inévitable, il convient de préparer
« le changement pour n'avoir pas à en souffrir. Les
« progrès des lumières et de la morale ont mis fin à
« la traite ; il s'agit de préparer les nègres à devenir
« un jour des ouvriers libres. Déjà il n'est plus temps
« de discuter l'utilité de l'esclavage, puisque son abo-
« lition se fait entrevoir dans l'avenir comme une
« nécessité. Du reste, il est permis de penser que les

« colons des Antilles verront eux-même un jour, qu'il
« n'y aura possibilité de soutenir toute concurrence
« pour la production du sucre, que par l'emploi d'ou-
« vriers libres et par l'application des procédés per-
« fectionnés de fabrication auxquels l'industrie de la
« betterave a fait faire tant de progrès. »

Je vais aussi reproduire du même écrivain quelques considérations remplies d'intérêt relativement aux frets; elles se rattachent essentiellement aux questions économiques qui préoccupent à si juste titre l'attention publique, et qui vont bientôt être l'objet de solennelles discussions dans nos Chambres. Voici ce que dit à ce sujet M. Horace Say[e] :

« . . . . Les frais d'armement et d'expédition d'un
« navire doivent être payés par les marchandises que
« ce navire transporte. L'opération n'est terminée
« pour l'armateur, qu'après la rentrée au port du
« départ. Si donc, le commerce ayant fourni une car-
« gaison pour le voyage d'aller, se trouve dans l'im-
« possibilité de donner un chargement pour le re-
« tour, si le navire est par suite obligé de revenir
« sur lest, il est évident que c'est la cargaison du
« départ qui doit rembourser tous les frais de l'arme-
« ment, et que le prix du transport pour les marchan-
« dises qui le composent est par conséquent doublé.
« C'est ce qui est arrivé jusqu'à un certain point pour
« le commerce de Rio-Janeiro; on y portait les mar-
« chandises françaises, et l'on ne pouvait prendre, en

« retour, pour la consommation de France, les den-
« rées que repoussaient et que repoussent encore les
« tarifs protecteurs des colonies françaises.

« C'est par suite de la difficulté, pour les navires,
« de trouver des chargemens de retour pour la France,
« que l'on a vu les produits nationaux transportés par
« la marine étrangère. Beaucoup de marchandises
« françaises ont été et sont même encore envoyées à
« Londres et à Liverpool pour être chargées sur des
« navires anglais allant au Brésil, au Chili, au Pérou
« ou dans l'Inde. Un produit du sol tout-à-fait con-
« venable pour former des fonds de cargaison, le vin
« des départemens méridionaux de la France, a été
« transporté au Brésil sur des navires étrangers ve-
« nant prendre charge au port de Cette (1), et devait

(1) « Le mouvement de la navigation entre le port de Cette et le Brésil
« a été de 449 navires sortis avec des cargaisons françaises, d'un tonnage
« total de 92,878 tonneaux; 339 de ces navires étaient étrangers. La France
« n'a pas contribué pour un tiers dans les transports qui ont eu lieu des pro-
« duits de son sol; et comme le Brésil n'a pas de marine, ce sont les na-
« tions étrangères d'Europe qui sont venues prêter leur pavillon et recueil-
« lir par suite les profits des voyages. Pendant vingt ans, deux à trois mille
« marins se sont formés ainsi dans la navigation entre le seul petit port de
« Cette et le Brésil; soit en moyenne 100 à 150 hommes de mer par année,
« qui, en cas de guerre européenne, auraient servi à recruter les marines
« ennemies; tout cela faute par la France d'avoir su adopter un système
« plus large et plus libéral pour son commerce avec l'étranger. Si au lieu
« d'établir la moyenne sur vingt années, on considérait seulement les dix
« dernières années, on trouverait des proportions plus défavorables encore
« pour la marine française : les navires étrangers atteignent dans cette der-
« nière période là proportion de 278 contre 71 navires français seulement.

« Les navires étrangers qui viennent prendre charge à Cette, y arrivent

« porter ensuite en Italie ou ailleurs les sucres et le
« café de Rio-Janeiro.

« Le commerce de la France avec l'Amérique mé-
« ridionale a fourni deux exemples assez remarqua-
« bles de l'influence des moyens de retour sur le prix
« des transports au départ. Le taux du fret, pour
« porter les marchandises fabriquées du Havre à Rio-
« Janeiro, s'était long-temps maintenu entre 80 et
« 100 francs par tonneau marin, lorsqu'enfin on es-
« saya de profiter du retour des navires pour appor-
« ter quelques madriers de bois de jacaranda, connu
« en France sous le nom de bois de *palissandre*. Cet

« sur lest et effectuent ensuite leurs retours dans les ports d'Europe étran-
« gers à la France. Chaque cargaison de vin est de la valeur de 25,000 à
« 60,000 francs au plus, tandis que les cargaisons qui sont expédiées du
« Havre, et qui se composent des articles manufacturés de Lyon, Saint-
« Étienne et Paris, ne s'élèvent pas à moins de 800,000 à 900,000 francs
« de valeur chacune. Ces chargemens partent ainsi par navires français,
« parce que des marchandises précieuses sous un petit volume supportent plus
« facilement un renchérissement dans les frais de transport. Mais on voit
« qu'un capital semblable à celui qui sert à fournir la cargaison d'un seul
« navire du Havre pourrait procurer des cargaisons de vins du Midi à plus
« de vingt navires français qui partiroient des ports de Cette ou de Mar-
« seille pour le Brésil, si ces navires trouvaient dans les tarifs de douane la
« possibilité de rapporter à la consommation française les produits du sol
« brésilien.

« Le désavantage qui résulte dans le commerce des vins du Midi du sys-
« tème fâcheux du commerce extérieur, retombe donc principalement sur
« les armateurs, surtout ceux qui fournissent aux armemens, et sur l'agri-
« culture, qui écoulerait à l'étranger une plus grande proportion de ses pro-
« duits, si le commerce était mieux encouragé ; enfin le mal le plus grand
« encore est l'affaiblissement de notre marine nationale, au grand avantage
« au contraire des marines étrangères. »

« essai fut heureux ; on employa le palissandre dans
« l'ébénisterie ; la mode en prit pour les ameuble-
« mens, et l'on put, par suite, faire de nombreux
« chargemens de ce bois lourd et encombrant. Ce fut
« un moyen de tirer un parti plus avantageux du re-
« tour des navires envoyés à Rio-Janeiro ; une baisse
« d'environ 40 pour 100, sur le fret du départ, fut la
« suite de cette circonstance nouvelle, et l'on ne paie
« plus que 50 à 60 francs par tonneau, pour le trans-
« port des marchandises du Havre au Brésil.

« C'est ainsi également que le taux des transports
« de France pour la côte Ouest de l'Amérique du Sud
« a été réduit par la mise en exploitation de la plaine
« salpêtrée de Tarapaca, au Pérou. Le fret du Havre
« au Chili et au Pérou s'était long-temps maintenu
« à 300 francs par tonneau ; lorsqu'en 1831 et 1832
« on a pu utiliser le retour des navires et les charge-
« mens de salpêtre, le prix du transport, au départ,
« s'est graduellement abaissé à 180 franc le tonneau.
« Sans doute plusieurs causes concourent à rendre
« la navigation commerciale française plus dispen-
« dieuse que celle des Anglais, des Américains et des
« nations du nord de l'Europe. On a fait valoir la
« cherté de plusieurs matières premières qui entrent
« dans la construction des navires. On a fait valoir
« aussi la charge onéreuse de l'embarquement exigé
« par l'administration maritime, d'un personnel trop
« nombreux, mettant à bord, soit des mousses et des

« apprentis inutiles, soit quelquefois un prétendu
« chirurgien, auquel peu s'en est fallu, à une cer-
« taine époque, qu'on ajoutât encore un chapelain. »

J'ai cru devoir emprunter ce qui précède à un homme aussi avantageusement connu par sa science commerciale et son esprit droit et concis. Ses idées étaient les miennes; et comme je ne les aurais sans doute point aussi bien exprimées, j'ai préféré m'appuyer de l'autorité de l'honorable M. Horace Say (1), qui a été si souvent élu, soit comme juge consulaire, soit comme membre de la chambre de commerce de Paris. Ce qu'il a dit pour le Brésil et pour l'Amérique du Sud peut s'appliquer aux Philippines, aux îles et presqu'île de la Malaisie, au Bengale, à la côte de Coromandel et de Malabar, enfin à tous les pays d'où notre marine peut rapporter des cargaisons de retour; et surtout à ceux qui, comme Manille, Siam, la Cochinchine, Java et le Bengale, produisent des sucres et des cafés qui font concurrence avec ces mêmes produits de l'île de Bourbon et des Antilles, grains de sable dans l'immensité des mers, comparativement avec tous les pays producteurs où nous devrions étendre notre commerce.

(1) *Histoire des relations commerciales entre la France et le Brésil, et considérations générales sur les monnaies, les changes, les banques et le commerce extérieur*, par HORACE SAY, membre de la chambre de commerce de Paris et du conseil général du département de la Seine. — 1839.

FIN DU TOME PREMIER.

TABLE

DU TOME PREMIER.

Introduction. 6
Liste des principaux personnages dont les noms figurent dans cette relation. 27
Avant-propos. 35
Chapitre Ier. — *Le Fils de France.* — Embarquement. — État-major du navire. — Vue des Canaries et de Madère. — Îles du Cap-Vert. — San-Yago. — Port et ville de la Praya. — Nègres. — Revue de la garnison. — Commerce. — Climat. — Aspects. 45
Chapitre II. — Départ de la Praya. — Poissons volans. — Bonites. — Galères. — Frégates et autres oiseaux des tropiques. — Les requins. — Le ramora et le pilote. — Les dorades. — Lever du soleil. — Phosphorescence de la mer. — Passage de la ligne et cérémonies du baptême. — Passage des hautes latitudes. — Arrivé dans les mers des Indes. 61
Chapitre III. — Vue de Java. — Détroit de la Sonde. — Rade d'Anière. — Foire sur le pont. — Les Malais, leur physionomie, leur costume. — Bateaux et pirogues du pays. — Relèvement de la rade d'Anière. — Excursion à terre. — Départ. 95
Chapitre IV. — Détroit de Gaspard. — Relèvement. — Détroits de Banca, de Macclesfield, de Clément. — Îles d'Anambas, de Natunas, de Pulo-Condor et de Pulo-Sapata. — Îles de Las Cabras et du Corrégidor. — La Monja. — Abordage d'une falua. — Baie de Manille. — Semaine des deux dimanches. — Cavite. 115
Chapitre V. — Cavite. — Sa position, sa population. — Galion. — Le padre Camillo. — San Roque. — Description pittoresque. — La belle Casilda. — Aventure nocturne. 129
Chapitre VI. — Manille et Binondo. — Leur description. — Fleuve Passig. — Maisons. — Douanes. — Costumes des Espagnols, des métis et Indiens. — Mœurs. — Propension au vol. — Combats de coqs. — Les frères Dayot, mandarins en Cochinchine. — Principaux négocians. 149
Chapitre VII. — Départ de Manille. — Pêcheurs chinois. — Bateaux. — Aspect de la côte de la Chine et des bouches du Tigre. — Macao, ville chinoise et ville portugaise. — Douane chinoise de Macao. — Compradors. — Population. — Femmes chinoises. — Costumes. — Humiliations des Portugais. 167
Chapitre VIII. — Départ de Macao. — Embouchure du Tigre. — Forts chinois. — Tours-vigies. — Arrivée à Wampoa. — Agglomération de la population. — Ses mœurs inhospitalières. — Son penchant au vol. — Soucanis manillois. — Le comprador. — Ses fonctions. 181

Chapitre IX. — Séjour à Wampoa. — Excursion non loin du rivage et ses suites. — Dames chinoises. — Pagode. — Bonzes. — Visite du Hopoo. — Cubage. — Présens des mandarins. — Description des diverses jonques de guerre et de commerce. — Bateaux-mandarins, contrebandiers, de déchargement, à thé, à fleurs, à canards. — Dévotions et cérémonies des matelots chinois. 193

Chapitre X. — Canton. — Prodigieuse activité de la navigation sur le fleuve. — Bateliers chinois. — Les faubourgs. — Ville flottante. — Les factoreries européennes. — Le Hong. — Aspect de Canton. — Rues. — Population. — Professions ambulantes et en plein vent — Etalagistes. — Poids. — Costumes des hommes. — Fourrures. . . . 209

Chapitre XI. — Canton. — Femmes chinoises. — Grands et petits pieds. — Condition des femmes. — Mariage. — Costume des femmes. — Edifices. — Intérieur d'une maison. — Meubles. — Usage du thé. — Inhospitalité chinoise. — Ongles. — Musique, organisation peu harmonique. — Langue chinoise; sa construction est un obstacle aux réformes sociales. — Langue écrite. — Classes de la société : mandarins, négocians et agriculteurs. — Religion, pagodes, bonzes. . . . 223

Chapitre XII. — Canton. — Politesse et servilité chinoise. — Passion des Chinois pour le jeu, les femmes et l'opium. — Contrebande de l'opium. — Effet de l'opium sur l'organisme. — Evaluation de la contrebande. — Alimens anti-psoriques. — Tripang et nids d'oiseaux. — Supplices et châtimens des criminels. — Invitation chez un haniste; théâtre chinois. 239

Chapitre XIII. — Dîner chinois. — Cérémonies qui l'accompagnent. — Théâtre. — Officiers de police. — Préparatifs et départ de Chine. — Détroit de la Sonde. — Côte Natale. — Mort d'un matelot. 261

Chapitre XIV. — Côte d'Afrique. — Baie de la Table. — Cap de Bonne-Espérance. — Description géographique, historique et maritime. — Comment l'on doit venir au mouillage. — Démarcations. — Vents. — Phénomène. 277

Chapitre XV. — Ville du Cap. — Débarcadère. — Fortifications, promenades. — Population. — Vins de Constance et du Cap. — Valeurs monétaires. — Hottentots. — Leurs mœurs. — Sabbes. 289

Chapitre XVI. — Le Cap. — Société. — Population. — Mouvement commercial. — Projets des Anglais sur l'Afrique. 303

Chapitre XVII. — Départ du Cap. — Sainte-Hélène. — Grains sous la ligne. — Leurs causes. — Rencontre d'un navire de Nantes. — Les îles Açores. — Retour en France. — Orage extraordinaire. — Débarquement. 311

Chapitre XVIII. — Considérations générales sur le commerce de l'Inde. — Question des monnaies. — Moyens d'augmenter la navigation nationale, de former des officiers et des équipages et de soutenir la concurrence étrangère. — Question des frêts et par conséquent des sucres coloniaux. 325

FIN DE LA TABLE DU TOME PREMIER.

mcontent.com/pod-product-compliance
Source LLC
urg PA
058190426
300030B/2674